Palabra, Sacramento, Carisma

Cardenal Marc Ouellet

Palabra, Sacramento, Carisma
Riesgos y oportunidades
de una Iglesia sinodal

PUBLICACIONES
CLARETIANAS

Palabra, Sacramento, Carisma
© Publicaciones Claretianas, 2024
© Centre de Recherche et d'Anthropologie des Vocations, 2024

Imagen de cubierta: boceto de *Pentecostés*, de Antonio González Velázquez (Madrid 1723-1793).
Imagen de cuarta de cubierta: *Pentecostés*, de Juan Bautista Maíno (1581-1649).

Juan Álvarez Mendizábal, 65 dpdo, 3º
28008 Madrid
Tel.: 915 401 268
Fax: 915 400 066
www.publicacionesclaretianas.com
publicaciones@publicacionesclaretianas.com
comercial@publicacionesclaretianas.com

ISBN: 978-84-7966-799-3
Depósito Legal: M-15785-2024

Impreso en España - Printed in Spain
Imprime: Estugraf

¿Qué futuro le espera a una Iglesia sinodal? ¿Conversión misionera o confusión? Los espíritus se agitan en torno a las numerosas cuestiones suscitadas por la vasta consulta del pueblo de Dios reunido bajo la incómoda tienda de la sinodalidad. Algunos hablan ya con alegría o tristeza de una revolución, otros temen abiertamente un cisma. Así que estamos ocupados y preocupados en transformar o reformar esta Iglesia según las necesidades de los tiempos, según las críticas de nuestros adversarios y nuestros propios modelos, escribió von Balthasar en su tiempo, «pero ¿no estaremos perdiendo de vista el único modelo perfecto, el arquetipo? ¿No deberíamos, en nuestras reformas, mantener constantemente la mirada fija en María, no para multiplicar en nuestra Iglesia fiestas, devociones marianas, ni mucho menos definiciones, sino simplemente para conocer nosotros mismos lo que son realmente la Iglesia, el espíritu eclesial, el comportamiento eclesial?». Se trata de preguntas transversales que cuestionan las opciones que hay que tomar para hablar seriamente de las mujeres en la Iglesia y adaptar las estructuras a los nuevos tiempos.

La vasta campaña de escucha que preparó la primera sesión del Sínodo de los Obispos dio voz a todos los que quisieron hablar. Muchos sacerdotes participaron poco o nada, temiendo sin duda que al clima de sospecha hacia ellos se añadieran otras limitaciones a su ministerio. ¿Cómo conseguir convertir una laboriosa operación de escucha en un relanzamiento misionero? ¿Cómo superar las resistencias sobre el terreno y avanzar juntos hacia una participación más amplia, adaptada a la cultura democrática de nuestro tiempo y en línea con la eclesiología católica? Este es el sueño del papa Francisco, que se apoya sobre todo en el Espíritu Santo y en la buena fe creadora del pueblo de Dios.

La primera fase de octubre de 2023 fue evaluada de diferentes maneras, pero en general se expresó satisfacción por el clima de fraternidad y diálogo. El principal punto débil fue la falta de reflexión teológica, que corre el riesgo de dejarnos al nivel de las ONG caritativas. De ahí la invitación a los teólogos y de ahí el libro que aquí se propone para colmar esta laguna, con la esperanza de que el funcionamiento sinodal vaya más allá de la sociología de la evolución de las estructuras y de la distribución del poder. De ahí los elementos propuestos para una eclesiología más trinitaria, neumatológica, mariana y nupcial, para evitar que el Sínodo se divida en luchas ideológicas que apaguen la llama de la misión en lugar de reavivarla.

La audacia de este libro consiste en poner de relieve la dimensión carismática de la Iglesia, demasiado tiempo sin atender por falta de neumatología. Su originalidad revolucionaria consiste en situar el carisma al mismo nivel que la Palabra y los sacramentos, a pesar de las resistencias clericales y de los obstáculos e insuficiencias canónicas. Un charco en el estanque, por así decirlo, pero que podría resultar ser un camino a seguir para una Iglesia sinodal verdaderamente «en salida».

Introducción
Prolegómenos para una eclesiología sinodal

Tanto si nos quejamos como si nos alegramos, debemos dar las gracias al papa Francisco por haber tenido la audacia de reelaborar la eclesiología católica en la línea trazada por el concilio ecuménico Vaticano II. A la derecha, la gente se escandaliza por los elementos «revolucionarios» introducidos por sus gestos e iniciativas; a la izquierda, la gente se queja de que todavía no se hayan tomado decisiones que durante mucho tiempo se han considerado esenciales para la modernización de la Iglesia. El Papa ha sabido dar la vuelta a los extremos y proyectar la Iglesia hacia delante y *hacia fuera* sobre la base de un vasto proceso de escucha y diálogo con vistas a construir juntos una Iglesia más sinodal. Participación, comunión y misión son los temas fundamentales de esta investigación sinodal.

Esta empresa desafía a la teología a que articule la novedad del concepto sinodal con los datos perennes de la Tradición, a fin de evitar desarrollos que puedan ser «creativos» pero que estén «desconectados» del humus eclesial por no estar enraizados en los discernimientos previos del Espíritu Santo. De ahí la necesidad de una reflexión de fondo que acompañe la investigación y la mantenga en la línea de la eclesiología católica, que debe ser al mismo tiempo ecuménica. Ciertas manías contemporáneas por la cultura democrática, por las ciencias humanas, por las inculturaciones innovadoras, por el recurso a la inteligencia artificial, entrañan riesgos que debemos correr, pero no sin basar nuestro discernimiento en los datos fundamentales de la Sagrada Escritura, de la Tradición y de la espiritualidad cristiana.

En las páginas que siguen, propongo algunos prolegómenos para el desarrollo de una eclesiología sinodal. Prolegómenos, es decir, materiales preliminares que giran en torno al tema central pero que no ofrecen todavía una visión sistemática. Para ello será necesario escuchar al pueblo de Dios, consultar a los órganos de discernimiento del proceso sinodal, elaborar hipótesis teológicas y canónicas adecuadas y ser más sensibles a las diferencias culturales y a las condiciones históricas. Se trata, pues, de una reflexión provisional, de una visión en curso que aún no ha alcanzado un punto de madurez, pero que, no obstante, ofrece el esbozo de una tripartición sistemática destinada a consolidarse.

En efecto, la eclesiología católica adolece de una deficiencia neumatológica hoy ampliamente reconocida, pero aún no suficientemente teorizada y corregida en la práctica. Los hábitos de pensamiento adquiridos a lo largo de los siglos reducen casi siempre la misión del Espíritu Santo a las categorías del Logos encarnado, dejándole la parte de los pobres, bajo el peso de una tradición Cristo-monista que ha acrecentado el lugar y la importancia del ministerio ordenado y de la jerarquía eclesiástica en detrimento del sacerdocio común de los bautizados. ¿Cuál es el resultado? Poca conciencia misionera entre los bautizados, e incluso entre los ministros ordenados, porque en el contexto de la cristiandad sus energías se agotaban gobernando comunidades territoriales y asegurando que los valores cristianos prevalecieran en la sociedad circundante. Solo las comunidades de vida consagrada, carismáticas antes de la extensión contemporánea del término, tenían objetivos explícitamente misioneros y movilizaban conscientemente sus recursos con este fin.

El concilio Vaticano II cambió todo eso. Universalizó el concepto de misión, clarificó la naturaleza sacramental de la Iglesia, oficializó la llamada universal a la santidad, completó el estudio de la sacramentalidad del episcopado y dio un lugar de honor a los carismas. Fue un avance extraordinario ¡y seguimos midiendo su potencial inexplorado sesenta años después! ¿Qué nos falta todavía para que todo esto sea un éxito sinodal? ¿Cómo podemos articular estas adquisiciones de tal manera que la eclesiología de comunión se transforme en comunidades misioneras concretas, conscientes de ser enviadas al mundo para llevarle la alegría del Evangelio? Este es el sueño del papa Francisco.

Y he aquí una contribución a ese sueño en los ensayos que siguen, a modo de prolegómenos para una eclesiología sinodal. La eclesiología católica se articula todavía demasiado de manera binaria: naturaleza-gracia, palabra-sacramento, clero-laicado, orden-jurisdicción, mientras que el Concilio nos introdujo en una estructuración trinitaria ya en los párrafos introductorios de la Constitución dogmática *Lumen gentium*. En particular, la tercera dimensión trinitaria, tan bellamente descrita en el número 4 sobre la misión del Espíritu Santo, sigue esperando su pleno reconocimiento, a pesar de la liberalización postconciliar de los carismas, del extraordinario empuje del movimiento de la Renovación en el Espíritu, de los movimientos eclesiales y de las nuevas comunidades, que han conseguido volver a poner la evangelización en el centro, a pesar de la crisis postconciliar de las instituciones tradicionales. Desgraciadamente, las limitaciones y carencias de esta oleada carismática han sido reconocidas y señaladas con más fuerza que su aportación positiva a la misión evangelizadora de la Iglesia. La débil tradición neumatológica de la Iglesia latina no está capacitada para ver y discernir los dones y carismas del Espíritu Santo, hasta el punto de desacreditar a veces con demasiada rapidez brotes positivos que podrían alimentarse pacientemente y dar mucho fruto a largo plazo.

No estoy defendiendo a nadie al decir estas cosas, simplemente estoy tomando nota del escaso reconocimiento que se da a la dimensión carismática de la Iglesia, a pesar de que se reconoce como co-esencial, con igual dignidad que la dimensión institucional. Sostengo que la eclesiología católica todavía no ha reflexionado e integrado sistemáticamente los carismas en su estructura fundamental. Se trata de un reto pendiente en la construcción de una Iglesia sinodal. La experiencia de la co-esencialidad de los carismas no es nueva; ha configurado la tradición eclesial, particularmente a través de la aportación de las grandes órdenes religiosas, de los santos y de los místicos. Desde el Concilio, hemos tenido una nueva experiencia de ello en estos movimientos y comunidades, pero también a nivel de parroquias y diócesis; lo que queda por hacer, sin embargo, es articular una eclesiología sistemática en la que su pertenencia a la estructura misma de la Iglesia quede claramente establecida y no relegada a los márgenes y oprimida por una mentalidad clerical.

Palabra, Sacramento, Carisma: esta es la tripartición que me parece apuntalar el futuro de una Iglesia sinodal. Una tripartición fundada en la Revelación, enraizada en la Tradición y articulada para dinamizar la participación en la Misión. En efecto, «Dios, en su bondad y sabiduría, quiso revelarse y dar a conocer el misterio de su voluntad: por Cristo, Verbo hecho carne, los hombres tienen acceso al Padre por el Espíritu Santo y se hacen partícipes de la naturaleza divina»[1]. Esta síntesis de la revelación, expresada

---

[1] Concilio Vaticano II, Constitución Dogmática sobre la Divina Revelación *Dei Verbum*, n. 2 (en adelante *DV*).

en la Constitución dogmática *Dei Verbum*, se refleja en el misterio de la Iglesia como comunión, sacramento de la unión del hombre con Dios y de la unidad del género humano[2]. Al servicio de esta vocación sacramental y misionera de la Iglesia, los carismas se dan en abundancia: carismas múltiples y variados, desde el carisma mariano, fuera de lo ordinario y fuera de la norma, el carisma petrino, los carismas paulino y joánico, los carismas religiosos institucionalizados, los carismas emergentes, los carismas enumerados en el Nuevo Testamento, sin olvidar en la cumbre el carisma de la caridad que todo lo cree y todo lo soporta, que todo lo perdona y todo lo integra en la luz de Dios que es Amor y Misericordia.

Una Iglesia sinodal no puede existir sin una eclesiología sinodal en la que se reconozcan e integren los carismas. Se funda en primer lugar en la Palabra de Dios, el kerigma, que conduce al Sacramento, es decir, al bautismo y a la Eucaristía a través del sacramento del Orden. Con la Palabra y el Sacramento, tenemos el fundamento y el marco vital; con los carismas, tenemos la libertad del Espíritu, sus dones gratuitos, las vocaciones particulares, la audacia misionera y la creatividad de todo tipo. ¿Cómo construir comunidades misioneras sin su contribución? El sacerdocio de los bautizados es esencial. Se alimenta de los sacramentos, pero también vive de los impulsos libres y generosos del Espíritu Santo, que impregnan todos los estados de vida sin excepción.

He aquí, pues, una guía de lectura de estos prolegómenos, que deberían conducir a una eclesiología sinodal al final de un camino aún por definir, pero cuyas grandes líneas ya hemos visto en el Concilio:

> El Espíritu habita en la Iglesia y en el corazón de los fieles como en un templo (cf. 1Cor 3,16;6,19); En ellos él ora y da testimonio de su adopción filial (cf. Gal 4:6; Rom 8,15-16 y 26). Esta Iglesia que él conduce a la verdad completa (cf. Jn 16,13), que él reúne en la comunión y el ministerio, que edifica todavía y la dirige por medio de dones variados, tanto jerárquicos como carismáticos, y que por sus obras embellece (cf. Ef 4,11-12; 1Cor 12,4; Ga 5,22)[3].

---

[2] Concilio Vaticano II, Constitución Dogmática sobre la Iglesia, n° 1 (en adelante *LG*).
[3] *Ibid.*., n°4.

Primera parte

PALABRA

Capítulo 1

La Palabra de Dios en la vida y misión de la Iglesia

Introducción

Al ángel de la Iglesia de Esmirna escribe: «Así dice el Primero y el Último, el que murió, pero volvió a la vida (...): Sé fiel hasta la muerte y te daré la corona de la vida». El que tenga oídos, que oiga lo que el Espíritu dice a las Iglesias» (Ap 2,8; 10-11)[4].

Estamos reunidos en Sínodo para escuchar lo que el Espíritu dice hoy a las Iglesias sobre la Palabra de Dios en la vida y la misión de la Iglesia. Compartimos la convicción de los Padres de la Iglesia, expresada por san Cesáreo de Arlés, de que «la luz del alma y su alimento eterno no son otros que la Palabra de Dios, sin la cual el alma no puede gozar de la vista ni siquiera de la vida: nuestro cuerpo muere por falta de alimento; del mismo modo, nuestra alma perece por falta de recibir la Palabra de Dios»[5].

El objetivo del Sínodo es eminentemente pastoral y misionero. Consiste en escuchar juntos la Palabra de Dios para discernir cómo el Espíritu y la Iglesia aspiran a responder al don del Verbo encarnado amando las Sagradas Escrituras y anunciando el reino de Dios a toda la humanidad. Hagamos nuestra la oración de san Pablo, que nos sumerge en el corazón del misterio de la Revelación:

Por eso doblo mis rodillas ante el Padre de quien toma su nombre toda paternidad en el cielo y en la tierra. Que se digne, según las riquezas de su gloria, armarnos de poder por medio de su Espíritu, para que el hombre interior se fortalezca en vosotros, para que habite Cristo por la fe en vuestros corazones y estéis arraigados y cimentados en el amor. Así se os dará fuerza para comprender, con todos los santos, lo que es la anchura, la longitud, la altura y la profundidad, conoceréis el amor de

---

[4] Conferencia de apertura del Sínodo de los Obispos, 5 de octubre de 2008.
[5] S. Césaire d'Arles, *sermón VI*.

Cristo, que sobrepasa todo conocimiento, y que os llena de la plenitud misma de Dios. A Aquel cuyo poder obrando en nosotros es capaz de hacer mucho más allá, infinitamente más allá de todo lo que podemos pedir o concebir, a Él sea la gloria, en la Iglesia y en Cristo Jesús, por los siglos de los siglos. Amén. (Ef 3, 14-21)

El Sínodo propondrá orientaciones pastorales para «reforzar la práctica del encuentro con la Palabra de Dios como fuente de vida»[6], haciendo balance de la recepción del concilio Vaticano II sobre la Palabra de Dios en su relación con la renovación eclesiológica, el ecumenismo y el diálogo con las naciones y las religiones.

Más allá de las discusiones teóricas, se nos invita a abrazar la actitud del Concilio: «Cuando escucha religiosamente y proclama con audacia la Palabra de Dios, el santo Concilio obedece a las palabras de san Juan: *Os anunciamos la vida eterna que estaba con el Padre y que ha llegado hasta nosotros: lo que hemos visto y oído os lo anunciamos, para que también vosotros tengáis comunión con nosotros como la tenemos nosotros con el Padre y con su Hijo Jesucristo* (1Jn 1,2-3)»[7].

Gracias a la visión trinitaria y cristocéntrica del concilio Vaticano II, la Iglesia ha renovado la conciencia de su propio misterio y misión. La Constitución dogmática *Lumen gentium* y la Constitución pastoral *Gaudium et Spes* desarrollan una eclesiología de comunión basada en una comprensión renovada de la Revelación. La Constitución dogmática *Dei Verbum* marcó un verdadero punto de inflexión en el tratamiento de la Revelación divina. En lugar de centrarse como hasta entonces en la dimensión noética de las verdades que hay que creer, los Padres conciliares subrayaron la dimensión dinámica y dialógica[8] de la Revelación como autocomunicación personal de Dios. De este modo, han sentado las bases para un encuentro y un diálogo más vivos entre Dios que llama y su pueblo que responde.

---

[6] *Instrumentum laboris*, n°4 (ahora se nota *IL*).

[7] *DV*, n°1.

[8] El adjetivo *dialogal* es un neologismo. Se utiliza aquí para expresar la dimensión personal y responsable de la fe como diálogo con Dios. Corresponde en cierta medida a la distinción entre teológico y teologal, expresando el primero el aspecto noético y el segundo el aspecto personal.

Este punto de inflexión ha sido ampliamente saludado como un acontecimiento decisivo por teólogos, exegetas y pastores[9]. Sin embargo, se reconoce generalmente que la Constitución *Dei Verbum* no ha sido suficientemente acogida, y que el giro que inauguró no ha producido todavía todos los frutos deseados y esperados en la vida y la misión de la Iglesia[10]. Teniendo en cuenta los progresos realizados, debemos preguntarnos por qué el modelo de la comunicación personal[11] no ha penetrado más en la conciencia de la Iglesia, en su oración, en sus prácticas pastorales, así como en sus métodos teológicos y exegéticos. El Sínodo debe proponer soluciones concretas para colmar las lagunas y remediar el desconocimiento de las Escrituras que se añade a las dificultades actuales de la evangelización.

Reconozcamos, en efecto, que la vida de fe y el impulso misionero de los cristianos se ven profundamente afectados por diversos fenómenos socioculturales, como la secularización, el pluralismo religioso, la globalización y la explosión de los medios de comunicación, con las múltiples consecuencias que de ellos se derivan, en particular el creciente abismo entre ricos y pobres, la proliferación de sectas esotéricas, las amenazas a la paz, sin olvidar los actuales atentados contra la vida humana y la familia[12].

A estos fenómenos socioculturales se añaden las dificultades internas de la Iglesia para transmitir la fe en la familia, las carencias de la formación catequética, las tensiones entre el Magisterio eclesial y la teología universitaria, la crisis interna de la exégesis y su relación con la teología y, más

---

[9] Véase Joseph Ratzinger, «Commentaire de *Dei Verbum*», en *Lexikon für Theologie und Kirche* (LThK), Friburgo, Verlag Herder, 1967; Aloys Grillmeier, en LThK Vat. II, vol. 2, Friburgo, Verlag Herder, 1967; Henri de Lubac, *La Revelación divina*, Paris, ed. du Cerf, 1983; Albert Vanhoye, «La recepción en la Iglesia de la constitución Dei Verbum. Du Concile Vaticano II à nos jours», *Esprit et Vie* 107 (junio de 2004, 1ª quincena), p. 3-13; Helmut Hoping, «Comentario teológico a la Constitución Dogmática sobre la Divina Revelación. Dei Verbum», en Peter Hünermann, Bernd J. Hilberath (dir.), *Comentario teológico de Herder sobre el concilio Vaticano II*, Friburgo-Basilea-Viena, Herder, 2005, p. 695-831; Christoph Théobald, «La Revelación. Quarante ans après Dei Verbum», *Revue theologique de Louvain* 36 (2005), p. 145-165.

[10] *IL*, n°6.

[11] Max Seckler, «Der Begriff der Offenbarung», dans Walter Kern, Hermann josef Pottmeyer, M. Seckler, Peter Antes, Eugen Biser (dir.), *Handbuch der Fundamentaltheologie*, vol. 2, Fribourg, Herder, 1985, pp. 64-67.

[12] *Ibid.*

en general, «un cierto abismo entre los expertos y los pastores y entre los expertos y la gente sencilla de las comunidades cristianas»[13].

El Sínodo debe afrontar el gran reto de transmitir hoy la fe en la Palabra de Dios. En un mundo pluralista, marcado por el relativismo y el esoterismo[14], la noción misma de Revelación plantea interrogantes[15] y exige aclaraciones.

Convocatio, communio, missio. En torno a estas tres palabras clave, que expresan la triple dimensión —dinámica, personal y dialógica— de la Revelación cristiana, expondremos la estructura temática del Instrumentum *Laboris*. La Palabra de Dios nos convoca, nos pone en comunión con el plan de Dios mediante la obediencia de la fe y envía al pueblo elegido a las naciones. Esta Palabra de Alianza culmina en María, que acoge en la fe al Verbo encarnado, el *Deseado de las naciones*. Retomaremos las tres dimensiones de la Palabra de Alianza encarnada por el Espíritu Santo en la historia de la salvación, la Sagrada Escritura y la Tradición eclesial.

Pidamos al Espíritu Santo que amplifique este deseo de redescubrir la Palabra de Dios, que siempre es actual y nunca pasa de moda. Esta Palabra tiene la potestad de «devolver al mundo», de rejuvenecer la Iglesia y de suscitar una nueva esperanza para la misión. Benedicto XVI recordó que esta gran esperanza se basa en la certeza de que «Dios es Amor»[16] y de que, «en Cristo, Dios se ha manifestado»[17] para la salvación de todos.

Convocatio: Identidad de la Palabra de Dios

Dios habla

In principio erat Verbum, et Verbum erat apud Deum, et Deus erat Verbum (Jn 1,1s) Desde el principio, debemos partir del misterio de Dios tal como se nos revela en la Sagrada Escritura. El Dios de la Revelación es un Dios que habla, un Dios que es en sí mismo la Palabra y que se da a conocer a la

---

[13] *IL*, nº7a.

[14] Jean RIGAL, «El fenómeno gnóstico», *Esprit et Vie* 192 (abril de 2008, 2.ª quincena), p. 1-10.

[15] Philippe BORDEYNE, Laurent VILLEMIN, (dir.), *La hermenéutica teológica del Vaticano II*, Paris, ed. du Cerf, (coll. «Cogitatio Fidei»), 2006.

[16] BENEDICTO XVI, Encíclica *Deus caritas Est.*

[17] BENEDICTO XVI, Encíclica *Spe Salvi*, nº 9.

humanidad de muchas maneras (Hb 1,1). Gracias a la Biblia, la humanidad se sabe interpelada por Dios; el Espíritu la capacita para escuchar y acoger la Palabra de Dios, convirtiéndose así en la *Ecclesia*, la comunidad reunida por la Palabra. Esta comunidad creyente recibe su identidad y su misión de la Palabra de Dios, que la funda, la alimenta y la compromete al servicio del reino de Dios[18].

Comencemos por aclarar los múltiples significados de la Palabra de Dios. El prólogo de Juan ofrece la perspectiva más elevada y abarcadora desde la que hacer estas aclaraciones. Con el término *Logos*, el evangelista designa una realidad trascendente que estaba con Dios y es Dios mismo. Este *Logos está con Dios y vuelto hacia Dios* - πρὸς τὸν θεόν (Jn 1,1) en principio, es decir, ante todas las cosas, en Dios mismo (ἐν ἀρχῇ). El final del prólogo aclara la naturaleza divina personal del *Logos* con estas palabras: *Nadie ha visto jamás a Dios; el Hijo único, que está en el seno del Padre y vuelto hacia él, nos lo ha revelado.* (Jn 1,18)

En sus cartas a los Colosenses y a los Efesios, san Pablo expresa de manera aproximadamente equivalente el misterio de Cristo, el Verbo de Dios: *Él es la Imagen del Dios invisible, el Primogénito de toda criatura, pues en él fueron creadas todas las cosas, en el cielo y en la tierra, visibles e invisibles, (…) todo fue creado por medio de él y para él.* (Col. 1, 15-16). En su plan de salvación, Dios quiso *reunir todas las cosas, celestes y terrestres, bajo una sola Cabeza, Cristo. También en él hemos sido apartados, designados de antemano, según el plan predeterminado de Aquel que conduce todas las cosas según su voluntad, para ser, para alabanza de su gloria, los que de antemano han esperado en Cristo* (Ef 1,10-12).

La Palabra de la nueva y eterna Alianza, Jesucristo

La Palabra de Dios significa, pues, en primer lugar, Dios mismo que habla, que expresa en sí mismo una Palabra divina que pertenece a su misterio íntimo. Esta Palabra divina es el origen de todas las cosas, *y sin ella no se hizo nada de cuanto existe.* (Jn 1,3). Habla muchos idiomas, entre ellos el de la creación material, el de la vida y el del ser humano. «*En él estaba la Vida, y la Vida era la luz de los hombres*» (Jn 1,4). También habla de manera particular e incluso dramática en la historia de la humanidad, en particular mediante la elección de un pueblo, a través de la Ley de Moisés y de los profetas.

---

[18] Jn 19, 25-27; Jn 20, 21-22; 1Pe 2, 9-10.

Finalmente, después de haber hablado de muchas maneras (Hb 1,1), recapitula y corona todo de un modo único, perfecto y definitivo en Jesucristo: *Et Verbum caro factum est et habitavit in nobis* (Jn 1,14). El misterio del Verbo divino encarnado ocupa el centro del prólogo y de todo el Nuevo Testamento. «Por eso, Jesucristo *-quien lo ve, ve también al Padre* (Jn 14,9), con toda su presencia, con todo lo que muestra de sí mismo, con sus palabras, con sus obras, con sus signos, con sus milagros, pero sobre todo con su muerte y su gloriosa resurrección de entre los muertos, y finalmente con el envío del Espíritu de la verdad, da a la Revelación su cumplimiento definitivo y la confirma con el testimonio divino: Jesucristo es Dios con nosotros»[19].

La Palabra de Dios, de la que da testimonio la Escritura, adopta, pues, diversas formas y oculta distintos niveles de significado. Designa a Dios mismo que habla, a su Palabra divina, a su Palabra creadora y salvadora y, por último, a su Palabra encarnada en Jesucristo, «mediador y plenitud de la Revelación»[20]. Para Lucas, la Palabra de Dios se identifica incluso con la enseñanza oral de Jesús (Lc 5,1-3), e incluso con el mensaje pascual, el kerigma, que, por la predicación de los apóstoles, *crece y se multiplica* como un organismo vivo (Hch 12,24). Esta Palabra de Dios, que es una y múltiple, dinámica y escatológica, personal y filial, habita y da vida a la Iglesia mediante la fe; se recoge en la Sagrada Escritura como testimonio histórico y literario, como depósito sagrado destinado a toda la humanidad. De ahí esta forma nueva y decisiva de la Palabra de Dios, el texto sagrado, la forma escrita que el pueblo de Israel conservó como testimonio de la primera Alianza. De ahí también las Escrituras del Nuevo Testamento, que la Iglesia ha recibido a su vez del Espíritu Santo y de la Tradición apostólica, Escrituras que considera normativas y definitivas para su vida y su misión.

En resumen, la Palabra de Dios escrita o transmitida es una palabra dialógica e incluso trinitaria. Se ofrece al hombre en Jesucristo para introducirlo en la comunión trinitaria y encontrar allí su plena identidad. Según el prólogo joánico, esta Palabra personal de Dios interpela a la humanidad y plantea inmediatamente la cuestión de cómo ha de ser acogida: *Vino a los suyos, y los suyos no le recibieron; pero a los que creen en su nombre les ha dado la potestad de ser hijos de Dios (Jn 1,12).*

---

[19] *DV*, n°4.
[20] *Ibid.*, n°2.

Dios habla y, en consecuencia, el hombre se constituye en un ser interpelado. Esta dimensión antropológica de la Revelación se expresa lacónicamente en la Constitución *Dei Verbum*: «*Por Cristo, Verbo hecho carne, los hombres tienen acceso en el Espíritu Santo al Padre y se hacen partícipes de la naturaleza divina*»[21]. Sobre este tema antropológico, los Padres de la Iglesia desarrollaron la doctrina tradicional de la *Imago Dei*. San Ireneo de Lyon, por ejemplo, comentando a san Pablo, habla del Hijo y del Espíritu como «manos del Padre» que modelan al hombre a «imagen y semejanza de Dios»[22].

Es importante tener presente esta dimensión antropológica de la Revelación, porque desempeña hoy un papel muy importante en la hermenéutica de los textos bíblicos. El concilio Vaticano II redefinió la identidad dialógica del hombre a partir de la Palabra de Dios en Cristo: «En realidad, el misterio del hombre solo se ilumina verdaderamente en el misterio del Verbo encarnado. Adán, el primer hombre, era la imagen de Aquel que había de venir, Cristo el Señor. El nuevo Adán, Cristo, en la misma Revelación del misterio del Padre y de su amor, revela plenamente el hombre a sí mismo y le revela la sublimidad de su vocación»[23]. En esta luz cristológica, es evidente que, aceptando esta vocación sublime mediante la fe y el amor, podemos alcanzar nuestra plena identidad personal en la Iglesia, misterio de comunión, «*pueblo reunido en la unidad del Padre, del Hijo y del Espíritu Sant*o»[24].

A nivel pastoral, ¿no deberíamos comprobar si esta teoantropología dialógica y filial basada en Cristo ocupa el lugar que le corresponde en la Liturgia, la catequesis y la enseñanza teológica? «Porque en los Libros Santos —recuerda la Constitución *Dei Verbum*— «el Padre celestial sale amorosamente al encuentro de sus hijos, entablando conversación con ellos; tan grande es la fuerza, tan grande la potestad de la Palabra de Dios, que se presenta como sostén y vigor de la Iglesia, y, para los hijos de la Iglesia como la solidez de la fe, el alimento del alma, la fuente pura e inagotable de la vida espiritual»[25].

---

[21] *Ibid.*

[22] S. Ireneo de Lyon, *Tratado contra las herejías, I, 3.*

[23] Concilio Vaticano II, Constitución pastoral sobre la Iglesia en el mundo contemporáneo, *Gaudium et Spes, n°22, § 1 (ahora GS).*

[24] S. Cipriano de Cartago, *De Orat. Dom.* 23 (PL 4, 553).

[25] *DV*, n. 22

La vocación divina del hombre, hemos dicho, se ilumina en el misterio del Verbo encarnado, el nuevo Adán. Esta vocación le confiere su dinamismo trascendental en forma de un profundo deseo de Dios, inscrito en su mismo ser. El hombre es un ser de deseo que aspira al infinito, pero también es un ser de servicio que obedece la Palabra de Dios: Yo soy la sierva del Señor. (Lc 1,38) Toda la antropología se desarrolla en este paso del deseo al servicio que hace del hombre un ser eclesial, un *anima eclesiástica*.

La Esposa del Verbo Encarnado

La hija de Sión y la *ecclesia*

«En la comunión de toda la Iglesia, queremos nombrar en primer lugar a la Bienaventurada María siempre Virgen, Madre de nuestro Dios y Señor Jesucristo»[26].

Una mujer, María, realizó perfectamente la vocación divina de la humanidad por su sí a la Palabra de la Alianza y a su misión. Por su maternidad divina y espiritual, María aparece como el modelo y la forma permanente de la Iglesia, como la primera Iglesia. Consideremos la figura central de María entre la Antigua y la Nueva Alianza, que completó el paso de la fe de Israel a la fe de la Iglesia. Contemplemos el relato de la Anunciación, origen y modelo insuperable de la auto comunicación de Dios y de la experiencia de fe de la Iglesia. Nos servirá de paradigma para comprender la identidad dialógica de la Palabra de Dios en la Iglesia. La dimensión trinitaria de la Revelación se manifiesta claramente del lado del Dios que habla. El ángel de la Anunciación habla en nombre de Dios Padre, que toma la iniciativa de dirigirse a su criatura para comunicarle su vocación y su misión. Es un acontecimiento de gracia, cuyo contenido se comunica a pesar del susto y el estupor de su criatura: *Verás, darás a luz un hijo; le pondrás por nombre Jesús. Será grande y se llamará Hijo del Altísimo.* En el animado diálogo que sigue, María pregunta: *«¿Cómo será esto, puesto que no conozco a nadie?».* El ángel le respondió: *«El Espíritu Santo vendrá sobre ti y la potestad del Altísimo te cubrirá con su sombra; por eso el que va a nacer será santo, se llamará Hijo de Dios»* (Lc 1,31-35).

Además de esta dimensión trinitaria del relato del acontecimiento, el diálogo de María con el ángel nos enseña también su reacción vital, su miedo, su perplejidad y su petición de explicaciones. Dios respeta la libertad de

---

[26] Canon romano.

su criatura; por eso añade el signo de la fecundidad de Isabel, que permite a María dar su asentimiento de un modo a la vez sobrenatural y plenamente humano. *Yo soy la esclava del Señor, hágase en mí según tu palabra* (Lc 1,38) Esposa del Dios vivo, María se convierte en madre del Hijo por la gracia del Espíritu.

Tan pronto como María da su asentimiento incondicional al anuncio del ángel, la vida trinitaria entra en su alma, en su corazón y en su pecho, inaugurando el misterio de la Iglesia. Porque la Iglesia del Nuevo Testamento comienza a existir donde el Verbo encarnado es acogido, apreciado y servido en plena disponibilidad al Espíritu Santo. Esta vida de comunión con el Verbo en el Espíritu comienza con *el anuncio* del ángel y se extiende a toda la existencia de María. Esta vida incluye todas las etapas del crecimiento y misión del Verbo encarnado, en particular la escena escatológica de la cruz donde María recibe del mismo Jesús el *anuncio* de la plenitud de su maternidad espiritual: *Mujer, ahí tienes a tu hijo* (Jn 19,26). En todas estas etapas, a través de «su SÍ inicial y permanente»[27], María se comunica con la vida de Dios que se entrega y colabora enteramente en su plan de salvación para toda la humanidad. Ella es la nueva Eva cantada por san Ireneo, que participa como esposa del Cordero en la fertilidad universal del Verbo encarnado.

La escena de la Anunciación y la vida de María ilustran y recapitulan la estructura de Alianza de la Palabra de Dios y la actitud responsorial de la fe. Destacan el carácter personal y trinitario de la fe, que consiste en un don de la persona a Dios que se entrega revelándose[28]. «Esta actitud es la actitud de los santos. Ella es la misma de la Iglesia que no deja de convertirse a su Señor en respuesta a la voz que él le dirige»[29]. Por eso la atención a la figu-

---

[27] *IL*, n. 25.

[28] Véase CEC, n. 170: «No creemos en fórmulas, sino en las realidades que expresan y que la fe nos permite "tocar". El acto (de fe) del creyente no se detiene en la afirmación, sino en la realidad (enunciada). (S. Tomás de Aquino, S. t. 2-2, 1, 2, ad 2)». El objeto formal de la fe es la Persona que afirma ý que se entrega en su declaración suprema, Jesucristo, a quien el Espíritu Santo fortalece. que nos confesemos. La fe es esencialmente Trinitaria, es un acto de donación personal en respuesta al don Tri-Personal de Dios. Intuimos en el texto de *Dei Verbum* un equilibrio aún por encontrar entre el aspecto personal o dinámico y el aspecto noético de la fe.

[29] H. DE LUBAC, *La escritura en la tradición*, París, Aubier, 1966, p. 100.

ra de María, como modelo e incluso arquetipo de la fe de la Iglesia[30], nos parece esencial para realizar concretamente un cambio de paradigma en la relación con la Palabra de Dios. Este cambio de paradigma no obedece a la filosofía de hoy, sino al redescubrimiento del lugar originario de la Palabra, el diálogo vital del Dios Trino con la Iglesia, su Esposa, que se realiza en la santa Liturgia. «En efecto, para la realización de esta gran obra por la que Dios es perfectamente glorificado y los hombres santificados, Cristo se asocia siempre a la Iglesia, su amada Esposa, que lo invoca como su Señor y que pasa a través de él para adorar al Padre Eterno»[31].

Tradición, Escritura y Magisterio

Hablar de la Liturgia como diálogo vital de la Iglesia con Dios es hablar de tradición en su sentido primario, es decir de transmisión viva del misterio de la nueva Alianza. La tradición está constituida por la predicación apostólica, precede a las Escrituras, las desarrolla y las acompaña siempre. La Palabra de Dios predicada genera fe que se expresa en su apogeo a través del bautismo y la Eucaristía. Es allí, de hecho, donde Dios, en Cristo, ofrece su vida a los hombres «para invitarlos a entrar en comunión con Él y recibirlos en esta comunión»[32]. Es allí también donde la Iglesia, en nombre de toda la humanidad, responde al Dios de la Alianza ofreciéndose con Cristo para su gloria y para la salvación del mundo.

En la tradición viva de la Iglesia, la Palabra de Dios ocupa el primer lugar: es Cristo vivo. La Palabra escrita da testimonio de ello. La Escritura, de hecho, es un testimonio histórico y una referencia canónica indispensable para la oración, la vida y la doctrina de la Iglesia. Sin embargo, la Escritura no es toda la Palabra, no está totalmente identificada con ella, de ahí la importancia de la distinción entre la Palabra y el Libro, así como entre la letra y el Espíritu. San Pablo afirma con fuerza que somos ministros *de una nueva Alianza, no de la letra, sino del Espíritu; porque la letra mata, pero el Espíritu vivifica* (2Cor 3,6). Está claro que la letra de la Escritura desempeña un papel primordial y normativo en la Iglesia, pero el cristianismo no es

---

[30] Es decir, la vida de fe de María es más que un ejemplo para la Iglesia, es madre, es decir, fuente permanente de vida para la Iglesia.

[31] Véase CONCILIO DE TRENTO, ses. XXII, 17 de septiembre de 1562, Decr. *De los Santos Eucaristía*, c. 1.: «Quería dejar a la Iglesia, su amada Esposa, un sacrificio que fuera visible»; *LG*, n° 4; *DV* n°8 y 23; Constitución sobre la santa Liturgia *Sacrosanctum Concilium*, n°7 (en adelante *SC*). Ver también: Efesios 5,21-32; Apocalipsis 22,17; Juan 2; 19, 25-27.

[32] *DV*, n°2.

estrictamente una «religión del libro»: es la religión de la Palabra, pero no única ni principalmente de la Palabra en su forma escrita. Es la religión de la Palabra – y «no de una Palabra escrita y silenciosa, sino de una Palabra encarnada y viva»[33]. Esta religión de la Palabra, sin embargo, sigue siendo inseparable de la Palabra escrita, manteniendo con ella una relación compleja pero esencial.

La unidad de la Tradición viva y la Sagrada Escritura descansa en la asistencia del Espíritu Santo a quienes ejercen el ministerio pastoral. «Pero el encargo de interpretar auténticamente la Palabra de Dios, escrita o transmitida, ha sido confiado al único Magisterio vivo de la Iglesia, cuya autoridad se ejerce en el nombre de Jesucristo. Este Magisterio no está por encima de la Palabra de Dios; la sirve, enseñando solo lo que ha sido transmitido, ya que, en virtud del orden divino y la asistencia del Espíritu Santo, escucha piadosamente la palabra, la custodia religiosamente, la explica fielmente y extrae de este depósito único de la fe todo lo que nos propone para creer como divinamente revelado»[34].

La asistencia dada por el Espíritu Santo al Magisterio (2Tim 1,14) completa la acción que ejerce en la creación y en la historia de la salvación. En efecto, el Espíritu Santo actúa en la historia, suscitando acciones y palabras que interpretan los acontecimientos y que quedan registradas por escrito en los Libros Sagrados[35]. La exégesis histórico-crítica nos ha hecho más conscientes de las complejas mediaciones humanas que intervinieron en la elaboración de los textos sagrados, pero lo cierto es que el Espíritu Santo ha guiado toda la historia de la salvación, ha inspirado su interpretación verbal y escrita, y moldeó su culminación en Cristo y la Iglesia. San Pablo describe poéticamente *la Palabra de Dios como la espada del Espíritu* (Ef 6,17). Sobresale al resaltar el papel del Espíritu en el plan de Dios, particularmente en la magistral síntesis de la Epístola a los Efesios (ver 1,13; 2,22; 3,5). Notemos, sin embargo, que la acción del Espíritu Santo no opone a la dimensión dialógica y a la dimensión doctrinal, como se esfuerza en recordarnos el Magisterio de la Iglesia, al tiempo que subraya en la *Dei Verbum*

---

[33] H. de Lubac, *L'Écriture dans la tradition...*, p. 246; el autor se refiere a san Bernardo, Sup. *Missus est*, h. 4, n. 11, en el que María habla: «*Nec fiat mihi verbum scriptum et mutum, sed incarnatum et vivum*» (PL, 183, 86 B).

[34] *DV*, n°10.

[35] *DV*, n°2.

la dimensión del diálogo personal-dialogal a partir de la comunicación de Dios en Cristo.

«Es, pues, evidente que la Sagrada Tradición, la Sagrada Escritura y el Magisterio de la Iglesia están entre sí, según el sapientísimo designio de Dios, tan unidos y asociados que ninguno de ellos tiene consistencia sin los otros, y que todos contribuyen al mismo tiempo, eficazmente, a la salvación de las almas, cada una a su manera, bajo la única acción del Espíritu Santo»[36]. A pesar de este delicado equilibrio, que tiene muchas implicaciones ecuménicas, persisten tensiones y es necesario continuar la reflexión sobre estas cuestiones fundamentales que determinan el modo de leer las Escrituras, de interpretarlas y de hacer un uso fructífero de ellas para la vida y la misión de la Iglesia.

Convocatio: Dios convoca a sus criaturas a la existencia a través de su Palabra. Convoca al hombre al diálogo en su Hijo y convoca a la Iglesia a compartir su vida divina en el Espíritu. Hemos querido concluir esta parte sobre la identidad del Verbo de Dios con un apartado sobre la Iglesia, Esposa del Verbo Encarnado. A pesar de la complejidad de las relaciones entre Escritura, Tradición y Magisterio, el Espíritu Santo asegura la unidad del todo, sobre todo si mantenemos bien presente la dinámica responsorial e incluso nupcial de la relación de Alianza. Al situar las funciones eclesiales de la Escritura, la Tradición y el Magisterio dentro de una eclesiología mariana, invitamos a un cambio de paradigma donde el énfasis pasa de la dimensión noética a la dimensión personal de la Revelación. La figura arquetípica de María pone de relieve la dimensión dinámica de la Palabra y el carácter personal de la fe como don de sí, al tiempo que invita a la Iglesia a permanecer bajo la Palabra y disponible a cualquier acción del Espíritu Santo.

Communio: La Palabra de Dios en la vida de la Iglesia

En esta segunda parte nos ocupamos de la Palabra de Dios en la vida de la Iglesia, comenzando por el diálogo de la Iglesia con Dios en la santa Liturgia que es la cuna de la Palabra, su *Sitz im Leben*[37]. Luego, abordamos la

---

[36] *DV*, n°10.

[37] Sobre la expresión, véase W. Rordorf, «La confession de foi et son "Sitz im Leben" dans l'église ancienne», *Novum Testamentum*, Vol. 9, Fasc. 3 (Jul., 1967) 225-238; A. Vanhoye, «La réception dans l'Église de la constitution dogmatique *Dei Verbum*. Du Concile Vatican II à aujourd'hui», *Esprit et Vie*, n. 107 (junio 2004) 9.

Lectio divina y la interpretación eclesial de la Sagrada Escritura con énfasis en la búsqueda de significado espiritual, invitándonos así a reconectarnos con la exégesis de los Padres de la Iglesia.

El diálogo de la Iglesia con Dios que habla

La santa Liturgia

La Liturgia es considerada el ejercicio de la función sacerdotal de Jesucristo, ejercicio en el que el culto público integral es ejercido por el Cuerpo místico de Jesucristo, es decir por la Cabeza y por sus miembros[38]. Por eso la Constitución *Sacrosanctum concilium* insiste en las diferentes modalidades de la presencia de Cristo en la liturgia. «Él está presente en el sacrificio de la misa, y en la persona del ministro, "el mismo oferente ahora por el ministerio de los sacerdotes, que se ofreció a sí mismo en la cruz" y, en su punto más alto, bajo las especies eucarísticas»[39]. Cristo «está presente allí en su palabra, porque es Él quien habla mientras se leen las Sagradas Escrituras en la Iglesia»[40].

Es él quien habla mientras se leen las Sagradas Escrituras en la Iglesia. No se pueden exagerar las implicaciones pastorales de esta solemne afirmación conciliar. Nos recuerda que el tema principal de la santa Liturgia es el mismo Cristo dirigiéndose a su Pueblo y ofreciéndose a su Padre como sacrificio de amor por la salvación del mundo. Si bien en la realización de los ritos litúrgicos la Iglesia parece tener el papel principal, de hecho, desempeña siempre un papel subordinado, al servicio de la Palabra y de Aquel que habla. El eclesiocentrismo es ajeno a la reforma del Concilio. Cuando la Palabra es proclamada, es Cristo quien habla en nombre de su Padre, y el Espíritu Santo nos hace acoger su Palabra y comulgar con su vida. La asamblea litúrgica existe mientras esté centrada en la Palabra y no en sí misma. De lo contrario, degenera en algún grupo social.

Con esta insistencia, la Iglesia nos enseña que la Palabra de Dios es ante todo Dios que habla. Ya en el primer Pacto, Dios habla a su pueblo a través de Moisés quien luego informa la respuesta del pueblo a las palabras

---

[38] *SC*, n°7.
[39] *Ibid.*
[40] *Ibid.*

de Yahvé: *Todo lo que Yahvé ha dicho, lo haremos.* (Éx 19,8)[41]. Dios habla menos para instruirnos que para comunicarse e «introducirnos en su comunión»[42]. El Espíritu Santo realiza esta comunión reuniendo a la comunidad en torno a la Palabra y actualizando el misterio pascual de Cristo en el que Él se entrega en comunión. Porque, según las Escrituras, la misión del Verbo encarnado culmina en la comunicación del Espíritu divino[43]. Bajo esta luz trinitaria y neumatológica, parece más claro que la santa Liturgia es el diálogo vivo entre Dios que habla y la comunidad que escucha y responde con alabanza, acción de gracias y compromiso con la vida y la misión. ¿Cómo podemos cultivar entre los fieles la conciencia de que la Liturgia es el ejercicio de la función sacerdotal de Jesucristo a la que está asociada la Iglesia como Esposa amada? ¿Qué consecuencias debería tener el redescubrimiento de este lugar original de la Palabra sobre la hermenéutica bíblica, sobre la celebración eucarística y, especialmente, sobre el lugar y la función de la Liturgia de la Palabra, incluida la homilía?

Palabra y Eucaristía

«La Iglesia siempre ha mostrado respeto por las Escrituras, así como por el mismo Cuerpo del Señor, ya que, especialmente en la santa Liturgia, nunca cesa, tanto de la mesa de la Palabra de Dios como de la del Cuerpo de Cristo, de tomar el pan de vida y presentarlo a los fieles»[44].

Al comparar la Liturgia de la Palabra y la Eucaristía con dos «mesas», *Dei Verbum* quiso subrayar con razón la importancia de la Palabra. Esta expresión retoma un dato tradicional que encontramos fuertemente expresado en Orígenes, por ejemplo, cuando exhorta el respeto tanto por la Palabra como por el cuerpo de Cristo: «¿Y si, cuando se trata de su cuerpo, expresáis con razón tantas precauciones, ¿por qué querríais que el descuido de la Palabra de Dios merezca un castigo menor que el descuido de su propio cuerpo»[45]?

---

[41] Esta dimensión responsorial se expresa ya enfáticamente en la descripción del rito fundacional de la alianza sinaítica (Ex 24,3-7), e incluso en la narración de la fase preparatoria (Ex 19,8).

[42] *DV,* n°2.

[43] Jn 19, 30; 20, 22; Hch 2, 1-13; Rom 8, 15-17; Ga 4, 6.

[44] *DV, n°21.*

[45] ORÍGENES, *Homilías sobre el Éxodo, 13, 3.*

Si queremos mantener la metáfora de las dos mesas, ¿no deberíamos matizar la forma en que las veneramos[46]? ¿No deberíamos también enfatizar especialmente su unidad porque sirven el mismo *Pan de vida* (Jn 6,35-58) a los fieles? Ya sea en forma de Palabra que hay que creer o de Carne que hay que comer, la Palabra proclamada y la Palabra pronunciada sobre las oblaciones participan del mismo acontecimiento sacramental. La Liturgia de la Palabra lleva en sí una fuerza espiritual, pero multiplicada por su vínculo intrínseco con la realización del misterio pascual: la Palabra de Dios que se hace Carne sacramental por la fuerza del Espíritu. Este misterio sacramental se cumple con la palabra, como recuerda el concilio de Trento[47], y también con la acción del Espíritu Santo que reposa sobre el ministro ordenado y que es invocado explícitamente en la epíclesis.

El Espíritu da a la Palabra proclamada en la Liturgia una virtud performativa, es decir *viva y eficaz* (Heb 4,12). Esto significa que la Palabra litúrgica, como el Evangelio, «no es solo una comunicación de elementos que podemos conocer, sino una comunicación que produce hechos y cambia la vida»[48]. Esta virtud performativa de la Palabra litúrgica depende de que quien habla no quiere primero *instruir* a través de su Palabra, sino *comunicarse él mismo*. Quien escucha y responde no solo se adhiere a verdades abstractas; asume un compromiso personal con toda su vida, manifestando así su identidad como miembro del Cuerpo de Cristo. El Espíritu Santo es la clave para esta comunicación vital. Es él quien configura el Cuerpo sacramental y eclesial de Cristo, como modeló en María su Cuerpo de carne y, en palabras de Orígenes, el «Cuerpo de la Escritura»[49]. Así, con el Hijo y el Espíritu, «el Padre que está en el cielo se acerca con mucho amor al encuentro de sus hijos [y] entabla conversación con ellos»[50]. ¿Cómo debemos formar discípulos y ministros capaces de resaltar la dimensión trinitaria y responsorial de la Liturgia? Estas implicaciones pastorales no solo implican

---

[46] La historia de la redacción de este pasaje muestra que en la versión final se añadió un matiz: se utilizó la expresión *sicut et en lugar de velut para evitar forzar la comparación en el sentido de una veneración idéntica*. Véase H. Hoping, «Theologischer Kommentar...», p. 791.

[47] Concilio de Trento, sess. XIII, 11 de octubre de 1551: «El Cuerpo se encuentra bajo la especie del pan, y la Sangre bajo la especie del vino en virtud de las palabras» (Denz. 1640).

[48] Benedicto XVI, *Spe salvi*, nº 2.

[49] Orígenes, *Tratado sobre los principios*, IV, 2.8; véase Benedicto XVI, *Exhortación apostólica postsinodal sobre la Eucaristía, fuente y culmen de la vida y de la misión de la Iglesia, Sacramentum Caritatis*, nn. 12-13 (en adelante SaC).

[50] *DV, nº21.*

una reforma de los estudios, sino también una revalorización de la contemplación de las Escrituras.

La homilía

A pesar de la restauración de la que fue objeto la homilía en el Concilio, todavía experimentamos el descontento de muchos fieles con el ministerio de la predicación. Este descontento explica en parte la salida de muchos católicos hacia otros grupos religiosos. Para remediar las deficiencias de la predicación, sabemos que no basta con dar prioridad a la Palabra de Dios, sino que también es necesario interpretarla correctamente en el contexto mistagógico de la liturgia. Tampoco basta con recurrir a la exégesis o utilizar nuevos medios educativos o tecnológicos; ya ni siquiera basta que la vida personal del ministro esté en profunda armonía con la Palabra proclamada. Todo esto es muy importante, pero puede quedar extrínseco a la realización del misterio pascual de Cristo. ¿Cómo podemos ayudar a los predicadores a poner la vida y la Palabra en relación con este acontecimiento escatológico que irrumpe en el corazón de la asamblea? La homilía debe alcanzar la profundidad espiritual, es decir, cristológica, de la Sagrada Escritura[51]. ¿Cómo podemos evitar la tendencia al moralismo y cultivar el llamado a la decisión de fe?

El *Instrumentum laboris* destaca el pasaje de Lucas 4,21, que habla de la primera homilía de Jesús en la sinagoga de Nazaret: *Entonces comenzó a decirles: «Hoy se cumple esta Escritura para vosotros los que escucháis»*. El Evangelio de Lucas introduce esta secuencia de manera solemne, actuando como un resumen de la predicación y el destino de Jesús. En cierto sentido, la escena de la sinagoga de Nazaret fue un símbolo de su vida. La gente se maravilló del mensaje de gracia que salía de su boca, pero al final estaban dispuestos a arrojarlo al precipicio. El inicio de su predicación fue el prólogo del misterio pascual.

Hoy esta escritura se cumple para vosotros que la oís. Entre el hoy del Resucitado y el hoy de la asamblea, está la mediación de la Escritura llevada por el Espíritu en labios del predicador. *Todos quedaron asombrados de las*

---

[51] Véase H. Urs von Bathasar, *Lumière de la Parole*, Namur, Culture et Vérité, 1990: este comentario de las lecturas dominicales de los años A, B y C pone de relieve la unidad de las tres lecturas desde un punto de vista teológico. Este comentario, publicado en varias lenguas, responde a una necesidad expresada a menudo por los homilistas (edición original: *Licht des Wortes. Skizzen zu allen Sonntagslesungen*, Tréveris, Paulinus Verlag, 1987).

palabras de gracia que salían de su boca (Lucas 4,22). Iluminado por el Espíritu Santo, el texto explicado de forma sencilla y familiar sirve de mediación para el encuentro entre Cristo y la comunidad. El cumplimiento de la Escritura se produce así en la fe de la comunidad que acoge a Cristo como Palabra de Dios. El hoy que interesa al predicador es el hoy de la fe, la decisión de fe de abandonarse a Cristo y obedecerle incluso en las exigencias morales del Evangelio.

El sacerdote como ministro de la Palabra completa lo que falta en la predicación de Jesús para su cuerpo que es la Iglesia. Comparte los sufrimientos de la preparación, las dificultades de la comunicación, pero sobre todo la alegría de ser instrumento del Espíritu Santo al servicio de un advenimiento muy radical: «La acogida del hombre a la ofrenda del amor de Dios que se presenta a él en Cristo»[52].

El Oficio Divino

Dios continúa hablando con su pueblo a través de su Hijo, en el Espíritu, «no solo mediante la celebración de la Eucaristía, sino también por otros medios y especialmente mediante el desempeño del oficio divino»[53]. Cristo Jesús «introdujo en nuestro exilio terrenal este himno que se canta eternamente en las moradas celestiales. Se une a toda la comunidad de los hombres y la asocia en este divino canto de alabanza»[54]. San Agustín escribe sobre este tema: «Así nuestro Señor Jesucristo, único Salvador de su Cuerpo místico, ora por nosotros, ora en nosotros y recibe nuestras oraciones. Él ora por nosotros como nuestro sacerdote, ora en nosotros como nuestro líder, recibe nuestras oraciones como nuestro Dios. Reconozcamos, pues, que hablamos en él y que él habla en nosotros»[55].

El oficio divino forma parte del ejercicio de la función sacerdotal de Jesucristo, al que está íntimamente asociada la Iglesia como Esposa del Verbo Encarnado. La restauración del oficio divino, llevada a cabo por el Concilio, ha producido grandes frutos en la Iglesia gracias al desarrollo de una práctica mucho más difundida en formas simplificadas que permiten un contacto frecuente y orante con la Palabra de Dios. Esta práctica monástica y conventual, aderezada también con lecturas patrísticas, sigue siendo un

---

[52] J. RATZINGER, *Dogma e predicazione...*, p. 50; véase también *SaC*, n. 46.
[53] *SC*, n. 83.
[54] *Ibid.*
[55] S. AGUSTÍN, *Comentario al Salmo 85.*

elemento constitutivo de la tradición eclesial y, por tanto, representa una referencia importante para la interpretación de la Escritura en la Iglesia. Encarna el propósito espiritual de las Sagradas Escrituras y resalta la insuperable oración de los salmos. Como lo explica san Pío X, «ciertamente, toda la Sagrada Escritura, del Antiguo al Nuevo Testamento, está inspirada por Dios, y es apta para la enseñanza, tal como está escrita; sin embargo, el libro de los Salmos, escribe san Atanasio, es como un paraíso que contiene todos los frutos de los demás libros, ofrece sus cantos y añade sus propios frutos a los demás en la salmodia[56]. El que canta los salmos está como ante un *espejo* donde encuentra sus propios sentimientos, como Agustín que confiesa que así "la *verdad se filtró en mi corazón que el fervor llevó, mis lágrimas corrieron y eso me hizo bien*"»[57].

El sínodo debe recordar en qué medida la práctica ferviente del oficio divino, según la regla específica de cada comunidad, sigue siendo un precioso fermento de vida comunitaria y de alegría[58]. Ella encarna la *Sequela Christi*, la unión de la esposa y el esposo en la alabanza del amor y la intercesión por la gloria de Dios y la salvación del mundo.

Lectio Divina

La tradición de la Iglesia transmite también la práctica de la *Lectio divina* como una sabrosa contemplación de la Sagrada Escritura, a la manera de María, que meditaba en su corazón todos los misterios de Jesús. «María buscaba el significado espiritual de las Escrituras y lo encontró relacionándolo (*symballousa*) con las palabras, con la vida de Jesús y con los acontecimientos que poco a poco fue descubriendo en su historia personal. (…) [en esto] María se convierte en símbolo para nosotros, para la fe de los sencillos y para la de los doctores de la Iglesia que estudian, evalúan y definen el modo de profesar el Evangelio»[59].

«Me gustaría evocar y recomendar especialmente la antigua tradición de la *Lectio divina*», escribe el papa Benedicto XVI. «La lectura diligente de la

---

[56] S. Pío X, Constitución Apostólica *Divino Afflatu*, 1911, *Liturgie des Heures*, vol. III, p. 1254. 3, p. 1254.

[57] *Ibid.*

[58] Cabe mencionar de paso la feliz renovación bíblica de una serie de prácticas y devociones que son también lugares importantes para meditar la Sagrada Escritura: la adoración eucarística fuera de la misa, el santo rosario, el víacrucis, etc.

[59] *IL*, n° 25.

Sagrada Escritura, acompañada de la oración, logra el diálogo íntimo en el que, leyendo, escuchamos a Dios que habla y, orando, le respondemos, con una confiada apertura del corazón (cf. DV 25). Estoy convencido de que esta práctica, si se promueve eficazmente, traerá a la Iglesia una nueva primavera espiritual»[60].

Para que las prácticas de la *Lectio divina* se vivan con más frutos, el texto de la *Dei Verbum* n° 23 nos sitúa en la luz adecuada evocando a la Iglesia, esposa del Verbo encarnado, animada e instruida por el Espíritu Santo. Esta eclesiología nupcial introduce en sí misma el clima de amor y reciprocidad que favorece la contemplación de la Escritura. Esta valiosa indicación nos ayuda a tomar conciencia de los presupuestos eclesiológicos que desempeñan un papel más importante de lo que parece en el diálogo con Dios dentro del texto sagrado. En la medida en que la Iglesia, en sus miembros, se percibe a sí misma como esposa amada, objeto de un amor elegido, resulta muy natural recurrir con amor a la Sagrada Escritura como a la fuente constantemente manante del amor divino[61].

«En esta perspectiva, debemos tener en cuenta, comprender correctamente y recuperar la extraordinaria exégesis de los Padres, así como la gran intuición medieval de los "cuatro sentidos de las Escrituras", que de ningún modo han perdido su interés»[62]. La práctica de la *Lectio divina* dará frutos siempre que esté bañada en un ambiente de confianza respecto de las Escrituras, lo que presupone una exégesis del texto «en el mismo espíritu que hizo que fuese escrito»[63]. En este contexto, nunca podremos alentar demasiado «el estudio de los Santos Padres de Oriente y de Occidente, y de las santas Liturgias»[64].

---

[60] BENEDICTO XVI, «Ad Conventum Internationalem 'La Sacra Scrittura nella vita della Chiesa'», 16 de septiembre de 2005, AAS 97 (2005), p. 957. Véase también Carlo-Maria MARTINI, «La place centrale de la Parole de Dieu dans la vie de l'Église - L'animation biblique de toute la pastorale», *Federación Bíblica Católica*, n. 76/77, 2005, p. 33.

[61] Véase H. Urs VON BALTHASAR, *Sponsa Verbi. Skizzen zur Theologie II*, Johannes Verlag, 1961; *La Dramatique divine. II Les personnes du drame. 2 Les personnes dans le Christ*, p. 209-367; Hugo RAHNER, « Die Gott Geburt. Die Lehre der Kirchenväter von der Geburt Christi Aus dem Herzen der Kirche und der Gläubigen», dans *Symbole der Kirche*, Salzburg, O. Müller, 1964, p. 13-87; Luis Alonso SCHÖKEL, *Símbolos matrimoniales en la Biblia*, Estella, Verbo Divino, 1997.

[62] *IL*, n° 22.

[63] *DV*, n° 12.

[64] *Ibid*, n° 23.

En definitiva, la *Lectio divina* puede contribuir mucho al diálogo de la Iglesia con Dios, a la formación de discípulos y comunidades cristianas, e incluso al acercamiento de iglesias y comunidades eclesiales a través de la «lectura espiritual común de la Palabra de Dios»[65].

Es deseable que el Sínodo fomente la búsqueda de estrategias nuevas, sencillas y atractivas, adaptadas a todo el pueblo cristiano o a categorías particulares de fieles, para desarrollar el gusto y la práctica de la lectura continua, comunitaria y personal, de la Palabra de Dios.

La interpretación eclesial de la Palabra de Dios

Elementos del problema

La interpretación de las Escrituras en la Iglesia ha dado lugar, desde los orígenes apostólicos, a conflictos y tensiones recurrentes. Los cismas y las separaciones añadieron otros obstáculos. Junto con estos desafortunados acontecimientos, la exégesis y la teología se alejaron no solo entre sí, sino también de la interpretación espiritual de las Escrituras que era común en la época patrística[66]. El modelo contemplativo de la teología monástica y patrística ha dado paso a un modelo especulativo y a menudo polémico, bajo la influencia de errores que hay que combatir y de descubrimientos históricos, filosóficos y científicos. Añadamos también el giro antropocéntrico del pensamiento moderno, que ha rechazado la metafísica del ser en favor de una epistemología inmanentista. Prisionero del recinto encantado del cogito (Ricœur), el hombre queda fascinado por su propia destreza especulativa (Hegel), pero pierde el sentido de asombro ante el misterio del ser y de la Revelación[67].

En este contexto de separación y conflicto entre fe y razón, asistimos al cuestionamiento de la unidad de la Escritura y a una excesiva fragmentación de las interpretaciones. A partir de ahora, la relación interna de la exégesis con la fe ya no es unánime y aumentan las tensiones entre exégetas, pastores

---

[65] Walter Kasper, «Dei Verbum Audiens et Proclamans», *Federación Bíblica Católica*, n. 76/77, 2005, p. 11. Véase también Groupe des Dombes, *Pour la conversion des Églises. Identité et changement dans la dynamique de communion,* presentación de A. Blancy y M. Jourjon, París, Le Centurion, 1991.

[66] H. Urs von Balthasar, *Retour au Centre*, París, Desclée de Brouwer, 1998, p. 25-57.

[67] H. Urs von Balthasar, *Theologik 1. Wahrheit der Welt*, Fribourg, Johannes Verlag, 1985, p. 11-23 ; *Phénoménologie de la Vérité. La Vérité du monde*, Paris, Beauchesne, 1952.

y teólogos[68]. Ciertamente estamos complementando cada vez más la exégesis histórico-crítica con otros métodos, algunos de los cuales reconectan con la tradición y la historia de la exégesis[69]. Pero en términos generales, después de varias décadas de concentración en las mediaciones humanas de las Escrituras, ¿no deberíamos redescubrir la profundidad divina del texto inspirado sin perder los preciosos logros de las nuevas metodologías?

No se puede exagerar este punto porque la crisis de la exégesis y de la hermenéutica teológica afecta profundamente la vida espiritual del pueblo de Dios y su confianza en las Escrituras. Afecta también a la comunión eclesial, debido al clima de tensión, a menudo insalubre, entre la teología universitaria y el Magisterio eclesial. Ante esta delicada situación, y sin entrar en debates académicos, el Sínodo debe dar orientaciones para limpiar las relaciones y promover la integración de los hallazgos de las ciencias bíblicas y hermenéuticas en la interpretación eclesial de las Sagradas Escrituras[70].

Es necesario intensificar los diálogos en este sentido, promovidos por la Congregación para la Doctrina de la Fe, a fin de profundizar de manera multidisciplinaria y respetuosa los puntos en disputa y preparar así el juicio de la Iglesia que debe cumplir «el mandato divino y el ministerio de custodiar e interpretar la Palabra de Dios»[71]. La Pontificia Comisión Bíblica y la Comisión Teológica Internacional desempeñan un papel importante y muy apreciado a este respecto. El Sínodo podría reconocer la valiosa contribución de estas organizaciones y alentar sesiones conjuntas[72] para intensificar el diálogo entre pastores, teólogos y exégetas. También podría sugerir reuniones regionales similares que ayudarían a cultivar un clima saludable de comunión y servicio de la Palabra de Dios. El Sínodo también podría

---

[68] Sobre este tema, véase J. RATZINGER, «L'interprétation de la Bible en conflit. Problèmes des fondements et de l'orientation de l'exégèse contemporaine», en Ignace DE LA POTTERIE (ed.), *L'exégèse chrétienne aujourd'hui*, París, Fayard, 2000, pp. 65-109.

[69] COMISIÓN BÍBLICA PONTIFICIA, *Interpretación de la Biblia en la Iglesia*, n. 1.

[70] Véase J. RATZINGER, «L'interprétation de la Bible en conflit»; I. DE LA POTTERIE, «L'exégèse biblique, science de la foi», en I. DE LA POTTERIE (ed.), *L'exégèse chrétienne aujourd'hui*, p. 111-160.

[71] *DV*, n°12.

[72] *L'interpretazione della Bibbia nella Chiesa. Atti del Simposio promosso della Congregazione per la Dottrina della Fede*, Roma, settembre 1999, Cité du Vatican, Libreria Editrice Vaticana, 2001.

proponer que tomemos el significado espiritual de la Escritura como eje de integración de esta búsqueda de la unidad[73].

El significado espiritual de la Escritura

«El teólogo informado reconoce sin ambigüedades», escribe el Padre de Lubac, «que la existencia de un doble sentido literal y espiritual es un dato inalienable de la tradición. Es parte de la herencia cristiana. Este [el sentido espiritual] es, repitamos con los Padres, el mismo Nuevo Testamento, con toda su fecundidad, revelándose a nosotros "como realización y transfiguración del Antiguo"[74]». Según santo Tomás de Aquino, el sentido espiritual presupone el sentido literal y se fundamenta en él[75]. Sin embargo, cualquier interpretación simbólica o espiritual debe mantener homogeneidad con el significado literal. Porque «admitir significados heterogéneos equivaldría a cortar el mensaje bíblico de su raíz, que es la Palabra de Dios comunicada históricamente, y abrir la puerta a un subjetivismo incontrolable»[76].

Este miedo al subjetivismo y la falta de reflexión contemporánea sobre la inspiración escrituraria explican la lentitud de la exégesis católica contemporánea para interesarse verdaderamente por el significado espiritual de las Escrituras[77]. Sin embargo, se está produciendo un avance significativo en esta dirección: «Como regla general», escribe la Pontificia Comisión Bíblica, «podemos definir el significado espiritual, entendido según la fe cristiana, como el significado expresado por los textos bíblicos, cuando es leído bajo la influencia del Espíritu Santo en el contexto del misterio pascual de Cristo y la vida nueva que de él resulta[78]». Esta definición encaja bien con la orientación de *Dei Verbum* 12, que nos pide interpretar los textos bíblicos en el mismo Espíritu que los hizo escribir.

En efecto, es el Espíritu quien preparó los acontecimientos del Antiguo y del Nuevo Testamento según una progresión que va de la promesa al cumplimiento; es por el Espíritu que estos acontecimientos fueron inter-

---

[73] Véase W. Kasper, *«Dei Verbum Audiens et Proclamans»*, p. 11: *«La lectura espiritual de la Escritura y la exégesis escriturística son respuestas al malestar ecuménico y exegético»*.

[74] H. de Lubac, *L'Écriture dans la tradition...*, p. 201. Para un estudio exhaustivo de la contribución magistral del Padre de Lubac, véase Rudolf VODERHOLZER, *Die Einheit Der Schrift Und Ihr Geistiger Sinn*, Friburgo, Johannes Verlag, 1998.

[75] Sto. Tomas de Aquino, *ST*, Iª, q. 1, a. 10, ad 1.

[76] Comisión Bíblica Pontificia, *Interpretación de la Biblia en la Iglesia*, 2.B.1.

[77] A. Vanhoye, «La réception dans l'Église de la constitution *Dei Verbum...*», p. 3-13.

[78] Comisión Bíblica Pontificia, *Interpretación de la Biblia en la Iglesia*, 2.B.2.

pretados a través de palabras proféticas y relecturas simbólicas o sapienciales, para conducir al pueblo de Dios, a través de sucesivas purificaciones y profundizaciones, al encuentro de Jesucristo, plenitud de la Revelación. En el fondo, el significado espiritual de las Escrituras, «el verdadero significado sigue siendo el del Espíritu Santo»[79]. «En cuanto a mí», escribe san Bernardo, «como me enseñó el Señor, buscaré en lo más profundo de la sagrada palabra su Espíritu y su sentido vivo; esta es mi parte, ya que creo en Jesucristo. ¿Cómo no intentar extraer de la letra muerta e insípida un sabroso y saludable alimento espiritual, como se separa el grano de la paja, la nuez de su cáscara o como se extrae la médula del hueso? No tengo nada que ver con esta letra que sabe a carne y que mata a quien la traga. Pero lo que se esconde bajo su envoltura proviene del Espíritu Santo»[80].

La práctica de la exégesis espiritual de la Escritura requiere también aquí una profundización neumatológica. No basta simplemente leer *bajo la influencia del Espíritu Santo*, debemos buscar percibir en la letra el Espíritu contenido en ella. Por tanto, el Espíritu Santo no es simplemente un agente extrínseco en la producción de la Sagrada Escritura; Él es quien, en la Biblia, se expresa en concierto con la Palabra del Padre que es *Jesucristo*. Como extensión de esta investigación, sería apropiado que el Sínodo cuestionara la relevancia de una posible encíclica sobre la interpretación de la Escritura en la Iglesia.

Exégesis y teología

Exégesis y teología abordan el mismo objeto, la Palabra de Dios, pero desde perspectivas diferentes y complementarias. El exégeta estudia la *letra* de la Escritura «con el mismo Espíritu que la hizo escribir»[81], para descubrir correctamente el significado de los textos sagrados»[82]. Está atento a la génesis histórica de los textos, a su género literario, a su estructura, pero también a la relación entre los diferentes libros de la Biblia y entre uno y otro Testamento. El Sínodo debería acoger con agrado el renovado interés en el enfoque canónico de las Escrituras y los esfuerzos por ofrecer síntesis de la teología bíblica como pasos interesantes hacia una comprensión global de

---

[79] H. Urs von Balthasar, «Le sens spirituel de l'Écriture», en I. de la Potterie (ed.), *L'exégèse chrétienne aujourd'hui...*, p. 184.

[80] S. Bernardo, *Sermones sobre el Cantar de los Cantares*, 73, 2.

[81] Benedicto XV, *Encíclica Spiritus Paraclitus*, 15 Sept. 1920, E. B., p. 469; S. Jerónimo, *Sobre la Epístola a los Gálatas*, 5, 19-21, (PL 26, 417 A).

[82] *DV*, n° 12.

las Escrituras. También el teólogo se esfuerza por interpretar la *letra* según «la unidad de toda la Escritura, teniendo en cuenta la tradición viva de toda la Iglesia»[83], de los lenguajes filosóficos y de otros que caracterizan la cultura de su tiempo, y respetando en la medida de lo posible las sensibilidades particulares de sus contemporáneos.

Los exegetas y teólogos saben que «las Sagradas Escrituras contienen la Palabra de Dios y, por ser inspiradas, son verdaderamente Palabra de Dios; por eso el estudio de las Sagradas Letras debe ser como el alma de la santa teología»[84]. Esta Palabra de Dios es siempre y simultáneamente Palabra de fe, testimonio de un pueblo y de sus autores inspirados. En consecuencia, los métodos exegéticos y teológicos deben reflejar la interdependencia de la letra, el Espíritu y la fe en el trabajo de interpretación. La relación de Alianza entre Dios y su pueblo habita en el texto mismo y exige una interpretación que no es solo teórica, sino dinámica y dialógica. En resumen, o los exegetas y los teólogos interpretan rigurosamente la Biblia en la fe y en la escucha del Espíritu, o bien se atienen a las características superficiales del texto, si se limitan a aspectos históricos, lingüísticos o literarios.

Entre las tareas urgentes de investigación destaca la profundización de la epistemología teológica con la ayuda de los Padres de la Iglesia y de los santos. Estos, a través de su actitud personal y metódica de fe contemplativa, se abren a la profundidad del texto, es decir a la presencia de Dios que ahora habla a través de él y desafía al oyente. De ahí su testimonio de una «ciencia del amor»[85] que sigue siendo el camino de acceso por excelencia al conocimiento de Dios. «La inspirada precisión con la que los santos menos especulativos enfatizan ciertos aspectos de la vida cristiana puede tener efectos impredecibles en la teología viva de la Iglesia. Pensemos en la regla de san Benito, el testamento de san Francisco de Asís, los Ejercicios de san Ignacio»[86]. Incluso si los santos en cuestión no son teólogos profesionales, los acentos específicos de sus vidas sirven como «cánones» y reglas para interpretar la Revelación porque «son los que aman, los que más saben de

---

[83] *Ibid.*

[84] *DV*, n°24.

[85] Sta. Teresa de Lisieux, *Manuscrits autobiographiques*, B 1r°-v; François-Marie Lethel, *Connaître l'amour du Christ qui surpasse toute connaissance*, Carmel, 1989, «La théologie des saints comme science de l'amour», p. 3-7.

[86] H. Urs von Balthasar, «Actualité de Lisieux», conferencia en Notre-Dame de París, en *Thérèse de Lisieux, Conférence du centenaire* 1873-1973, número especial de *Nouvelles de l'Institut Catholique*, p. 112.

Dios. Es a ellos a quienes el teólogo debe escuchar»[87]. Santa Teresa del Niño Jesús sabía que su camino espiritual de infancia era un ejemplo para imitar y san Pablo, en la Biblia cristiana, se da a sí mismo como ejemplo.

«Para una ética antropológica cerrada, la franqueza con la que san Pablo demuestra en sí mismo la santidad cristiana –para demostrar la verdad dogmática– y presenta el análisis de su propia existencia ante toda la Iglesia y ante el mundo, tendrá siempre algo de chocante. Pero es solo el reflejo exacto y dócil, en el plano eclesial, de la extraordinaria afirmación de Cristo de ser, Él mismo, en su existencia viva, la verdad de Dios»[88]. «La manera en que san Francisco entiende la Escritura difiere en puntos esenciales de la de sus biógrafos. Están familiarizados con los métodos científicos de la época y se involucran en una exégesis simbólica donde no se imponen límites a la imaginación. Con Francisco es muy diferente: no tiene idea de los principios hermenéuticos aceptados en su tiempo. Su exégesis es realista, concreta, su imaginación está ligada a la letra de la Escritura»[89]. En definitiva, los santos contemplan con los ojos del Espíritu las profundidades de Dios que emergen de la Sagrada Escritura[90]. «Los santos son para el Evangelio lo que una partitura cantada es para una partitura anotada», escribe san Francisco de Sales[91].

Missio: La Palabra de Dios en la misión de la Iglesia

Hemos puesto la Palabra de Dios en la vida de la Iglesia bajo el signo de la *Communio*, porque la Palabra aceptada en la fe nos introduce en la comunión trinitaria. La experiencia de esta comunión conduce a una conversión cada vez más profunda al Amor y a la participación en el dinamismo misionero y escatológico de la Palabra de Dios. Animado por el Espíritu de Pentecostés, este Sínodo quiere hacerse eco de este dinamismo.

---

[87] H. Urs von Balthasar, *L'amour seul est digne de foi*, París, Aubier, 1966, p. 11.

[88] H. Urs von Balthasar, *La Gloire et la Croix*, vol. 1, París, Aubier, 1961, p. 194.

[89] A. Rotzetter, «Mystique et observation littérale de l'Évangile chez François d'Assise», *Concilium* 169 (1981), p. 86.

[90] Ver Marc Ouellet, «Adrienne von Speyr et le samedi saint de la théologie» dans H. Urs von Balthasar – Stiftung, *Adrienne von Speyr und ihre spirituelle Theologie*, Fribourg, Johannes, 2002, p. 31-56.

[91] S. Francisco de Sales, Carta CCXXIX [6 de octubre de 1604], Œuvres XII, Annecy, Dom Henry Benedict Mackey, 1892-1932, p. 299-325.

La Palabra de Dios creció y se multiplicó, nos dicen los Hechos de los Apóstoles (12,24). Tenía seguidores entre judíos y paganos, como testificó el mismo Pedro ante la comunidad de Jerusalén al hablar del derramamiento del Espíritu Santo sobre los paganos. Así, *por el poder del Señor, la palabra se difundió y fue llena de poder* (Hechos 19,20), aumentando la Iglesia y comunicándole la paz del Reino (Hechos 9,31).

Anunciar el Evangelio del reino de Dios

La Iglesia, sierva de la Palabra

La Iglesia «tiene viva conciencia de que las palabras del Salvador – "Debo anunciar la buena noticia del reino de Dios" – se aplican con toda verdad a ella. Añade de buen grado con san Pablo: "Para mí, evangelizar no es un título de gloria, es una obligación. ¡Ay de mí si no anunciara el Evangelio!" (1Cor 9,16)»[92]. El corazón de la misión de la Iglesia es evangelizar. Evangelizar significa: «Predicar y enseñar, ser canal del don de la gracia, reconciliar a los pecadores con Dios, perpetuar el sacrificio de Cristo en la santa misa, que es memorial de su muerte y resurrección gloriosa»[93]. «Evangelizar, para la Iglesia, es llevar la Buena Nueva a todos los ámbitos de la vida y, a través de su impacto, transformar desde dentro, hacer nueva a la humanidad misma: "¡He aquí que hago el universo nuevo!" (Ap 21,5)»[94].

En el cumplimiento de su misión evangelizadora, la Iglesia acoge y sirve la Palabra de Dios. A través de la profecía, la liturgia y la diaconía, da testimonio del dinamismo personal del Verbo encarnado. Obispos, sacerdotes, diáconos, laicos y personas consagradas, todos permanecen bajo la Palabra y actúan concertadamente con ella, según el carisma que han recibido del Espíritu. Colaborando así con la Palabra de Dios, la Iglesia participa en la misión del Espíritu que reúne *a los hijos de Dios dispersos* (Jn 11,52) *bajo una sola Cabeza, Cristo* (Ef 1,10).

El Jesús histórico de los Evangelios

Como en los tiempos apostólicos, la Iglesia anuncia el reino de Dios, es decir, Jesús, el Cristo, tal como lo presentan los Evangelios. Sin embargo, esta tarea se ha visto comprometida por la influencia de corrientes de exé-

---

[92] S. PABLO VI, Encíclica *Evangelii nuntiandi*, n. 14.
[93] *Ibid.*
[94] *Ibid. n°18.*

gesis que han abierto una brecha entre el «Jesús de la historia» y el «Cristo de la fe». Estas corrientes exegéticas han puesto en duda el valor histórico de los Evangelios, minando así la credibilidad del texto. «Semejante situación es dramática para la fe», declara Benedicto XVI, «porque el verdadero punto de apoyo del que depende todo: la amistad íntima con Jesús, sigue siendo incierto»[95]. Es cierto que desde hace varias décadas las investigaciones bíblicas han restablecido el valor histórico de los Evangelios[96] e incluso reafirmado su carácter biográfico[97]. Estos resultados aún no son ampliamente conocidos y no han corregido el impacto negativo de la exégesis racionalista en la vida espiritual y el testimonio misionero de los cristianos.

En este contexto, la publicación del libro *Jesús de Nazaret* del papa Benedicto XVI representa un acontecimiento importante que abre el acceso a la auténtica figura de Jesús. Muestra que la identidad divina de Jesús, atestiguada históricamente por los Evangelios, surge de los propios textos y del testimonio coherente y creíble del Nuevo Testamento. Al tiempo que promueve los resultados positivos de la exégesis histórico-crítica, el Papa subraya sus límites metodológicos y desea el desarrollo de una «exégesis canónica» para complementar la interpretación teológica. La actitud liberadora de Benedicto XVI consiste en «confiar en los Evangelios», presentando al «Jesús de los Evangelios como un Jesús real», como un «Jesús histórico» en el sentido literal del término[98].

Este libro «no es en modo alguno un acto del Magisterio»[99], pero sigue siendo un faro que protege contra los peligros y los naufragios. Su testimonio acerca la teología y la exégesis a través de la unión armoniosa de la competencia científica y el testimonio personal de una autoridad eclesial. Huelga decir que este trabajo ayuda a disipar la confusión sembrada por ciertos fenómenos mediáticos[100] y a relanzar el diálogo de la Iglesia con la cultura contemporánea. El Sínodo podría reconocer en este libro un lugar importante para la refundación de una cultura contemplativa del Evangelio.

---

[95] J. Ratzinger - Benedicto XVI, *Jesús de Nazaret*, París, Flammarion, 2007, p. 8.

[96] Albert Schweitzer, *Storia della ricerca sulla vita di Gesù*, Brescia, Paideia, 1986; Joachim Jeremias, *Il problema del Gesù storico*, Brescia, Paideia, 1973.

[97] Richard Burridge, *¿Qué son los Evangelios? A Comparaison with Greco-Roman Biography*. Cambridge, University press, 1992.

[98] J. Ratzinger- Benedicto XVI, *Jesús de Nazaret...*, p.17.

[99] *Ibid. p.19.*

[100] Dan Brown, *El Código Da Vinci*, París, Jean-Claude Lattès, 2004.

Encarnando el testimonio del Dios-Amor

La primacía del amor

Cuando el Espíritu habla hoy a la Iglesia recordándole las Escrituras, la llama a un nuevo testimonio de amor y de unidad para realzar la credibilidad del Evangelio ante un mundo que es más sensible ante los testigos que frente a los doctores. *Es por este signo que seréis reconocidos como mis discípulos: por el amor que os tendréis unos a otros.* (Jn 13,35) Este signo de amor mutuo prolonga el testimonio de Dios, porque encarna el amor mismo de Jesús que dijo: *Amaos unos a otros como yo os he amado* (Jn 13,34). Este «como» significa: amaos con el mismo amor con el que yo os amo. Toda la oración sacerdotal de Jesús, síntesis de su ofrenda pascual, pretende asociar a la humanidad al testimonio de unidad de la Trinidad: *Y yo les he dado la gloria que tú me diste, para que sean uno como nosotros somos uno, Yo en ellos como tú en mí, para que ellos alcancen la perfecta unidad y así el mundo pueda saber que fuiste tú quien me envió y que los amaste como a mí me amaste.* (Jn 17,22-23) Gregorio de Nisa identifica la Gloria con el Espíritu[101], que también ora con Cristo para que sus discípulos sean consagrados en la verdad, es decir consumados en la unidad. Esta oración solemne muestra claramente que la fidelidad al mandamiento del amor implica no solo la salvación del creyente, sino también y sobre todo la credibilidad de la Trinidad en el mundo. *Que todos sean uno, como tú, Padre, estás en mí y yo en ti, para que ellos también sean uno en nosotros, para que el mundo crea que tú me has enviado.* (Jn 17,21)

El testimonio de la Palabra de Dios exige, por tanto, que los discípulos misioneros[102] sean auténticos testigos de la primacía del amor sobre la ciencia. San Pablo lo afirma inequívocamente en el himno al amor de la primera epístola a los Corintios (13,1-13), así como en su exhortación a los Filipenses: *Que colméis mi alegría, siendo todos del mismo sentir, con un mismo amor, un mismo espíritu, unos mismos sentimientos* (2,2), siguiendo el ejemplo de Cristo en su kénosis. «No son los áridos manuales, aunque estén llenos de verdades indudables, los que pueden expresar para el mundo la verdad del Evangelio y hacerlo plausible, es la existencia de los santos que han sido

---

[101] S. GREGORIO DE NISA, *15ª homilía sobre el Cantar de los Cantares.*

[102] CELAM, «Discípulos y misioneros de Jesucristo, para que en Él nuestros pueblos tengan vida plena» (Documento de Aparecida), V Conferencia General en Aparecida (Brasil) del 13 al 31 de mayo de 2007.

tomados por el Espíritu Santo de Cristo. Cristo no planeó ninguna otra apologética (Jn 13,35)»[103].

El testimonio ecuménico

Desde que la Iglesia Católica entró oficialmente en el movimiento ecuménico, los papas han hecho de la causa de la unidad cristiana una prioridad. Además, el acercamiento ecuménico ha permitido a las Iglesias y a las comunidades eclesiales interrogarse juntas sobre su propia fidelidad a la Palabra de Dios. Si bien los encuentros y diálogos ecuménicos han producido frutos de fraternidad, reconciliación y ayuda mutua, la situación actual se caracteriza por un cierto malestar que exige una conversión más profunda al «ecumenismo espiritual»[104]. «Esta conversión del corazón y esta santidad de vida, unidas a la oración pública y privada por la unidad de los cristianos, deben considerarse el alma de todo ecumenismo»[105].

Esta orientación del Concilio sigue siendo tan actual como exhorta el Santo Padre: «Escuchar juntos la Palabra de Dios, practicar *la Lectio divina* de la Biblia, es decir, la lectura ligada a la oración, dejándonos sorprender por la novedad que nunca envejece y que nunca se agota, de la Palabra de Dios, superando nuestra sordera ante las palabras que no concuerdan con nuestros prejuicios y nuestras opiniones, escuchando y estudiando en la comunión de los creyentes de todos los tiempos: todo esto constituye un camino a seguir para alcanzar la unidad en la fe, como respuesta a la escucha de la Palabra»[106].

Entre los numerosos testimonios ecuménicos de nuestro tiempo, citemos como ejemplo el movimiento de los *Focolares* fundado por Chiara Lubich, cuya espiritualidad de unidad subraya el «amor mutuo» y la obediencia a la «Palabra de vida». La pedagogía de este movimiento precisamente prioriza el elemento dinámico del amor sobre el elemento noético de la Palabra. Esta prioridad exige de todos los interlocutores ecuménicos una conversión

---

[103] H. Urs von Balthasar, *La Gloire et la Croix…*, p. 418.

[104] Véase concilio Vaticano II, Decreto sobre el ecumenismo *Unitatis redintegratio* (en adelante *UR*); S. Juan Pablo II, Encíclica *Ut unum sint*; véase también W. Kasper, *Manuel d'œcuménisme spirituel*, París, Nouvelle Cité, 2007.

[105] *UR*, n°8.

[106] Benedicto XVI, alocución *Il mondo attende la testimonianza comune dei cristiani*, 25 de enero de 2007, *L'Osservatore Romano*, E.H.L.F. 5 (30.01.2007), p. 3.

cada vez más profunda al plan de amor del Dios uno y trino, que el Espíritu Santo se esfuerza por llevar a cabo con *gemidos inenarrables* (Rom 8,26).

Es significativo que este movimiento católico y ecuménico —¿no deberíamos decir simplemente «católico», es decir ecuménico?— lleva el nombre canónico de *Obra de María*. Vemos allí confluir afortunada y armoniosamente —como en otros movimientos[107]— el movimiento bíblico, el movimiento ecuménico y el movimiento mariano, gracias a una práctica decidida de la Palabra de Dios, encarnada y compartida[108]. Este testimonio nos recuerda que la unidad cristiana y su impacto misionero no es principalmente «nuestra obra», sino la del Espíritu y de María[109].

Diálogo con las naciones y religiones

Al servicio del Hombre

La actividad misionera de la Iglesia tiene sus raíces, como hemos dicho, en la misión de Cristo y del Espíritu que revela y difunde la comunión trinitaria en todas las culturas del mundo. El alcance salvífico universal del misterio pascual de Cristo exige el anuncio de la Buena Nueva a todas las naciones y también a todas las religiones. La Palabra de Dios invita a todo hombre a dialogar con Dios que quiere salvar a todos los hombres en Jesucristo, el único mediador (1Tim 2,5; Heb 8,6; 9,5; 12,24). La actividad misionera de la Iglesia testimonia su amor al Cristo total que incluye todas las culturas. En su esfuerzo por evangelizar las culturas, esta actividad apunta a la unidad de la humanidad en Jesucristo, pero con el respeto y la integración de todos los valores humanos[110]. *Por lo demás, hermanos, todo cuanto hay de verdadero, de noble, de justo, de puro, de amable, de honorable, todo cuanto sea virtud y cosa digna de elogio, todo eso tenedlo en cuenta.* (Fil,8)

En su diálogo litúrgico con Dios, la Iglesia intercede por todos los seres humanos y especialmente por los más pobres. Su pasión por la Pa-

---

[107] Entre ellos, las comunidades y movimientos de Sant'Egidio y Taizé.

[108] Chiara LUBICH, *Pensée et spiritualité*, Paris, Nouvelle Cité, 2003.

[109] M. OUELLET, «Marie et l'avenir de l'œcuménisme», *Communio* XXVIII, n°1 (janvier-février 2003), p. 113-125 ; Dan Ilie CIOBOTEA, Bernard SESBOÜE, Jacques-Noël PERÈS, «Marie : L'œcuménisme à l'épreuve», *L'actualité Religieuse dans le Monde*, 1987, n°46, p. 17-24.

[110] CONCILIO VATICANO II, Decreto sobre la actividad misionera de la Iglesia *Ad gentes*, n. 11 (en adelante, AG); EN, n. 20; S. JUAN PABLO II, *Encíclica sobre el valor permanente del precepto misionero Redemptoris missio*, n. 3.

labra de Dios le lleva tras las huellas de Jesús pobre, casto y obediente, para llevar esperanza, reconciliación y paz en todas las situaciones de injusticia, opresión y guerra. Como ocurre con el «buen samaritano», esta preocupación por el hombre, cualquiera que sea, expresa la compasión de la Iglesia por todo sufrimiento humano y su disponibilidad para ayudar a los pobres y afligidos. Consciente de la presencia de Jesús a su lado, como en el camino de Emaús, interpreta como él la Escritura, *partiendo de* Moisés y de todos los profetas y explicando a cada hombre el misterio de Jesús salvador: *¿No era necesario que el Cristo padeciera eso y entrara así en su gloria?* (Lc 24,26).

Esta exégesis de Jesús, constantemente retomada por la Iglesia, autentifica la interpretación cristológica del Primer Testamento, que los Padres, después de Orígenes e Ireneo, desarrollaron en gran medida. Hoy, dada la trágica historia de las relaciones entre Israel y la Iglesia, estamos llamados no solo a reparar la injusticia cometida contra los judíos, sino también a «un nuevo respeto por la interpretación judía del Antiguo Testamento»[111]. Un diálogo respetuoso y constructivo con el judaísmo puede servir también para profundizar, por ambas partes, en la interpretación de la Sagrada Escritura[112].

Diálogo interreligioso

Entre los interlocutores en los diversos diálogos de la Iglesia con las naciones, el pueblo judío ocupa un lugar único como heredero de la primera Alianza, de la que compartimos las Sagradas Escrituras. Esta herencia común nos invita a la esperanza, *porque los dones y la llamada de Dios son irrevocables* (Rom 11,29), como testimonia apasionadamente san Pablo en la Epístola a los Romanos:

> *Digo la verdad en Cristo, no miento, —mi conciencia me lo atestigua en el Espíritu Santo—, siento una gran tristeza y un dolor incesante en el corazón. Pues desearía ser yo mismo anatema, separado de Cristo, por mis hermanos, los de mi raza según la carne, —los israelitas—, de los cuales es la adopción filial, la gloria, las alianzas, la legislación, el culto, las promesas, y los patriarcas; de los cuales también procede Cristo según la carne, el cual está por encima de todas las cosas, Dios bendito por los siglos. Amén* (Rom 9,1-5).

---

[111] Comisión Bíblica Pontificia, *Le peuple juif et ses Saintes Écritures dans la Bible chrétienne*, prefacio del cardenal J. Ratzinger, París, Éd. du Cerf, 2001, p. 12.
[112] *Ibid.*, n°9; 11; 21-22; 85-86.

Pues no quiero que ignoréis, hermanos, este misterio, no sea que presumáis de sabios: el endurecimiento parcial que sobrevino a Israel durará hasta que, entre la totalidad de los gentiles, y así, todo Israel será salvo, como dice la Escritura (Rom 11,25-26).

Luego vienen los fieles de la fe musulmana, también arraigados en la tradición bíblica, confesores del único Dios. Frente a la secularización y al liberalismo, son aliados en la defensa de la vida humana y en la afirmación de la importancia social de la religión. El diálogo con ellos es más importante que nunca en las circunstancias actuales para «promover juntos, para todos, la justicia social, los valores morales, la paz y la libertad»[113]. El testimonio de los mártires de Tibhirine en Argelia en 1996 eleva este diálogo a un nivel quizás nunca alcanzado en la historia, en términos de servicio al hombre y de reconciliación de los pueblos. Las audaces iniciativas del papa Benedicto XVI abogan por la búsqueda perseverante del diálogo con el islam.

Finalmente vienen los humanos *de toda tribu, lengua, pueblo y nación* (Ap 5:9), que están bajo el cielo, porque el Cordero inmolado derramó su sangre por todos. La Palabra de Dios está destinada especialmente a quienes nunca la han escuchado porque, en el corazón de Dios y en la conciencia misionera de la Iglesia, los últimos tienen la gracia de ser los primeros[114].

En un mundo globalizado, con nuevos medios de comunicación, el campo de la misión está abierto a nuevas iniciativas de evangelización en un espíritu de auténtica inculturación. Estamos en la era de Internet y las posibilidades de acceso a la Sagrada Escritura se han multiplicado[115]. El Sínodo debe escuchar, discernir y alentar los proyectos de transmisión y transposición de las Sagradas Escrituras a todos estos nuevos lenguajes que esperan servir a la Palabra de Dios.

Conclusión

¿Quién es el conquistador del mundo sino el que cree que Jesús es el Hijo de Dios? Y es el Espíritu quien da testimonio, porque el Espíritu es la verdad.

---

[113] Concilio Vaticano II, Declaración sobre las relaciones de la Iglesia con las religiones no cristianas *Nostra Aetate, n. 3.*

[114] *AG 10.*

[115] Por ejemplo, la *Biblia Clerus de la Congregación para el Clero* ofrece valiosas herramientas de consulta, como la *Biblia Cristiana*, escrita por Dom Claude-Jean Nesmy y la Madre Élisabeth de Solms, benedictinos de La Pierre qui Vire y Solesmes, publicada por Éditions Anne Sigier.

Son tres los que dan testimonio: el Espíritu, el agua y la sangre, y estos tres convergen en un solo testimonio: si recibimos el testimonio de los hombres, mayor es el testimonio de Dios (1Jn 5,5-9).

Jesús viene siempre, en la Iglesia, para *dar testimonio de la Verdad* y para comunicar a quienes creen en su nombre el conocimiento del Padre que él posee en plenitud. Este mensaje de Juan especifica el primer objetivo y la preocupación principal del Sínodo: escuchar y acoger de nuevo a Dios que habla y pide la gracia de una fe renovada en su Verbo encarnado. Conscientes de la renovación eclesiológica ligada a la concepción dinámica y dialógica de la Revelación, hemos sugerido caminos para profundizar la Palabra de Dios a partir de la fe de María tal como continúa en la vida de la Iglesia, la liturgia, la predicación, la *lectio divina*, la exégesis y la teología.

La aplicación de este paradigma mariano supone una profundización neumatológica de la tradición eclesial y de la exégesis escrituraria que dan cuenta de la virtud performativa de la Palabra de Dios al tiempo que la distinguen cuidadosamente de la presencia eucarística. Más que una biblioteca para eruditos, la Biblia es un templo donde la Esposa del Cantar escucha las confesiones del Amado y celebra sus besos (Cant 1,1). «Quien es instruido por el Espíritu Santo, lo comprende todo», escribe san Silouan, «su alma se siente como si estuviera en el Cielo, porque el Espíritu Santo mismo está en el Cielo y en la tierra, en la Sagrada Escritura y en las almas de todos los que aman a Dios»[116].

Esta perspectiva más dinámica que noética exige una teología más contemplativa, enraizada en la Liturgia, los Padres y la vida de los santos, una exégesis practicada en la fe según su objeto, y también una filosofía del ser y del amor.

Se abre a una lectura espiritual más fructífera de la Biblia, a una interpretación eclesial de la Escritura y a una revitalización del diálogo misionero de la Iglesia en todas sus formas. Un uso más frecuente de las Escrituras revivirá la conciencia misionera de la Iglesia y su amor al hombre, imagen de Dios que necesita más la semejanza divina.

San Cesáreo de Arlés exhortaba frecuentemente a sus diocesanos a no descuidar nunca lo que describía como «alimento del alma para la eternidad»: «Os ruego, amados hermanos, que os dediquéis a la lectura de los

---

[116] S. Silouane del Monte Athos, Écrits spirituels, *Spiritualité orientale* n° 5, Abbaye de Bellefontaine, 1976/1994, p. 30.

textos sagrados tantas horas como podáis»[117]. Con frecuencia, al final del día, le gustaba preguntar a sus sacerdotes, a propósito de la meditación de la Palabra de Dios: «¿Qué habéis comido hoy?». Que tengamos la misma disponibilidad, el mismo gusto por la Palabra de Dios, y a su vez hacernos la misma pregunta: «¿Qué comimos hoy?».

---

[117] S. Césaire d'Arles, *Sermons au peuple*, tome 1, VIII, Paris, Éd. du Cerf, «SC 175», p. 349-351.

Capítulo 2

La Palabra del Señor permanece para siempre

Introducción

> «La Palabra del Señor permanece para siempre. Esta Palabra ha entrado en el tiempo. Dios habló su Palabra eterna de manera humana; su Palabra *se hizo carne* (Jn 1,14). Esta es la Buena Nueva[118]»[119].

La exhortación apostólica postsinodal *Verbum Domini* comienza con esta afirmación del misterio de la Palabra de Dios, que trae alegría a la Iglesia. Queridos amigos, es un gran honor para mí ser invitado a compartir esta alegría con vosotros y saludo cordialmente a todos los miembros de esta prestigiosa comunidad universitaria del Sagrado Corazón. Gracias por darme la oportunidad de hacerme eco del Sínodo de los Obispos de octubre de 2008 sobre *La Palabra de Dios en la vida y misión de la Iglesia*.

Permítanme invocar a san Ambrosio entre vosotros, recordando lo que la Iglesia enseña, a través de él, en el breviario estos días: «Abrid vuestra boca a la palabra de Dios, está escrito. Abre la boca, tú; es él quien habla. Entonces David dijo: *Oiré lo que el Señor dice en mí,* y el mismo Hijo de Dios dijo: *Abre bien tu boca y yo la llenaré*»[120].

Sostenido por este gran santo de Milán, que fue deleitado y embargado por la Palabra de Dios, pido al Espíritu Santo que perfeccione en vosotros lo que corona eternamente en Dios mismo: la comunión de amor del Padre y del Hijo. Esta comunión de amor es nuestro destino eterno, pero también es nuestro presente, iluminado por la fe en el Verbo hecho carne. Que la

---

[118] BENEDICTO XVI, Exhortación apostólica postsinodal sobre la Palabra de Dios, *Verbum Domini*, n. 1 (en adelante VD).

[119] Conferencia pronunciada en la Universidad del Sagrado Corazón de Milán, 2 de marzo de 2011.

[120] S. AMBROISE DE MILAN, *Homélie sur le Psaume 36*, 65-66, CSEL 64, p. 123-125.

vivamos plenamente y seamos testigos de ella porque esta gracia está destinada a todos.

Como sois miembros de una comunidad universitaria, abordaré el tema de la Palabra de Dios desde el ángulo de la racionalidad, tan querido por nuestro Santo Padre Benedicto XVI. Este enfoque nos ayudará a comprender mejor nuestra propia responsabilidad de reflejar la esperanza cristiana frente a la cultura dominante de nuestro tiempo. Por tanto, abordaré inicialmente la crisis del cristianismo a principios del tercer milenio para poner en perspectiva el mensaje esencial de la exhortación apostólica postsinodal *Verbum Domini*. No en vano se habla cada vez más de una nueva evangelización y se acaba de crear un nuevo dicasterio romano para favorecer su realización. ¿No es el momento de profundizar los cimientos de nuestra civilización a través de un diálogo sereno entre fe y razón?

La crisis del cristianismo en nuestro tiempo

Para ir al meollo de la cuestión contemporánea, me haré eco de dos intervenciones de Benedicto XVI, una cuando era Prefecto de la Congregación para la Doctrina de la Fe, durante una conferencia solemne en la Sorbona de París, en la clausura del segundo milenio, el 27 de noviembre de 1999[121], la otra en la apertura del Sínodo sobre la Palabra de Dios, el 6 de octubre de 2008. Dos intervenciones muy diferentes, pero complementarias, una muy académica, que trata de la crisis del cristianismo al final de 2000 años de civilización europea, el otro presentando los trabajos del Sínodo con una meditación sobre el Salmo 118: *Tu Palabra, Señor, es eterna, más estable que los cielos.*

¿La verdad del cristianismo?

La intervención en la Sorbona comienza así: «Al final del segundo milenio, el cristianismo se encuentra, precisamente en el terreno de su extensión original, en Europa, en una crisis profunda, que se basa en la crisis de su pretensión de verdad»[122]. Evocando una parábola budista, el Cardenal Ratzinger describe a continuación el escepticismo que domina el pensamiento contemporáneo y que cuestiona la visión cristiana: «La teoría de la evolu-

---

[121] J. RATZINGER, «Vérité du christianisme?», dans *La documentation catholique*, 2 janvier 2000, n°2217, p. 29-35.

[122] *Ibid.,* p. 29.

ción parece haber superado a la doctrina de la creación, el conocimiento sobre el origen del hombre ha superado a la doctrina del pecado original; la exégesis crítica relativiza la figura de Jesús y plantea interrogantes sobre su conciencia de Hijo; el origen de la Iglesia en Jesús parece dudoso, etc.»[123].

Luego, ampliando la perspectiva a la relación entre fe y razón, continúa en estos términos: «El fin de la metafísica ha vuelto problemático el fundamento filosófico del cristianismo, los métodos históricos modernos han puesto sus bases históricas bajo una luz ambigua. Por ello, es fácil reducir los contenidos cristianos a un discurso simbólico, no atribuirles una verdad más elevada que los mitos de la historia de las religiones - considerarlos como un modo de experiencia religiosa que debería situarse humildemente al lado de los demás »[124].

En este sentido podemos seguir siendo cristianos, pero sin pretender adherirnos a una Verdad definitiva y vinculante, sino más bien como expresión cultural de la sensibilidad religiosa general que se expresa de esta manera en Europa y de otra en otras partes. Habiendo descrito así el fenómeno del relativismo que más tarde denunciaría como una auténtica «dictadura», el autor demuestra a continuación que «el adiós aparentemente definitivo a la verdad sobre Dios y a la esencia de nuestro yo, la aparente satisfacción de que ya no tenemos que preocuparnos por esto, engañan». «El hombre no puede resignarse a ser y permanecer esencialmente ciego de nacimiento. El adiós a la verdad nunca podrá ser definitivo».

No puedo presentar aquí la visión ratzingueriana del surgimiento del cristianismo desde el punto de vista de la historia de las religiones. Sostiene que su éxito no depende de la afirmación de la hegemonía política de esta religión sobre otras, sino de su superioridad racional frente a las explicaciones míticas de otras religiones.

Sin embargo, observa vivamente el autor, hoy la situación parece ser la contraria. Es en nombre de la superioridad racional –el positivismo científico– que la religión cristiana es degradada al rango de una visión obsoleta que ya no podemos abrazar ingenuamente como la Verdad. Pero este positivismo científico, que se expresa en una teoría general de la evolución, no consigue finalmente dar razón de la realidad y de su fundamento. Lo que queda es una descripción de los fenómenos mediante el azar y las variacio-

---

[123] *Ibid.*
[124] *Ibid*

nes, lo que en el mundo viviente se denomina selección natural, es decir, mediante el método de reproducción más variación.

Tras señalar el defecto racional de la teoría general de la evolución, Ratzinger eleva el debate a otro nivel: «Se trata de saber si la realidad surgió del azar y de la necesidad o, con Popper, siguiendo a Butler, de la "suerte" y "astucia" (feliz coincidencia y predicción) y, por tanto, de lo que no tiene razón y si, en otras palabras, la razón es un producto lateral accidental de lo irracional y es, en última instancia, igual de insignificante en el océano de lo irracional, o si sigue siendo cierta lo cual constituye la convicción fundamental de la fe cristiana y de su filosofía: *In principio erat Verbum*[125]. "La fe cristiana es hoy, como ayer, la opción por la prioridad de la razón y de la racionalidad"»[126].

Esta prioridad de lo racional no es solo un requisito de la razón teórica en su búsqueda de significado y verdad, es también un requisito de la razón práctica, un requisito ético. De hecho, donde falla el ethos de la evolución como filosofía primaria, el cristianismo como religión racional y práctica ofrece una alternativa. Porque «este *ethos* de la evolución, que inevitablemente encuentra su noción clave en el modelo de selección y, por tanto, en la lucha por la supervivencia, en la victoria del más fuerte, en la adaptación exitosa, solo puede ofrecer algunos consuelos. En última instancia, sigue siendo un espíritu cruel»[127]. «Todo esto sirve de poco para lo que necesitamos: una ética de paz universal, de un amor práctico hacia el prójimo y de la necesaria superación del bien individual»[128].

Ratzinger concluye que el intento de restaurar, en esta crisis de la humanidad, un significado pleno del cristianismo como *religio vera* debe basarse tanto en la ortodoxia como en la ortopraxis, en la metafísica y la ética. «Su contenido deberá consistir, en lo más profundo, hoy –como también en el pasado– en el hecho de que el amor y la razón coinciden como pilares fundamentales propiamente dichos de la realidad: la verdadera razón es el amor y el amor es la verdadera razón. En su unidad, son el verdadero fundamento y meta de la realidad»[129].

---

[125] *Ibid.*, p. 35.
[126] *Ibid.*
[127] *Ibid.*
[128] *Ibid.*
[129] *Ibid.*

Realismo de la palabra

Tras esta intervención fundamental sobre la racionalidad del cristianismo y la profundidad del Logos, podemos adivinar la importancia que tuvo para Benedicto XVI el Sínodo sobre la Palabra de Dios y sus expectativas en relación con las perspectivas teológicas y pastorales de esta asamblea. Me gustaría citar de nuevo, antes de abordar el texto de la exhortación *Verbum Domini*, su meditación inicial que expresa en un lenguaje muy sencillo una verdad fundamental: «La Palabra de Dios es (aún más) el fundamento de todo, ella es la verdadera realidad. Y para ser realistas, debemos contar con esta realidad. Debemos cambiar nuestra idea de que la materia, las cosas sólidas que se pueden tocar, son la realidad más sólida y segura». Seamos conscientes de que este discurso no descalifica la realidad material cuyas leyes son estudiadas por las ciencias, las cuales, además, explotan sus posibilidades tecnológicas para el bienestar de la humanidad; se refiere a la realidad que subyace a todas estas realidades. El Papa continúa su meditación:

Al final del Sermón de la montaña, el Señor nos habla de dos posibilidades para construir la casa de la vida: sobre arena y sobre roca. Sobre arena construye quién solo construye sobre cosas visibles y tangibles, sobre el éxito, sobre la carrera, sobre el dinero. Estas son aparentemente las verdaderas realidades. Pero un día todo esto desaparecerá. Lo vemos hoy en la quiebra de los grandes bancos: este dinero desaparece, no es nada. Así que todas estas cosas, que parecen ser la verdadera realidad en la que confiar, son solo una realidad de segundo orden. Quien construye su vida sobre estas realidades, sobre la materia, sobre el éxito, sobre todo lo que aparece, construye sobre arena[130].

El Santo Padre concluye luego reafirmando:

Solo la Palabra de Dios es el fundamento de toda realidad, es tan estable como el cielo, más estable que el cielo, es realidad. Por eso necesitamos cambiar nuestro concepto de realismo. La persona realista es la que reconoce en la Palabra de Dios, en esta realidad aparentemente débil, el fundamento de todo. La persona realista es la que construye su vida sobre esta base que permanece permanentemente[131].

---

[130] XII Asamblea Ordinaria del Sínodo de los Obispos, Reflexión del papa Benedicto XVI en la apertura de la Primera Congregación, Aula del Sínodo, 6 de octubre de 2008.
[131] *Ibid.*

Verbum Domini: Renovar la fe de la Iglesia en la Palabra de Dios

La revelación como encuentro

La exhortación apostólica postsinodal *Verbum Domini* es un paso importante en la búsqueda de una nueva evangelización que responda a los desafíos de nuestras sociedades secularizadas, marcadas por la cultura científica. *Verbum Domini* ofrece una respuesta doctrinal, pastoral y misionera a los problemas actuales de la transmisión de la fe a los hombres de nuestro tiempo, en particular a las generaciones más jóvenes que han abrazado plenamente los nuevos lenguajes de Internet y del nuevo mundo que constituye el «continente digital». El Sínodo de los Obispos sobre *La Palabra de Dios en la vida y la misión de la Iglesia* ha fijado hitos para responder a estos desafíos. Para apreciarlos plenamente, es importante recordar la noción de revelación desarrollada en el concilio Vaticano II por la Constitución dogmática sobre la Divina Revelación *Dei Verbum*.

Esta constitución marca un punto de inflexión en la forma en que entendemos la revelación divina. Antes del Concilio, la revelación divina se presentaba de forma más abstracta y estática, hablando de un conjunto de verdades que había que creer. *Dei Verbum* presenta la revelación divina de una manera más dinámica, centrada en el encuentro personal con Cristo, «que es a la vez mediador y plenitud de toda la revelación». «Así, por esta revelación, proveniente de la inmensidad de su caridad, Dios, que es invisible, se dirige a los hombres como a amigos, y conversa con ellos para invitarlos a entrar en comunión con Él y recibirlos en esta comunión»[132].

Una visión tan dinámica y personal de la revelación presupone un intercambio vivo entre Dios que habla y su pueblo que escucha, un diálogo donde la Palabra de Dios provoca una respuesta personal y comunitaria, hecha de alabanza, acción de gracias y obediencia a la voluntad divina. Esta visión inspiró la reforma litúrgica, los grandes textos del Concilio sobre la Iglesia y los diversos decretos sobre el sacerdocio, la vida consagrada, el apostolado de los laicos y la actividad misionera de la Iglesia, sin olvidar obviamente el ecumenismo.

Cuarenta años después, la exhortación postsinodal *Verbum Domini* retoma la promoción a todos los niveles de esta concepción dinámica de la

---

[132] *DV*, n° 2.

revelación como encuentro con Cristo. Por eso insiste en la escucha de la Palabra de Dios, en la oración personal y comunitaria con la Palabra, particularmente en el contexto del oficio divino, la celebración de los sacramentos y especialmente de la santa Eucaristía donde se realiza el encuentro esponsal por excelencia entre Dios y su pueblo.

Los socios del encuentro

«Dios se da a conocer a nosotros como misterio de amor infinito en el que el Padre desde la eternidad expresa su Palabra en el Espíritu Santo. Por eso el Verbo, que desde el principio está con Dios y es Dios, nos revela a Dios mismo en el diálogo de amor de las Personas divinas y nos invita a participar en él»[133].

Dios es Amor no solo en Su relación con nosotros sino en Sí Mismo, como Trinidad de Amor. Esto es lo que nuevamente nos dijo magistralmente el Santo Padre Benedicto XVI en su primera encíclica. Él es en Sí mismo Diálogo, Intercambio, Encuentro. Su misterio de comunión es infinito y trascendente, pero es también un espacio abierto a la participación de sus criaturas. La Encarnación del Verbo es su despliegue en la economía de la salvación, inaugurando ella misma esta participación con su propia existencia en la carne y con el don de la fe a aquellos y aquellas que la acogen.

«Por eso», añade el texto, «creados a imagen y semejanza de Dios amor, solo podemos entendernos a nosotros mismos en la recepción del Verbo y en la docilidad a la obra del 'Espíritu Santo'. Es a la luz de la Revelación obrada por el Verbo divino que se aclara definitivamente el enigma de la condición humana»[134].

En estas pocas frases se evoca todo el concilio Vaticano II, en particular la Constitución *Gaudium et Spes* sobre la Iglesia en el mundo de nuestro tiempo. No podemos dejar de subrayar la correspondencia de estos dos grandes textos: por un lado, la apertura al hombre del diálogo de amor de las Personas divinas y, por otro, la iluminación definitiva que trae al hombre la revelación de su ser creado a imagen y semejanza de Dios amor.

El olvido de estas dos dimensiones fundamentales del cristianismo explica en parte su eclipse en la cultura moderna y contemporánea. Porque durante siglos, en la teología e incluso en la predicación, el misterio trinitario

---

[133] *VD*, n° 6.
[134] *Ibid.*

quedó relegado al rango de especulación abstracta sin sentido para la vida cristiana concreta; al mismo tiempo, la antropología teológica derivó hacia una concepción individualista de la persona, carente de una visión trinitaria del hombre *Imago Dei*. Como resultado, predominó una concepción individualista de la salvación, oscureciendo la relevancia social del cristianismo. Las cuestiones de justicia y de paz, de vida y de amor, por ejemplo, fueron abordadas desde un punto de vista moral sin que la antropología subyacente estuviera sólidamente articulada sobre la cristología, es decir, sobre la participación en la vida trinitaria.

Juan Pablo II y Benedicto XVI contribuyeron a corregir estas deficiencias gracias a desarrollos magisteriales que encontramos, entre otras, en la exhortación postsinodal *Familiaris Consortio*, la carta *Mulieris Dignitatem* y la encíclica *Deus Caritas est*. En mi opinión, la nueva evangelización será fecunda y duradera en la medida en que ilumine en profundidad la identidad del hombre como ser de comunión y su relación con la comunión trinitaria en Cristo.

El paradigma mariano

Una vez recordados estos fundamentos doctrinales del encuentro entre Dios y su pueblo, *Verbum Domini* invita insistentemente a una nueva escucha de la Palabra de Dios, en el Espíritu, a la manera de la Virgen María «esta joven que, con su consentimiento, coopera decisivamente en la entrada del Eterno en el tiempo»[135]. *Verbum Domini* lanza aquí una llamada a profundizar en la contemplación y en la teología de la palabra a la luz de la mariología.

> «La atención llena de amor y devoción a la figura de María como modelo y arquetipo de la fe de la Iglesia, es de capital importancia para provocar también hoy un cambio de paradigma concreto en la relación de la Iglesia con el Verbo, tanto en la actitud de escucha orante como a través de la generosidad del compromiso con la misión y el anuncio»[136].

Tenemos aquí una preciosa indicación para renovar la fe de la Iglesia en la Palabra de Dios. Por ejemplo, basta meditar en la escena de la Anunciación para entrar en el diálogo de María con la Santísima Trinidad. Este diálogo irá creciendo a medida que el acontecimiento de la Encarnación

---

[135] *Ibid.*, n° 27.
[136] *Ibid.*, n° 28.

del Verbo lleve a María en el camino hacia su prima Isabel, hacia Caná y Cafarnaúm, finalmente hacia la Cruz y el Cenáculo de Pentecostés. ¡Qué podría ser más fascinante que la íntima comunión de María con el Verbo hecho carne!

¡Qué podría ser más fascinante que nuestra participación en este diálogo de fe!

> Contemplando en la Madre de Dios una existencia totalmente modelada por el Verbo, descubrimos que también nosotros estamos llamados a entrar en el Misterio de la fe, a través del cual Cristo viene a habitar en nuestra vida. Cada cristiano que cree, nos recuerda san Ambrosio, concibe y genera, en cierto sentido, la Palabra de Dios en sí mismo: si hay una sola Madre de Cristo según la carne, en cambio, según la fe, Cristo es el fruto de todos. Entonces lo que le pasó a María puede suceder en cada uno de nosotros, cada día, en la escucha de la Palabra y en la celebración de los Sacramentos[137].

La fe de la Iglesia en la Palabra de Dios se renueva constantemente a partir de la contemplación de la Madre de Dios, en su unión con Cristo y el Espíritu. Porque María es el icono perfecto de la Iglesia Virgen, Esposa y Madre del Cordero de Dios.

Verbum Domini: Renovar la interpretación de la Sagrada Escritura

Entre María y la Iglesia hay un paralelo que inspira la renovación de la fe en la Palabra de Dios. El mismo paralelo puede inspirar también la renovación de la interpretación de la Sagrada Escritura en la Iglesia. Porque la Iglesia dio a luz las Escrituras como María dio a luz al Verbo encarnado, por la gracia del Espíritu Santo. Tiene un conocimiento íntimo de las Escrituras que establece su autoridad para interpretarlas. «No creería en el Evangelio si la autoridad de la Iglesia no me llevara a él», escribe san Agustín. Por eso *Verbum Domini* reafirma con fuerza y claridad como primer principio que «la Biblia es el libro de la Iglesia y, de su inmanencia en la vida eclesial, brota también su verdadera hermenéutica»[138].

---

[137] *Ibid.*
[138] *Ibid.*, n° 29.

Interpretar en el Espíritu de la Iglesia

«La Sagrada Escritura debe interpretarse con el mismo Espíritu con el que fue escrita.» A partir de esta afirmación fundamental, *Verbum Domini* exige una recepción más profunda de los principios hermenéuticos de *Dei Verbum* 12[139]. De ahí los tres criterios básicos para «tener en cuenta la dimensión divina de la Biblia»[140]: 1° interpretar el texto teniendo en cuenta *la unidad de toda la Escritura* – hoy hablamos de exégesis canónica; 2° tener entonces en cuenta *la Tradición viva de toda la Iglesia;* 3° finalmente respetar *la analogía de la fe.*

Es importante explicar brevemente estos criterios para comprender su significado y alcance.

La unidad de la Escritura

El primer criterio es la unidad de las Escrituras. ¿Qué une a toda la Escritura? Está claro que la Biblia es una biblioteca de varios libros y la exégesis histórico-crítica contemporánea nos ha dicho mucho sobre la composición humana del texto. Pero la Biblia es también el Libro de un Autor divino. La unidad de toda la Escritura depende de este Autor divino que inspiró a los autores bíblicos.

> El Espíritu, que actúa en el momento de la Encarnación del Verbo en el seno de la Virgen María, es el mismo Espíritu que guía a Jesús durante su misión y que está prometido a los discípulos. El mismo Espíritu, que habló por los profetas, sostiene e inspira a la Iglesia en su tarea de proclamar la Palabra de Dios y en la predicación de los Apóstoles. Finalmente, es este Espíritu quien inspira a los autores de las Sagradas Escrituras[141].

«Toda la divina Escritura constituye un solo Libro», escribe Hugo de Saint-Víctor, «y este único Libro es Cristo, habla de Cristo y encuentra su cumplimiento en Cristo»[142]. El Espíritu divino que habla en y a través de los textos bíblicos, guio primero los acontecimientos y su interpretación para conducir al pueblo de Dios a los verdes pastos de la vida divina en Cristo.

---

[139] Véase *ibid.*, n° 34.
[140] *Ibid.*
[141] *Ibid.*, n° 15.
[142] *Ibid.*, n° 39.

La Tradición

El segundo criterio es tener en cuenta toda la Tradición. Porque la exégesis histórico-crítica ha marcado avances notables en el análisis filológico y literario, pero ha desarrollado poco el sentido espiritual de la Escritura. Esta es la herencia de la exégesis patrística que se basa en la interpretación cristológica del Antiguo Testamento y su cumplimiento en el Nuevo Testamento.

San Gregorio Magno lo resume así: lo que «el Antiguo Testamento prometía, el Nuevo Testamento lo ha mostrado; lo que el primero anunció de manera oculta, este lo proclama abiertamente como presente. Por eso el Antiguo Testamento es una profecía del Nuevo Testamento; y el mejor comentario sobre el Antiguo Testamento es el Nuevo Testamento»[143].

Verbum Domini nos recuerda que esta exégesis de los Padres aún conserva su valor. Asume la definición dada por la Pontificia Comisión Bíblica del significado espiritual de las Escrituras:

> El significado expresado por los textos bíblicos cuando se leen bajo la influencia del Espíritu Santo en el contexto del Misterio Pascual de Cristo y la vida nueva que de él resulta. Este contexto realmente existe. El Nuevo Testamento reconoce esto como el cumplimiento de las Escrituras. Por tanto, es normal releer las Escrituras a la luz de este nuevo contexto, que es el de la vida en el Espíritu[144].

La analogía de la fe

El tercer criterio para la interpretación de la Escritura es, según *Dei Verbum*, la analogía de la fe que puede vincularse a la analogía de la Palabra de Dios de la que habla *Verbum Domini*. La expresión «Palabra de Dios» abarca en efecto una diversidad de significados como palabra divina, palabra creadora, palabra histórica y literaria; esta diversidad de significados está, sin embargo, unificada por la convergencia de significados hacia Cristo, plenitud de la Revelación[145].

La analogía de la fe de la que habla *Dei Verbum* se entiende comúnmente en la tradición teológica como «la cohesión de las verdades de la fe entre

---

[143] S. Gregorio Magno, *Homiliae in Ezechielem*, I, VI, 15 (PL, 76, 836 B).
[144] Pontificia Comisión Bíblica, *La interpretación de la Biblia en la Iglesia*, 15 abril 1993, II, A, 2.
[145] *DV, n°2.*

sí y en el proyecto total de la Revelación»[146]. «Puede ser útil recordar a este respecto una analogía desarrollada por los Padres de la Iglesia entre el Verbo de Dios que se hace "carne" y la Palabra que se hace "Libro"»[147]. Como decía san Ambrosio, «su Cuerpo (el del Hijo), estas son las enseñanzas de las Escrituras»[148].

Cuando interpretamos la Escritura, debemos tener en cuenta esta analogía entre el Verbo encarnado y la Sagrada Escritura, entre la Verdad en persona y todas las verdades particulares relativas a la salvación. Todas estas dimensiones divinas y humanas de la verdad están íntimamente ligadas entre sí. El discernimiento de la Iglesia sobre el significado de la Escritura y su magisterio auténtico se basa, por tanto, en los criterios de la unidad de la Sagrada Escritura, la unidad de la Tradición y la unidad de la fe.

Exégesis y teología

Desde esta perspectiva entendemos la insistencia de *Verbum Domini* por una renovación de la interpretación eclesial de la Sagrada Escritura. Porque cierta exégesis moderna quisiera interpretar científicamente la Escritura ignorando la fe. *Verbum Domini* denuncia esta lectura que se queda en la superficie del texto y que reduce la Biblia a un documento del pasado. La posición errónea de esta exégesis se basa en el presupuesto de la oposición entre fe y razón[149].

Esta exégesis secularizada, dependiente de la mentalidad positivista, tiene consecuencias metodológicas nefastas. Excluye la intervención divina en la historia y, en consecuencia, reduce la dimensión divina de la Sagrada Escritura. Benedicto XVI quiere un desarrollo «teológico» de la exégesis hasta los «más altos niveles académicos», para que podamos superar el peligro del dualismo entre exégesis y teología y desarrollar adecuadamente ambos niveles, histórico y teológico, de la exégesis. «En definitiva», observa el Papa, «donde la exégesis no es teología, y viceversa, donde la teología no es esencialmente interpretación de la Escritura en la Iglesia, esta teología ya

---

[146] CEC, n° 114.
[147] XII Asamblea General Ordinaria del Sínodo de los Obispos, Mensaje final, n. 5.
[148] S. AMBROISE, *Traité sur l'Évangile de saint Luc* 6, 33, Paris, Éd. du Cerf, 1976, «SC 45», p. 240.
[149] Véase *VD*, n° 36.

no tiene fundamento»[150]. Él mismo da el ejemplo de tal exégesis teológica en su libro sobre Jesús de Nazaret.

El desarrollo de la exégesis teológica es de capital importancia para la renovación de la vida espiritual del pueblo de Dios. Porque donde prevalece el dualismo entre exégesis y teología, se producen daños y perjuicios para la vida espiritual porque la verdad de las Escrituras ya no se percibe como fundamento y punto de apoyo[151]. Una exégesis practicada en la fe, por tanto, verdaderamente teológica en su contenido y en su método, permite restablecer la unidad de interpretación y, por tanto, la confianza de los fieles en la Sagrada Escritura.

Profundizar la vida en el Espíritu

La interpretación de la Escritura según los criterios de la Iglesia tiene consecuencias para la formación de los fieles: «Evitemos, por ejemplo, cultivar un concepto de investigación científica que quisiéramos que fuera neutral frente a la Escritura. Por lo tanto, junto con el estudio de las lenguas en las que fue escrita la Biblia y los métodos apropiados de interpretación, es necesario que los estudiantes tengan una vida espiritual profunda, para comprender que solo se pueden entender las Escrituras si las vivimos»[152].

En efecto, comprender la Sagrada Escritura presupone un acto de fe e incluso una conversión. Antes de su conversión, san Agustín había aprendido de san Ambrosio la interpretación tipológica de la Escritura que muestra la convergencia del Antiguo Testamento hacia Jesucristo, pero seguía siendo interiormente incapaz de dar el paso de la fe. Fue entonces cuando el Espíritu Santo le concedió la gracia de la conversión al leer un pasaje de san Pablo: *Vestíos de Nuestro Señor Jesucristo, y no busquéis halagar vuestra carne en sus deseos.* (Rom 13,14) Su vida espiritual, finalmente libre de prejuicios racionales y de apegos carnales, se convirtió en la clave de su asombrosa penetración en los misterios de la fe contenidos en la Sagrada Escritura.

San Antonio Abad, fundador del monaquismo oriental, tuvo una experiencia similar y muy fructífera de encuentro con Cristo en la Escritura, al igual que santa Teresa del Niño Jesús, que testimonia con entusiasmo su vocación al amor descubierta en la lectura de los capítulos 12 y 13 de la pri-

---

[150] *VD*, n° 35.
[151] Véase *VD*, n° 35.
[152] *Ibid.*, n° 47.

mera epístola a los Corintios. La exhortación apostólica evoca extensamente esta rica experiencia de los santos que hace comprender que la Sagrada Escritura contiene más que ideas o máximas; ella está llena del Espíritu que encuentra el que cree. Es Él –y solo Él– quien conduce a toda la Verdad, es decir a la comunión trinitaria de la que da testimonio la Sagrada Escritura.

Quienes viven la experiencia de la fe experimentan la Verdad de la Sagrada Escritura, su coherencia y su unidad a pesar de la diversidad de los escritos, sienten una alegría y una paz que les empujan a buscar cada vez más el sentido de su vida en la Escritura, como san Agustín que encontró en ella «por fin la respuesta a las profundas inquietudes de su alma, sedienta de verdad»[153].

> Aplicándote a esta lectura divina, escribe Orígenes, busca con rectitud y con confianza inquebrantable en Dios el significado de las Escrituras divinas, ocultas a la mayoría. No os limitéis a llamar y buscar, porque es absolutamente necesario orar para comprender las cosas divinas. Es para exhortarnos que el Salvador dijo no sólo: «Llama y se te abrirá» y «busca y encontrarás», sino también: «Pide y se te dará»[154].

Conclusión

La Palabra del Señor permanece para siempre. La exhortación apostólica postsinodal *Verbum Domini* reafirma la fe de la Iglesia en la Palabra de Dios y responde así al desafío del relativismo que cuestiona la verdad del cristianismo. La plenitud de significado que emana de esta Palabra nos hace exultar de alegría con María. Allí la razón y la fe están en armonía, porque Benedicto XVI nos recuerda que «la verdadera razón es el amor y el amor es la verdadera razón». La belleza y la especificidad de la fe es dar vida eterna, esta vida eterna que *es conocerte a ti, el único Dios verdadero y a quien has enviado, Jesucristo* (Jn 17,3).

Queridos miembros de la comunidad universitaria, «la Palabra de Dios nos hace no solo destinatarios de la Revelación divina sino también sus mensajeros»[155]. En medio de un mundo en busca de sentido, somos testigos vivos de una Palabra y sobre todo de una Presencia. La comunión eucarística con Aquel que nos envía nos hace testigos, no por coacción exterior sino

---

[153] *Ibid.*, n° 38.
[154] *Ibid.*, véase la nota 293.
[155] *Ibid.*, n° 91.

por necesidad interior. Para ello, asumamos la responsabilidad de la misión con el mismo espíritu que san Bernardo trató de comunicar a sus discípulos: «Si sois sabios», les dijo, «seréis como la pila, no como el cauce de una fuente. El cauce esparce el agua al exterior casi al mismo tiempo que la recibe, pero la pila solo lo esparce cuando está llena, y luego comunica lo que le queda sin perjudicarse»[156]. Seremos testigos creíbles del Dios vivo si permitimos que el Espíritu de Dios llene nuestros corazones con Su Palabra.

«En efecto», dice *Verbum Domini*, «participar en la vida de Dios, Trinidad de Amor, es plenitud de alegría (cf. 1Jn 1,4). Y es don y tarea esencial de la Iglesia comunicar la alegría que surge del encuentro con la Persona de Cristo, Palabra de Dios presente entre nosotros. (…) No hay mayor prioridad que esta: abrir nuevamente al hombre de hoy el acceso a Dios, al Dios que habla y que nos comunica su amor para que tengamos vida en abundancia» (cf. Jn 10,10)[157].

---

[156] S. Bernardo de Claraval, *Sermon sobre el Cantar de los cantares*, XVIII, 3.
[157] *VD*, n° 2.

En su Discurso histórico, pronunciado el 17 de octubre de 2015 con motivo de la conmemoración del 50º aniversario de la institución del Sínodo de los Obispos, el papa Francisco, ejerciendo el discernimiento como Pastor Supremo de la Iglesia, afirmó significativamente que: *El camino de la sinodalidad es el camino que Dios espera de la Iglesia del tercer milenio*[158], precisamente esa Iglesia que, desde el inicio del pontificado, nos invita a pensarnos constitutivamente *en salida*, es decir, misionera[159].

Por tanto, es dentro de una lógica de fe en el llamado de Dios para su pueblo que debemos entender la noción de *sinodalidad*. En la lógica del mundo se habla de democracia y participación, más o menos basada en la autoafirmación de los individuos y los pueblos, pero en la Iglesia se habla de *sinodalidad*, es decir, de comunión en la fe y de misión en referencia a Aquel de quien la Iglesia es Sacramento para la humanidad. Con este concepto, el Santo Padre concretiza y hace más operativa la esencia misionera de la Iglesia reafirmada durante el concilio ecuménico Vaticano II.

Dicha declaración del actual pontífice, aunque solemne y exigente, no es una novedad absoluta, sino una actualización más incisiva de la orientación conciliar, que confirma y amplía la práctica sinodal de sus predecesores. Juan Pablo II, por ejemplo, expresó su preferencia por un método sinodal en la responsabilidad eclesial y deseaba ser recordado como el Papa de los Sínodos. Escribió:

> «En el camino de preparación a la cita del 2000 se incluye la *serie de Sínodos* iniciada después del concilio Vaticano II: Sínodos generales y Sínodos continentales, regionales, nacionales y diocesanos [...] Estos Sínodos ya forman parte por sí mismos de la nueva evangelización:

---

[158] FRANCISCO, *Discurso en la Conmemoración del 50 aniversario de la Institución del Sínodo de los Obispos* (17 de octubre de 2015).
[159] Cf. *Evangelii gaudium*, nº 25.

nacen de la visión conciliar de la Iglesia, abren un amplio espacio a la participación de los laicos, definiendo su específica responsabilidad en la Iglesia, y son expresión de la fuerza que Cristo ha dado a todo el pueblo de Dios, haciéndolo partícipe de su propia misión mesiánica, profética, sacerdotal y regia[160]».

Con el papa Francisco nos encontramos ante una elección no solo de estilo sino de sustancia: propone una conversión misionera a toda la Iglesia, a partir de la base e involucrando a todos en el testimonio del Evangelio. Obviamente, los obispos permanecen en el centro de la Iglesia sinodal con el papel renovado del sínodo de los obispos, pero se les exhorta encarecidamente a un esfuerzo de reconsideración que los involucre en la transformacion de la actividad pastoral en clave sinodal:

> La sinodalidad no es un vestido externo. Tiene un significado mistérico, contenido en esa pequeña preposición: *syn*, juntos, fruto y condición de la venida del Espíritu Santo, que ama la unidad y la concordia. La sinodalidad es la forma externa que el misterio de la *communio* asume en la vida de la Iglesia: los cristianos son sinodales, o «compañeros de viaje», portadores de Dios, portadores del templo, portadores de Cristo y el Espíritu, según la expresión de S. Ignacio de Antioquía.

Por lo tanto, la sinodalidad no significa en primer lugar organización, sino la comunión interior con Dios, que se traduce en un testimonio visible.

> La sinodalidad es, por lo tanto, un estilo, nacido de esa vida de gracia que se ajusta al Señor Jesús. La sinodalidad surge desde abajo. Comienza en la escucha, en la cual cada uno tiene algo que aprender del otro, en la voluntad de entrar en sintonía, de acogerse mutuamente. Se hace visible en el lenguaje y en el comportamiento, en las relaciones, en las decisiones, en el modo de vida ordinario. La sinodalidad es generativa, aproxima a la realidad con la disposición para aprender e involucrarse [...] En cuanto proceso, vivido en la tensión entre avanzar y permanecer juntos, la sinodalidad es también fatigosa. Requiere espiritualidad evangélica y pertenencia eclesial, formación continua, disponibilidad al acompañamiento, creatividad[161].

---

[160] Juan Pablo II, Litt.ap. *Tertio millenio adveniente,* 10.XI.1994, 21.
[161] G. Bassetti, *Discorso per l'apertura del Consiglio episcopale permanente della CEI*, lunedì 1° aprile 2019.

Por lo tanto, es dentro de una lógica de fe del llamado de Dios para su pueblo que debemos entender la noción de *sinodalidad*. No se trata solo de consultar más adecuadamente al pueblo de Dios, sino de reconocerlo habitado por la presencia del Espíritu en la raíz de su fe, configurando así su pertenencia ontológico-sacramental al Cuerpo de Cristo. La dimensión operativa de la sinodalidad es significativa en la medida en que se camina en la fe, siguiendo el Evangelio, yendo al encuentro de las varias culturas con un dinamismo evangelizador, sin dejarse homologar a la mentalidad y a las ideologías mundanas.

Fundamentos teológicos de la sinodalidad

Para una reflexión teológica serena sobre el significado de *sinodalidad*, como fruto maduro del camino iniciado en el concilio Vaticano II, es provechoso referirse tanto al mencionado Discurso del papa Francisco, con motivo de la *Conmemoración del 50º aniversario de la Institución del Sínodo de los Obispos*[162], como al reciente documento de la Comisión Teológica Internacional[163], titulado *La sinodalidad en la vida y la misión de la Iglesia*[164], así como a la posterior Constitución apostólica *Episcopalis Communio*[165], con la cual el Santo Padre reformó el Sínodo de los Obispos, establecido por san Pablo VI en 1965. Estos tres textos, que recomendamos para una lectura completa sobre el tema, pueden considerarse una autorizada explicación de lo que significa y comporta *caminar juntos,* implícito en la noción de *sinodalidad*. A continuación nos gustaría mencionar algunos rasgos que nos puedan ayudar a configurar la profundidad teológico-pastoral:

Para una correcta teología de la sinodalidad, en primer lugar debe afirmarse su *raíz trinitaria*, que califica a la *Communio* eclesial como de *Trinitate plebs adunata*[166], llamada, a través de la acción del Espíritu Santo, a «*vivir la comunión que se realiza mediante el don sincero de sí mismo, en unión con Dios y en unidad con los hermanos y hermanas en Cristo*». Esta fuente en

---

[162] Cf. Francisco, *Discurso en la Conmemoración del 50 aniversario de la Institución del Sínodo de los Obispos* (17 de octubre de 2015).

[163] Cf. Comisión Teológica Internacional, *La Sinodalidad en la vida y en la misión de la Iglesia*, LEV, Ciudad del Vaticano, 2018 (con fecha 2 de marzo de 2018).

[164] *Ibidem*.

[165] Francisco, *Constitución Apostólica Episcopalis communio, sobre el Sínodo de los Obispos* (15 de septiembre de 2018).

[166] CTI, n. 43.

el mismo *nexus amoris* de la vida trinitaria, a la que la comunidad de los creyentes está llamada a participar sacramentalmente[167], hace de la sinodalidad no «*un simple procedimiento operativo, sino la forma peculiar en la cual la Iglesia vive y opera*»[168]. Se configura sobre todo como la *infalibilidad* de todo el pueblo de Dios *in credendo* y, por lo tanto, como la participación de todos los bautizados en la misión escatológica de la Iglesia, cada uno a través del don/carisma o ministerio recibido (1Cor 12,11), de acuerdo a la lógica de *hierarchica communio* enseñada por el concilio Vaticano II[169]. El contexto en el que esta co-pertenencia se realiza plenamente, y donde el camino sinodal de la Iglesia viene por tanto continuamente plasmado, es la *sinassi* eucarística, en la cual se cumple la *communio sanctorum*[170], o la unión con el Dios Trinidad y la unidad de las personas humanas que se realiza a través del Espíritu Santo en Jesucristo, haciendo a los fieles partícipes de la multiforme gracia divina. Por lo tanto, el Documento de la Comisión Teológica coherentemente especifica que:

> Las dimensiones trinitaria, antropológica, cristológica, pneumatológica y eucarística del designio divino de salvación que se realiza en el misterio de la Iglesia describen el horizonte teológico dentro del cual la sinodalidad se ha manifestado y se ha puesto en acto a través de los siglos[171].

En otras palabras, la idea de *una Iglesia sinodal* significa, ante todo, un salto cualitativo en la conciencia de participar todos juntos en la comunión trinitaria, por el don del Espíritu Santo derramado en los corazones, que se renueva permanentemente a través del don pascual-eucarístico del Señor. El Espíritu Santo es el principio y el alma de la comunión eclesial, sin Él nadie puede confesar que Jesús es el Señor. Todos, por igual, somos introducidos en las relaciones trinitarias por la gracia bautismal de la filiación divina, operada por Él, que nos reviste además de un carisma personal para el servicio de la comunidad, el Cuerpo de Cristo.

A la raíz de la misionariedad y la sinodalidad de la Iglesia, está, por tanto, la presencia y la acción del Espíritu Santo que obra en la comunión de la fe que sostiene el testimonio y la actividad de la Iglesia. Esta fe salva no solo por la adhesión al misterio de Cristo sino por el testimonio de ella:

---

[167] CTI, nº 46.
[168] CTI, nº 42.
[169] Cf. *Lumen gentium* nº 12.
[170] 1Cor 11,17.
[171] CTI, nº 48.

Porque, si confiesas con tu boca que Jesús es Señor y crees en tu corazón que Dios le resucitó de entre los muertos, serás salvo. Pues con el corazón se cree para conseguir la justicia, y con la boca se confiesa para conseguir la salvación[172].

No basta *creer en el corazón* para ser justificado, es necesario *confesar con la boca*, es decir, dar testimonio a los otros para ser salvados, involucrando a la comunidad. La fe vive y crece si se comunica, de lo contrario se debilita y muere. El papa Francisco resume esta dinámica intrínseca de la fe con el binomio *discípulo-misionero*, un binomio que sostiene todo el andamiaje de la *conversión misionera* de la Iglesia y de la transformación de su pastoral ordinaria en clave misionera. El *caminar juntos*, que constituye la sinodalidad, es un caminar en la fe experimentando el gozo de la salvación en el testimonio de la misión.

En su Discurso al Sínodo, el papa Francisco subrayó que este camino común es sobre todo un *dinamismo de escucha*, llevado a cabo en todos los niveles de la vida de la Iglesia», para percibir la voz del Espíritu en la *fides totius Ecclesiae*, según el antiguo adagio tan querido a la Cristiandad del primer milenio: «*Quod omnes tangit ab omnibus tractari debet*». Si, como recuerda siempre el Papa, «*El sensus fidei* impide separar rígidamente entre *Ecclesia docens* y *Ecclesia dicens, ya que también la grey tiene su "olfato" para encontrar nuevos caminos que el Señor abre a la Iglesia*»[173], entonces «la renovación de la vida sinodal de la Iglesia exige activar procedimientos de consulta de todo el pueblo de Dios »[174], porque una Iglesia sinodal es participativa y corresponsable[175]. Con ello se define el camino de autoconciencia eclesial, que se agudizó particularmente ya en el siglo XIX, a través de voces proféticas como las de Johan Adam Möhler (1796-1838), Antonio Rosmini (1797-1855), John Henry Newman (1801-1890), que, remitiéndose a las fuentes normativas de la Escritura y de la Tradición, y preanunciando la renovación bíblica, litúrgica y patrística, subrayaron como «la Iglesia entera, por la acción del Espíritu Santo, es el sujeto o "el órgano" de la Tradición, y que los laicos tienen un rol activo en la transmisión de la fe apostólica»[176].

---

[172] Rom 10,9-10.

[173] Cf. Francisco, *Discurso en la Conmemoración del 50 aniversario de la Institución del Sínodo de los Obispos* (17 de octubre de 2015).

[174] CTI, nº 65.

[175] CTI, nº 67.

[176] CTI, nº 38-39.

Es en este empeñativo *camino de escucha* que el Papa, buscando poner en practica la eclesiología de comunión del concilio Vaticano II, invita a tomar nota de cómo la *sinodalidad* «nos ofrece el marco interpretativo más adecuado para comprender el mismo ministerio jerárquico»[177]. Para comprender la estructuración del misterio de la comunión de la Iglesia y en la Iglesia, debe reconocerse el *nexo profundo entre el concepto de sinodalidad y el de colegialidad*. Esta última «es la forma específica en que se manifiesta y se realiza la sinodalidad eclesial a través del ministerio de los Obispos en el nivel de la comunión entre las Iglesias particulares en una región y en el nivel de la comunión entre todas las Iglesias en la Iglesia universal. Toda auténtica manifestación de sinodalidad exige por su naturaleza el ejercicio del ministerio colegial de los Obispos»[178].

Si de hecho, concretamente, el primer nivel del ejercicio de la sinodalidad se realiza en las Iglesias particulares, donde los diversos componentes del cuerpo eclesial están llamados a colaborar con el Obispo para el bien de toda la comunidad: es sobre todo a través del ejercicio sinodal del ministerio de los Obispos, originado sacramentalmente en virtud de la ordenación sagrada, que, a lo largo de la historia, el camino sinodal del pueblo de Dios se ha realizado, y continúa a cumplirse, guiado por el Espíritu Santo, en diferentes niveles de eclesialidad, —provincias, regiones eclesiásticas, concilios particulares— hasta el nivel de la Iglesia universal, garantizado por el carisma propio del Sucesor de Pedro (CTI, n° 29). En este sentido, según una lógica comunional de servicio mutuo, fue el mismo Pontífice a sugerir que la Iglesia fuera entendida como una pirámide invertida, el vertíce se encuentra por debajo de la base; ahí están los «ministros» porque «cada obispo, sirviendo al pueblo de Dios, llega a ser para la porción de la grey que le ha sido encomendada, *vicarius Christi,* vicario de Jesús, quien en la Última Cena se inclinó para lavar los pies de los apóstoles (cf. Jn 13,1-15). Y, en un horizonte semejante, —concluye el Papa— el mismo Sucesor de Pedro es el *servus servorum Dei*»[179]. De hecho,

> no está, por sí mismo, por encima de la Iglesia; sino dentro de ella como bautizado entre los bautizados y dentro del Colegio episcopal como

---

[177] Cf. Francisco, *Discurso en la Conmemoración del 50 aniversario de la Institución del Sínodo de los Obispos* (17 de octubre de 2015).

[178] CTI, n° 7.

[179] Cf. Francisco, *Discurso en la Conmemoración del 50 aniversario de la Institución del Sínodo de los Obispos* (17 de octubre de 2015).

obispo entre los obispos, llamado a la vez —como Sucesor del apóstol Pedro— a guiar a la Iglesia de Roma, que preside en la caridad a todas las Iglesias[180].

A nivel jurídico, sin embargo, se debe precisar que la colegialidad de los actos del cuerpo episcopal está vinculada al hecho que, «la Iglesia universal no puede ser concebida como la suma de las Iglesias particulares ni como una federación de Iglesias particulares»[181]; «No es el resultado de la comunión de las Iglesias, sino que, en su esencial misterio, es una realidad ontológica y temporalmente *previa a cada concreta Iglesia particular*»[182].

Asimismo, el Colegio episcopal no debe entenderse como la suma de los Obispos a cargo de las Iglesias particulares, ni el resultado de su comunión, sino que, en cuanto elemento esencial de la Iglesia universal, es una realidad previa al cargo de capitalidad en una Iglesia particular[183]. Esta precisión teológica-jurídica puede parecer sutil y superflua, pero nos recuerda la lógica de la fe, que se funda en el don de Dios y no en el consenso de los hombres.

Principios sobre los que se apoya la sinodalidad

Sin llegar a usar la palabra *sinodalidad*, la Constitución conciliar *Lumen gentium* afirma en el num. 32 la igual dignidad entre todos los cristianos como su principio fundamental: «Es común la dignidad de los miembros, que deriva de su regeneración en Cristo; común la gracia de la filiación; común la llamada a la perfección: una sola salvación, única la esperanza e indivisa la caridad». Pastores santos, ministros ordenados y simples fieles, incluso en la diversidad jerárquica de sus funciones y de sus responsabilidades, tienen una misma dignidad (*dignitas*): la de «hijos de Dios», y están todos igualmente empeñados (*actio*) —cada uno según su propia condición y sus propias tareas— en la difusión del reino de Dios, en la edificación del Cuerpo de Cristo. Es esta igualdad la que hacía exclamar a san Agustín en la célebre homilía dirigida a los fieles de Hipona apelando a su consagración

---

[180] *Ibid.*

[181] Juan Pablo II, *Discorso ai Vescovi degli Stati Uniti d'America* (16 settembre 1987), 3: *Insegnamenti*, X, 3 (1987), 555.

[182] Congregación para la Doctrina de la Fe, Lett. *Communionis notio* (28 maggio 1992), 9: *AAS* 85 (1993), 843.

[183] Entre otras cosas, como es sabido, hay muchos obispos que, a pesar de ejercer tareas propiamente episcopales, no están a cargo de una Iglesia particular.

episcopal: «*Vobis episcopus, vobiscum christianus*: para vosotros soy obispo, con vosotros soy cristiano; el primero es un nombre de un oficio, el segundo de la gracia [...]. Siento más alegría en ser redimido con vosotros, que en verme por encima de vosotros»[184].

Por muchos siglos el principio de la igualdad sustancial entre los componentes del pueblo de Dios, por motivo de contingencias complejas de diferente naturaleza, fue eclipsado por el principio jerárquico (también esencial a la constitución eclesial). Tal proceso involutivo, que tuvo sus inicios en el siglo IV, toma consistencia en el Medioevo y se afirmó definitivamente en el siglo XVI, en oposición a los principios antijerárquicos de la Reforma protestante. Prevalece así una eclesiología *verticalista* fundada sobre la autoridad, en la que la Iglesia se presenta principalmente como *societas inaequalis*, dividida dualistamente en superiores y súbditos, clérigos y laicos: *coetus docens* y *coetus ductus*, con la consiguiente radicalización del notable texto de san Jerónimo y citado por Graciano (Siglo XII). *Duo sunt genera christianorum*, hay dos tipos de cristianos: los clérigos y los laicos.[185]

La eclesiología del concilio Vaticano II se funda esencialmente sobre la comunión (no es solamente una sociedad jurídica ex can. 204, §2), sacramento de salvación, «*signo e instrumento de la íntima unión con Dios y de la unidad de todo el género humano*»[186], supera tal concepción y sin embargo confirma expresamente el principio jerárquico de institución divina —y por lo tanto irreformable— pone a la base de la estructura constitucional de la Iglesia el principio de la igualdad radical «*en la dignidad y en la acción*», eliminando de tal manera el dualismo artificial entre clérigos y laicos, y llamando a todos a una participación efectiva y corresponsable sobre la vida y la actividad eclesial. En esta perspectiva, la estructura de la Iglesia aparece teológica y jurídicamente en una profunda unidad y armonía. El principio jerárquico está reconciliado con el principio de igualdad y, a su vez, el principio de igualdad está integrado y activado por el principio de organicidad y de diversidad funcional. Existe corresponsabilidad y cooperación por parte de todos para la edificación del Cuerpo de Cristo, para el crecimiento y el desarrollo del pueblo de Dios. El principio de la igualdad «*en la dignidad y en la acción*», expresado teológicamente en la Constitución dogmática

---

[184] SAN AGUSTÍN, Serm.340,1:PL 38, 1483; *LG* 32. Cf. L. CHIAPPETTA, 280.
[185] *Decretum Gratiani*, c.7, c.XII, q.1. Cf. L. CHIAPPETTA, 280.
[186] Cf. *LG* 1, *LG* 9.

Lumen gentium, ha llegado a ser —a través del can. 208— un principio basal del ordenamiento canónico[187].

En consecuencia, según el can. 209, el primer y fundamental deber del cristiano, que resume y califica a todos los demás, es el de conservar siempre —en cada manifestación de su vida individual y social— una comunión vital con la Iglesia, en el sentido indicado en el can. 205. Esta comunión, que es además un derecho, tiene como condición y fundamento la íntima comunión con Dios, y se expresa concretamente mediante la unión con los hermanos de fe y sobre todo con los legítimos pastores. Comporta también deberes precisos ya sea hacia la Iglesia universal que hacia la Iglesia particular (§2), de la cual es parte conforme al derecho. El can. 529, §2 recuerda que hay una comunión parroquial que conservar y promover.

De forma similar, según el can. 210 —en tanto a la vocación a la santidad— no está en la Iglesia el privilegio de determinar personas o categorías: la vocación a la santidad es universal. «Todos los fieles —dice el Concilio[188]—, ya sea que pertenezcan a la Jerarquía o que sean dirigidos por ella, están llamados a la santidad […]; todos los fieles de cualquier estado o grado están llamados a la plenitud de la vida cristiana y a la perfección de la caridad»[189].

Por una Iglesia sinodal en América Latina

En base a los fundamentos teológicos y canónicos que fungen como principios para el concepto de *sinodalidad* y de su ejercicio en la Iglesia, podemos dar un paso adelante en adaptarla a todo el contexto eclesial el *caminar juntos* de una Iglesia sinodal. La actuación de la sinodalidad en el sentido anteriormente expuesto exige una *conversión pastoral* que implica, en el contexto latinoamericano —y no solamente en él—, la superación de algunos paradigmas que se encuentran muy presentes en la cultura eclesiástica, entre los que están:

la concentración de la responsabilidad de la misión en el ministerio de los Pastores; el insuficiente aprecio de la vida consagrada y de los dones carismáticos; la escasa valoración de la aportación específica y cualifica-

---

[187] L. CHIAPPETTA, *Il Codice di Diritto Canonico, Commento giuridico-pastorale*, Bologna, 281.
[188] Cf. *LG*, cap V.
[189] Los números de *LG* al respecto son: 39 (santidad en la Iglesia); 40 (vocación universal a la santidad); 41 (las múltiples formas); 42 (el camino y los medios de santidad).

da, en su ámbito de competencia, de los fieles laicos y dentro de ellos, de las mujeres[190].

En este sentido y, superando la autorreferencialidad clerical y el autoritarismo verticalista,

> La sinodalidad toma forma en experimentar que la Iglesia es un cuerpo vivo, donde todo se lleva a cabo; cuerpo caracterizado por la comunión fraterna, en donde los miembros – distintos pero no distantes – comparten dones, carismas, ministerios. [...] Propiamente la sinodalidad debe ayudar a vivir una *mayor fraternidad*: solos, no podemos nada; nuestra fuerza depende de la unidad de nuestro ser y de nuestro actuar. Debemos practicar la sinodalidad como método de vida y de gobierno de nuestras comunidades diocesanas, a partir de la implicación de los laicos, hombres y mujeres, y de los modos con que llevamos a cabo nuestras corresponsabilidades y procesos de decisión. Del resto, preguntémonos:

> ¿Dónde puede nuestro pueblo expresar ese *olfato* que a veces el Santo Padre les ha reconocido?, ¿Con qué formas y en qué espacios? Tal vez no estaría mal iniciar de nuevo revitalizando los Consejos diocesanos, los presbiterales, los pastorales y los mismos Consejos parroquiales: si estos organismos de participación funcionan, comunión y corresponsabilidad llegan a ser efectivos[191].

A nivel continental, para América Latina hay algunas orientaciones prioritarias en los últimos años que permanecen en primer plano para una Iglesia sinodal. Por ejemplo, la implicación más decidida y significativa de laicos en la vida pública, y a este propósito, el diálogo entre pastores y políticos son prospectivas para llevar hacia adelante con determinación, mediante encuentros y diálogos a diversos niveles. Sin embargo, la convergencia de propósitos entre cristianos convencidos y empeñados en la vida pública no puede prescindir de una formación adecuada que estos encuentros pueden desarrollar y motivar. De la misma manera, es legítimo dar la bienvenida a la iniciativa de una formación de *líderes católicos* que se está difundiendo con entusiasmo en el continente después de un encuentro muy estimulante en Roma, con amplia participación cualificada de personalidades masculinas y femeninas.

---

[190] CTI n. 105.

[191] G. BASSETTI, *Discurso inaugural para la apertura del Consejo episcopal permanente de la CEI*, lunes 1 de abril de 2019.

Me parece correcto subrayar enfáticamente que América Latina tiene necesidad de una sinodalidad con las mujeres, o sea, de una revisión radical de la situación del estatuto de la mujer en el continente, para lograr un salto cualitativo que cambie la mentalidad *machista*, que combata la violencia que sufren y las mujeres, la explotación de sus personas y la pobreza que marca a tantas de ellas en el abuso y en el abandono. Esta prioridad es mucho más necesaria porque las mujeres hoy, aunque en virtud de una mejor formación respecto del pasado, son los pilares de las comunidades parroquiales, pero a menudo sufren de la mentalidad clerical de los pastores. El acceso que han tenido a la educación superior constituye un hecho cultural de enorme importancia, que no justifica más que se les relegue a roles marginales y se les deje aparte en los procesos de toma de decisiones. La vitalidad de una Iglesia sinodal en América Latina dependerá de la *conversión cultural*[192], que supone la promoción auténtica y urgente de las mujeres en el continente.

Finalmente, después del impulso de la misión continental —que ha implantado en todas partes el espíritu del discipulado misionero— y después de la Exhortación Apostólica *Evangelii gaudium* que ha universalizado el enfoque misionero de la Conferencia de Aparecida, América Latina se encuentra frente al reto de demostrar que los pasos dados llevan al compromiso decisivo, bajo el impulso vigoroso del papa Francisco, por una Iglesia sinodal. Este compromiso no ignora que la gran mayoría de los fieles no participa directamente en las estructuras y organismos sinodales de nuestras diócesis. En muy raras ocasiones las consultas al pueblo de Dios llegan a ser un porcentaje significativo del número de nuestros creyentes. Este hecho no nos debe desanimar porque el objetivo primario de la sinodalidad no es la visibilidad medible del caminar juntos, sino el crecimiento en la fe del pueblo de Dios que camina en la historia junto a Cristo Resucitado.

De hecho, la experiencia de la Iglesia a lo largo de la historia desde los orígenes es la de un pueblo pobre que camina con pocos recursos, pero con Espíritu y Vida, sostenido por las miríadas de santos que han revitalizado permanentemente la Iglesia a partir del amor a los pobres. Por su parte, el papa Francisco ha acuñado la expresión de *una Iglesia pobre para los pobres,*

---

[192] Cf. Marc OUELLET, «La mujer a la luz de la Trinidad y de María-Iglesia», en *La mujer, pilar en la edificación de la Iglesia y la sociedad en América Latina, Actas de la Reunión Plenaria de la Pontificia Comisión para América Latina, del 6-9 de marzo de 2018*, LEV, Vaticano, 2018, pp. 93ss.

para que en virtud de la caridad y de los consejos evangélicos, se lleve adelante la Iglesia sinodal como pueblo de los pobres a la escucha del Espíritu y al servicio de los hermanos en la humildad de la fe. Hoy, como siempre, el camino de la Iglesia en respuesta a la llamada de Dios permanece la evangelización de los pobres, la conciencia que América Latina ha dado de nuevo a la Iglesia universal.

Por lo tanto, la última palabra sobre sinodalidad debe regresar al misterio de la fe que constituye el pueblo de Dios como Asamblea, reunida en la unidad del Padre, del Hijo y del Espíritu Santo (*LG* 4), para insistir sobre la prioridad absoluta en la evangelización y la educación de la fe. De otra manera, el pueblo que camina pierde el sentido de su pertenencia a Dios, y se deja arrastrar por caminos engañosos que terminan por destruir la familia, confundir a la juventud y extraviar al hombre y a la mujer en la búsqueda de la felicidad.

En este sentido, la piedad popular representa siempre —y hoy más que nunca— un antídoto a las ideologías consumistas y colonizadoras que invaden los mercados, las escuelas, los parlamentos y los hogares. La devoción mariana en particular en los numerosos santuarios en que se venera a la Madre de Dios en el continente, sirven de guía permanente a la gente que camina junta, con sentido de ternura y misericordia, que les ayuda a seguir a Jesús y permanecer en la esperanza a pesar de las condiciones adversas, las injusticias, la degradación de la casa común, la corrupción y las migraciones forzadas que siembran inseguridad y muerte sobre los caminos del continente.

Conclusiones

El camino de Dios para la Iglesia del tercer milenio toma la forma y el estilo de la *sinodalidad*. Esta perspectiva desafiante a nuestra fe no es solamente un método pedagógico de un Papa que nos llama a una conversión misionera; esa es la manifestacion del soplo pentecostal del Espíritu Santo que empuja a todos y a cada uno a creer en el Resucitado y a actuar en comunión conforme a la dignidad y responsabilidad de los miembros del Cuerpo de Cristo enviados en el mundo.

Muchos entienden la sinodalidad como un concepto orgánico superior, según la sensibilidad democrática de nuestra época; esta prospectiva no es falsa, pero resulta superficial; pues el salto cualitativo que representa la sinodalidad consiste ante todo en la vivencia mas consciente del Único Espíritu que anima y mueve a todos y cada uno por gracia y según el propio carisma. En otras palabras, la sinodalidad en una Iglesia sinodal supone que la misión sea, ante todo, un *testimonio,* un ser *testigo* junto al Misionero primario y principal que es el Espíritu Santo.

Segunda parte

SACRAMENTO

Capítulo 1
El Espíritu Santo y la sacramentalidad de la Iglesia

«Del costado de Cristo dormido en la cruz nació el admirable sacramento de toda la Iglesia[193]»[194].

Una de las grandes decisiones del concilio Vaticano II, si no la más importante, fue articular la renovación eclesiológica a partir de la idea de sacramento, que abre la Constitución dogmática sobre la Iglesia *Lumen gentium*: «La Iglesia, por su parte, es en Cristo sacramento o, si se quiere, signo y medio para realizar la íntima unión con Dios y la unidad de todo el género humano»[195]. Para aclarar esta visión de la «naturaleza y misión universales» de la Iglesia, la Constitución conciliar introduce inmediatamente tres párrafos en los que se especifica el papel de las Personas divinas en el designio trinitario de la salvación, lo que conduce a una notable cita de san Cipriano: «Así, la Iglesia universal aparece como 'un pueblo reunido en la unidad del Padre, del Hijo y del Espíritu Santo'»[196]. Desde el principio, pues, se nos orienta hacia una eclesiología trinitaria de carácter sacramental, formulada en la conclusión del párrafo sobre la Persona y la misión del Espíritu Santo. Hay aquí todo un programa que la recepción del Concilio solo ha realizado parcialmente, como lamentaba el cardenal Joseph Ratzinger a finales del año 2000[197].

---

[193] *SC*, n° 5.

[194] Conferencia pronunciada en Einsiedeln (Suiza) para el Freundkreis Hans Urs von Balthasar, el 2 de diciembre de 2023.

[195] *LG*, n° 1.

[196] *Ibid.*, n° 4.

[197] J. Ratzinger, «L'ecclésiologie de la Constitution *Lumen gentium*», en *Faire route avec Dieu. L'Ecclésiologie de communion*, Paris, Parole et Silence, 2003, p. 115: «El Vaticano II quiso situar el discurso sobre la Iglesia en y bajo el discurso sobre Dios, quiso proponer una eclesiología propiamente teológica. Sin embargo, la recepción del Concilio ha ignorado hasta ahora este signo decisivo y, precediendo a las diversas afirmaciones teológicas, se ha precipitado sobre ciertos puntos, quedando así muy por detrás de la gran perspectiva de los Padres conciliares».

La elaboración de una «eclesiología propiamente teológica», en palabras de Ratzinger, sigue siendo una tarea abierta, a pesar de la abundante literatura eclesiológica postconciliar, que se ha concentrado preferentemente en la noción de comunión, sin desarrollar al mismo tiempo con la misma energía la dimensión sacramental de la Iglesia, dejando en la sombra, por ejemplo, la analogía entre el Verbo encarnado y la Iglesia con la que concluye el capítulo sobre el misterio de la Iglesia: «En efecto, así como la naturaleza asumida por el Verbo divino le sirve de instrumento de salvación, instrumento vivo indisolublemente unido a sí mismo, así este organismo eclesial sirve al Espíritu de Cristo que lo vivifica con vistas al crecimiento del cuerpo (cf. Ef 4,16)[198]»[199].

El siguiente ensayo intenta llenar un cierto vacío en la teología y la pastoral católicas, mostrando cómo el Espíritu Santo y los sacramentos de la Iglesia extienden la corporeidad de Cristo resucitado. El punto de vista del Espíritu Santo rara vez se tiene en cuenta, lo que tiene como consecuencia que la teología sea menos sabrosa y la pastoral menos creativa. No pretendo escapar a la dificultad de comunicar la investigación académica en un lenguaje sencillo, pero ruego al Espíritu Santo que haga accesible mi reflexión sistemática a vosotros y a quienes descubran su significado espiritual y pastoral.

---

[198] *LG*, n° 8.

[199] Entre la abundante bibliografía eclesiológica, destacaría especialmente Heribert MUHLEN, *Una mistica persona. La Chiesa come il mistero dello Spirito Santo in Cristo e nei cristiani: una persona in molte persone*, Roma, Città Nuova, 167; Otto SEMMELROTH, *Die Kirche als Sakrament des Heils, en Mysterium Salutis*, IV.1, Einsideln, 1972; Jean-Guy PAGÉ, *¿Qui est l'Église? 1.Le mystère et sacrement du salut; 2. L'Église Corps du Christ et communion; 3. Le peuple de Dieu*, Montréal, éd. Le peuple de Dieu, Montréal, éd. Bellarmin, 1977-1979; H. Urs VON BALTHASAR, *Sponsa Verbi, Skizzen zur Theologie II*, Einsiedeln, Johannes Verlag, 1961; *La Dramatique divine*, II. *Les personnes du drame, 2. Les personnes dans le Christ*, Paris, Lethielleux, 1988, p. 210-366 (edición original Johannes Verlag, 1978); Angelo SCOLA, *Chi è la Chiesa? Una chiave antropologica e sacramentale per l'ecclesiologia*, Brescia, Queriniana, 2005; J. RIGAL, *L'Église, obstacle et chemin vers Dieu*, Paris, éd. du Cerf, 1983; Rémi CHÉNO, *L'Esprit-Saint et l'Église. Institutionnalité et pneumatologie, vers un dépassement des antagonismes ecclésiologique*, «Cogitatio Fidei», Paris, Éd. du Cerf, 2010; Alain NISUS, *L'Église comme communion et comme institution. Une lecture de l'ecclésiologie du cardinal Congar à partir de la tradition des Églises de professants*, «Cogitatio Fidei», Éd. du Cerf, Paris, 2012; Roland VARIN, *L'Église sacrement universel du salut. Chemin et but du dessein de Dieu*, «Bibliothèque de la Revue thomiste», Paris, Parole et Silence, 2021.

El Espíritu y la Iglesia en perspectiva sacramental

Comencemos nuestro estudio con algunas consideraciones sobre el Espíritu Santo como Amor Trinitario encarnado[200]. Ello nos ayudará a comprender la estrechísima colaboración entre las Personas divinas del Verbo y del Espíritu en la historia de la salvación. También facilitará la comprensión de la analogía entre el Cuerpo de Cristo, instrumento del Verbo divino, y la Iglesia, instrumento del Espíritu divino en el orden sacramental.

La Sagrada Escritura evoca al Espíritu ya en el Génesis como Soplo creador, luego en los profetas como Inspirador de su misión, y en otros lugares se le asocia con la Sabiduría y la Palabra. En la plenitud de los tiempos, acompaña toda la misión del Verbo encarnado, desde su concepción hasta su confirmación como Hijo de Dios por su resurrección de entre los muertos (Rom 1,4). San Juan lo designa como *el Espíritu de la Verdad que procede del Padre* (Jn 15,26) y cuya función en la economía de la salvación es interpretar a Cristo, como Cristo es el intérprete del Padre[201].

En la vida trinitaria, el Espíritu Santo aparece como el Tercer Don, el *Donum doni*, que procede del Padre, pero resulta también de la respuesta (*Filioque*) del Hijo en el Amor trinitario. Su personalidad inefable escapa a nuestra comprensión y no puede ser confinada a una categoría, razón por la cual la Escritura habla de él por medio de símbolos como el viento, el fuego, el agua y la paloma. Los teólogos intentan comprender su propie-

---

[200] Véase H. Mühlen, *Una mystica persona...*; H. Urs von Balthasar, *Spiritus Creator. Skizzen zur Theologie III*, Einsideln, Johannes Verlag, 1967; *Sponsa Verbi. Skizzen zur Theologie II*, Einsideln, Johannes Verlag, 1961; Id., *Pneuma und Institution. Skizzen zur Theologie, IV*, Einsideln, Johannes Verlag, 1974; François Bourassa, *L'Esprit Saint, «communion» du Père et du Fils*, in «Science et Esprit» 29&3, 1977, p. 251-281; Yves Congar, *Je crois en l'Esprit Saint*, Paris, Éd. du Cerf, 1979-1980; Paul Evdokimov, *Lo Spirito Santo nella tradizione ortodossa*, Roma, San Paolo edizioni, 1971; Luis Francisco Ladaria, *Jesús y el Espíritu: la unción*, Burgos, Monte Carmelo, 2013; Jean Zizioulas, *L'être ecclésial*, Labor et Fides, Ginebra, 1981; para un análisis crítico de cierta deficiencia neumatológica en la tradición latina, véase Alberta Maria Putti, *Il difficile recupero dello Spirito. Percorsi e luoghi teologici della Neumatologia nella tradizione latina del secondo millennio*, Roma, PUG, 2016.

[201] H. Urs von Balthasar, *La Théologique. III. L'Esprit de vérité*, Bruxelles, Culture et Vérité, 1996, p. 11: «La determinación omnicomprensiva del Espíritu ha de ser la exégesis que introduce; a este concepto se puede llevar la diversidad de otras afirmaciones hechas en otros lugares sobre él en Juan o en los escritos del Antiguo y Nuevo Pactos. El Hijo hecho hombre era, como hemos mostrado, la exégesis adecuada del Padre, pero esto seguía siendo un espacio cerrado a los hombres mientras el Espíritu "no había venido todavía" (Jn 7,35).»

dad personal en la divinidad mediante diversas analogías, ninguna de las cuales es totalmente satisfactoria. En el Amor que es Dios, se le ve como el «Nosotros» del Padre y del Hijo, aunque este «Nosotros» no lo expresa plenamente, porque también es un «Otro» de la misma naturaleza en relación con ellos. «Él es el amor entre el Padre y el Hijo, pero de tal manera que es al mismo tiempo su fruto (y por tanto su testigo)»[202]. Balthasar añade luego con más precisión: «El Espíritu es al mismo tiempo la expresión de lo que hay de más "subjetivo" en el amor divino y el testigo "objetivo" de este amor subjetivo entre el Padre y el Hijo»[203].

Una via para profundizar en el vínculo concreto entre el Espíritu y la Iglesia es analizar la relación entre el Espíritu Santo y las multiformes expresiones del Cuerpo de Cristo que se aplican a Jesús, la Eucaristía y la Iglesia. Los Evangelios dan testimonio de que el Verbo encarnado fue concebido por el Espíritu Santo y estuvo acompañado por él durante toda su encarnación, hasta su muerte en la cruz y su resurrección. La teología también ha entendido que la corporeidad de Cristo no se disolvió con su resurrección, sino que se transfiguró y consolidó de tal modo que pudo prolongarse en forma eucarística e incluso eclesial. Estas diferentes acepciones del Cuerpo de Cristo expresan la unidad del misterio de la Alianza, garantizada por la presencia y la acción del Espíritu Santo. Yves Congar escribe: «El mismo y único Espíritu actúa en las tres realidades que llevan el mismo nombre de Cuerpo de Cristo, y que están unidas dinámicamente —por su dinamismo—: Jesús, nacido de María, que padeció, murió, resucitó y fue glorificado, el pan y el vino *eucaristizados* y el Cuerpo *comunional* del que somos miembros»[204].

La secuencia de los tres cuerpos (Jesús, la Eucaristía, la Iglesia), distintos pero unificados por el Espíritu Santo en concierto con Cristo glorioso, constituye el marco sacramental fundamental del misterio de la encarnación total del Amor trinitario; la Iglesia no cesa de meditar y profundizar este misterio para comprender su naturaleza y su misión universal. Para ello, puede inspirarse en la tradición medieval explorada por el Padre de Lubac: «Más allá de la unidad institucional accesible a cualquier observador, la fe ha reconocido en ella (la Iglesia), desde san Pablo, una unidad

---

[202] *Ibid.*, p. 13.

[203] *Ibid.*, p. 134.

[204] Y. CONGAR, *Je crois en l'Esprit Saint. III- Le fleuve de Vie coule en Orient et en Occident*, Paris, Éd. du Cerf, 1980, p. 340-341.

interna. Le asignó un misterioso principio de vida: el mismo Espíritu de Cristo. Esta fue la enseñanza de la *lex orandi*, retomada una y otra vez por los teólogos[205]»[206].

La teología latina es heredera de la tradición alejandrina, que destaca la visión del *logos-sarx* como fundamento de la Eucaristía, subrayando la causalidad del logos divino unido a la carne del Verbo encarnado. La tradición antioqueña tiene más en cuenta el papel del Espíritu Santo en relación con la realidad del cuerpo de Cristo, tanto por lo que respecta al proceso de encarnación como a su transformación sacramental. Santo Tomás sintetiza las dos perspectivas, aunque favorece el enfoque alejandrino. La clave de una síntesis satisfactoria reside en articular la relación entre el Verbo y el Espíritu según sus misiones respectivas y complementarias, que dependen de su orden de procesión en la Trinidad inmanente.

Ya he comenzado a estudiar el misterio de la Iglesia desde el punto de vista del Espíritu Santo en la teología del sacerdocio[207], debemos llevar ahora esta reflexión a su punto crucial para la eclesiología sacramental: la celebración eucarística como misterio de la Alianza, que reúne al Dios Trino y a su imagen creada, la Iglesia, por mediación del Verbo encarnado. Él entrega su Cuerpo como símbolo real de su Persona a la Iglesia, que lo acoge en la fe y se deja impregnar por su Espíritu, convirtiéndose así en un solo Cuerpo con Él en un misterio nupcial sin analogía. Este misterio sacramental nos invita a mirar más de cerca cómo actúa el Espíritu Santo en los sacramentos, y más especialmente en la Eucaristía. ¿Acaso el Espíritu Santo no está presente a ambos lados del acontecimiento sacramental, es decir, del lado de la presencia objetiva del Cuerpo de Cristo y del lado de la fe de la Iglesia, que acoge y se deja fecundar por el don de Dios?

Además, la situación antropológica actual exige una teología sacramental más abierta a la dimensión simbólica y más amplia que la noción es-

---

[205] Hugues de Saint-Victor (PL, 176, 416); Isaac de l'Étoile (PL, 194, 1801). Voir Fulgence, *Ad Monimum* (PL, 65, 189 C); Cardinal Humbert (*Libelli de lite*, t. 1, p. 235).

[206] H. de Lubac, *Corpus Mysticum…*, p. 103: «*Ecclesia sancta corpus est Christi, uno Spiritu vivificata (…) Ecclesia sancta, id est, universitas fidelium, corpus Christi vocatur propter Spiritum Christi quem accepit*».

[207] M. Ouellet, «L'Esprit Saint et le sacerdoce du Christ dans l'Église», en Card. M. Ouellet (dir.), *Pour une théologie fondamentale du Sacerdoce*, Actes du Symposium du Centre de Recherche et d'anthropologie des vocations, Rome, 17-19 février 2022, Paris, Éd. du Cerf, 2023, p. 115-133.

colástica del signo. El desarrollo del símbolo nupcial, por ejemplo, es un recurso importante para la teología, pero también una ayuda preciosa para la evangelización. He dedicado muchas energías a esta investigación en mis trabajos anteriores, convencido de que este símbolo bíblico y patrístico puede asumir útilmente en nuestro tiempo el papel que el hilemorfismo ha desempeñado desde la Edad Media. Animado por san Juan Pablo II, he llegado al convencimiento de que el símbolo nupcial, a pesar de todas las presiones y confusiones culturales, puede servir de catalizador para superar la desafección actual hacia los sacramentos y proponer un rostro de la Iglesia más atractivo para la evangelización. No pretendo ofrecer una nueva monografía sobre este tema, que se añada a lo que ya he publicado sobre la teología del matrimonio y de los sacramentos[208], pero quisiera llevar aquí mi propia reflexión a un nivel superior de síntesis y unidad. La experiencia pastoral y la investigación en este campo me han llevado a una visión trinitaria, pascual y nupcial, que quisiera resumir aquí. Se trata de una secuencia un tanto técnica, pero el esfuerzo merece la pena porque el resultado es una visión de conjunto fecunda para la vida espiritual y para el trabajo pastoral.

Perspectiva sistemática

Introduciré la parte sistemática de mi exposición con una cita de *Lumen gentium* 48, que establece la esencia de lo que estoy diciendo:

> Porque Cristo, levantado sobre la tierra, atrajo hacia sí a todos (cf. Jn 12,32); habiendo resucitado de entre los muertos (Rm 6,9), envió sobre los discípulos a su Espíritu vivificador, y por El hizo a su Cuerpo, que es la Iglesia, sacramento universal de salvación; estando sentado a la derecha del Padre, actúa sin cesar en el mundo para conducir a los hombres a la Iglesia y, por medio de ella, unirlos a sí más estrechamente y para hacerlos partícipes de su vida gloriosa alimentándolos con su cuerpo y sangre.

La identidad trinitaria y sacramental de la Iglesia procede del Espíritu que procede del Padre (Jn 15,26) y está enraizada en el don histórico y escatológico de Jesucristo; Él se encarnó, como Verbo de Dios, en una existencia humana ordinaria que concluyó con su testimonio profético y

---

[208] M. OUELLET, *Divine ressemblance. Le mariage et la famille dans la mission de l'Église*, Québec, Anne Sigier, 2006; *Divina somiglianza. Antropologia trinitaria della famiglia*, Lateran University Press 2004; *Mystère et sacrement de l'amour...*, especialmente la tercera parte: «Trinité et nuptialité. Pour une théodramatique eucharistique du mystère nuptial», pp. 225-352.

su ofrenda sacrificial «de una vez por todas», *pro nobis*, en la Cruz; una ofrenda de Amor que fue aceptada por el Padre y glorificada por la fuerza del Espíritu Santo que lo resucitó de entre los muertos. Como resultado, el rostro trinitario de Dios se manifestó en el escenario mundial, mediante la exaltación de este Hombre a la derecha del Padre y el envío del Espíritu Santo como Defensor, Consolador, Paráclito encargado de llevar a su conclusión escatológica la fecundidad de la Cruz de Cristo para la salvación del mundo.

A partir de la resurrección, el Espíritu Santo entra en escena según su hipóstasis, y su relación anterior con Cristo se invierte, pues es él quien toma ahora el relevo para conducir a los creyentes a *toda la verdad* (Jn 16,13). Hasta entonces, el Espíritu había acompañado discreta y activamente al Verbo encarnado, sirviéndole de mediador para que pudiera vivir su obediencia amorosa al Padre[209] en toda la verdad humana y divina; ahora toma en sus manos la continuación de la encarnación del Verbo según un modo nuevo, sacramental, que será el modo propio, eclesial, del Espíritu Santo en la economía de la salvación. La Iglesia, como realidad sacramental, nace de esta misión del Espíritu Santo, que preside la constitución de su sacramentalidad. Compañero inseparable del Verbo encarnado, el Espíritu preside el bautismo-confirmación que constituye el Cuerpo eclesial de Cristo; además, «fluidifica» el cuerpo y la sangre de Cristo muerto y resucitado para hacer de ellos un alimento asimilable por los creyentes y configurar así el crecimiento del Cuerpo eclesial.

Al hacerlo, el Espíritu Santo no se expone, por supuesto, como protagonista autónomo, sino que, de acuerdo con su propiedad personal, su

---

[209] Véase H. Urs von Balthasar, *La Dramatique divine. II…*, p.119-207; p. 160: «Gracias a la identidad de la persona y de la misión, el drama del mundo se convierte por primera vez realmente en el drama divino. Pues esta identidad solo es posible si la persona enviada recibe su misión no accidentalmente, sino como modalidad de su misma persona eterna, de modo que si, una vez más con Tomás, la *missio* del Hijo es la figura económica de su *processio* eterna desde el Padre. Esta *missio* del Hijo lleva consigo la *missio* del Espíritu en un doble sentido: primero el Espíritu es enviado por el Padre al Hijo encarnado; luego el Espíritu es enviado por el Padre y el Hijo exaltado a la Iglesia y al mundo». Esto puede verse también a la luz de la discutida expresión del autor sobre la inversión trinitaria; véase p. 152: «Lo que se ha llamado 'inversión' es en el fondo solo la 'inversión' de la Trinidad inmanente en la 'economía', en la que la 'correspondencia' del Hijo al Padre se articula como 'obediencia'».

ser «Persona de Personas»[210], toma lo que es de Cristo y del Padre para completarlo, para hacerlo visible y operativo en la Iglesia, cuya identidad y misión sacramental deben reflejar y encarnar el Amor trinitario hasta el final escatológico de la economía de la salvación.

El punto de inflexión que marca su *entrada personal en escena a su manera* es la resurrección de Cristo, donde viene como procedente del Padre para confirmar en su Nombre y con su Poder a este Hijo del Hombre que no puede permanecer prisionero de la muerte y del Hades, pues ha vencido al pecado y a la muerte por su obediencia amorosa hasta la muerte. Debe ser confirmado como Hijo de Dios con poder mediante el Espíritu de santidad (Rom 1,4). Por tanto, obra en plena lógica trinitaria resucitando a Cristo de entre los muertos y exaltándolo a la diestra del Padre que está en los cielos. De ahí el axioma fundamental que rige la neumatología, tal como yo la veo: *el momento de la resurrección de Cristo en la economía de la salvación es la manifestación económica del momento de la procesión del Espíritu Santo en la Trinidad inmanente.* La secuencia de acontecimientos de la encarnación del Verbo conduce, de hecho, al misterio pascual de Cristo, cuyo fruto es la efusión del Espíritu Santo, el *Espíritu de Verdad*, término intratrinitario de la genealogía de las Personas divinas y coronación de la encarnación del Amor trinitario en la economía.

El Espíritu del Resucitado pone el sello final de la Trinidad en el proyecto de la Alianza. Manifiesta su fecundidad dejándose derramar como *Donum Dei* y *Donum doni* sobre su compañero creado, resucitándolo de entre los muertos y exaltándolo a la derecha del Padre. La Trinidad como acontecimiento de Amor eterno establece así su última etapa de donación y manifestación en la economía. Es la etapa nupcial que inaugura las bodas del Resucitado como Esposo escatológico con su Esposa, la Iglesia, gracias al Espíritu Santo derramado; consiguientemente, es Él que asume luego la tarea de anunciar el Evangelio de Dios en la Iglesia y que obra para consumar las bodas de la Iglesia-Sacramento protesa existencialmente hacia la plenitud escatológica del Reino.

---

[210] Véase H. MUHLEN, que extrae de la encíclica *Mystici corporis* la base de su tesis sobre el Espíritu Santo como «una persona (un Espíritu) en varias personas (en Cristo y en nosotros)». Según él, «la enseñanza más importante y la que se expresa con más fuerza en la Encíclica es que el Espíritu increado de Cristo es el principio unitario en la pluralidad de las personas-miembros de la Iglesia» (*Una mística persona...*, p. 93).

El Espíritu Santo aparece aquí, paradójicamente, a la vez como operador de la resurrección de Cristo y como fruto del misterio pascual. Se le había dado a Jesús a lo largo de su encarnación como Espíritu del Hijo, impregnándole de gracia y de fuerza y habitando en lo más íntimo de su naturaleza humana para que pudiera cumplir fielmente su misión hasta el final. Ahora el Espíritu le ha sido dado en plenitud (Jn 7,37), fluyendo sobre él con poder como el Espíritu del Padre que lo resucita de entre los muertos y confirma Quién es, dándole así acceso no solo a su gloria divina en su carne, sino también a una plenitud de humanidad que ahora trasciende los límites del tiempo, el espacio y las capacidades que conocemos.

A partir de ese momento, el *Eschaton* se hace presente en la historia como una irrupción del Reino que trasciende la cronología de la creación al asignarle el fin glorioso hacia el que tiende toda la economía de la salvación. La misión del Espíritu Santo es realizar este Reino en todos los elegidos, junto con Cristo glorioso, mediante el Don de su propia Persona, que corona la obra del Hijo encarnado. De ahí el orden sacramental de la Iglesia, que prolonga la encarnación del Verbo de modo neumatológico, con los siete sacramentos cuya tarea es articular el Cuerpo de Cristo que es la Iglesia en modo de alianza, para que el encuentro nupcial entre la Trinidad y la humanidad se realice en la celebración eucarística como advenimiento inaugural del Reino. En esta actividad sacramental en sentido estricto, que fundamenta la sacramentalidad más amplia de la comunidad eclesial, la misión del Espíritu es siempre glorificar al Padre y al Hijo en su propia obra, perfeccionándola y entregándose a ella como su último Fruto y supremo Don.

Así pues, el Espíritu Santo toma los elementos de la creación —agua, pan, vino y aceite— y, por medio de las palabras sacramentales, los inviste de su presencia y de su virtud, de modo que estos elementos producen efectos que ya no dependen de su propia naturaleza, sino del Espíritu que habita en ellos. Hay que señalar, sin embargo, que antes del uso sacramental de estos elementos materiales, el Espíritu previó la recepción del Don último que Él es, al potenciar exponencialmente la fe de la Iglesia Esposa mediante la participación de la Virgen María en la pasión del Redentor. Ya había garantizado su *fiat* al misterio de la Encarnación en la Anunciación. Había anticipado su participación en la economía sacramental mediante su papel maternal en Caná. Prolongó su *fiat* incondicional al pie de la Cruz, fecundándolo de nuevo con la muerte del Verbo, su Hijo, extendiendo así su maternidad espiritual a toda la humanidad. Como Nueva Eva, María precede en cierto modo a la economía sacramental, ya que es su Madre por su perfecta disponibilidad al Espíritu Santo, que la asoció a todo el Amor sufriente del Redentor. Este matrimonio de sangre fue sellado por el último aliento del Crucificado, preludio del Don del Espíritu, que Cristo resucitado insuflaría después sobre los Apóstoles para la remisión de los pecados y la configuración de toda la economía sacramental, desde los siete sacramentos hasta la Iglesia-Sacramento, que irradia la comunión trinitaria en toda la comunidad humana hasta la plenitud del Reino.

La economía sacramental encaja así en la perspectiva mariano-nupcial en la extensión de la encarnación del Verbo y su glorificación. Cristo Señor ejerce su señorío sobre el universo desde su trono celestial, que nunca abandona su Cruz terrena en el pasado, pues nada de lo que Cristo vivió y padeció se ha perdido; todo está glorificado, es decir, conservado, eternizado, elevado a la Gloria del Reino escatológico. Por eso, la memoria del Espíritu puede tomar de su bien siempre disponible y distribuirlo a la Iglesia, bajo una forma distinta, pero no menos real y sustancial. La Eucaristía es la demostración más clara de ello.

Al recordar el misterio pascual, el Espíritu Santo toma las palabras y los gestos del Maestro en su última cena pascual y los reviste de su propio poder, que confirma la autoridad propia de Cristo; de hecho, la completa universalizando la eficacia querida por Él de sus palabras divinas pronunciadas de una vez para siempre. En efecto, la finalidad de estos gestos y palabras de la institución de la Eucaristía es precisamente la comunión con Cristo en el Espíritu, que resulta del hecho de que los creyentes coman su Cuerpo crucificado y resucitado. La acción sacramental del Espíritu Santo permite también que estos gestos y palabras, pronunciados una vez para siempre, conserven su valor único por la identificación que Él puede hacer entre lo escatológico, el Misterio pascual, y lo específico puntual, el rito eucarístico en todas sus formas culturales y culturales en todos los altares del mundo desde la Última Cena hasta la Parusía.

Ciertamente, el Espíritu ejerce su propia acción al hacer *memoria* del Don de Cristo en forma sacramental, pero su primera aportación consiste en suscitar la fe del receptor, sin la cual la realidad sacramental, como la Palabra, caería en el vacío. El Espíritu es doblemente receptivo en la Trinidad inmanente; acoge eternamente la Palabra de Amor que recibe del Padre. Su primera misión en la economía es prolongar esta acogida y este abrazo en la conciencia de los creyentes, introduciéndoles así en el misterio de la Alianza. En el bautismo, plasma la adhesión del creyente a la palabra del Señor y a su muerte-resurrección, que implica la abnegación y el compromiso de vivir para el Señor. Por la Eucaristía, afina la configuración de toda la vida de los fieles a Cristo crucificado mediante el don de la caridad activa que edifica la comunidad.

También da carismas especiales a los miembros del Cuerpo de Cristo, cada uno según su vocación y misión al servicio de la comunidad. Este modo subjetivo de animar la comunión en la Iglesia mediante la fe y el amor corresponde a su modo personal de amar en la Trinidad, que es el de una receptividad fecunda y radiante que ahora comparte con todos en perfecta armonía con el don objetivo de Cristo Señor. Esta efusión explicita cómo la comunión trinitaria hace la unidad del pueblo de Dios; no es un vago modelo de comunión construido por nosotros bajo la presión de una cultura democrática, es una auténtica comunión divino-humana compartida en las almas e incluso en las estructuras y relaciones eclesiales.

Por eso tenemos que decir que toda la estructura sacramental de la Iglesia, desde el bautismo hasta el último viático, tiene como finalidad configurar la identidad trinitaria de la Iglesia, de cada uno de sus miembros y de su comunión última, esponsal y misionera. Puesto que la cúspide de todo el orden sacramental es la celebración de la Eucaristía, que no es un sacramento entre otros, sino la suma de todos los sacramentos, por así decirlo, nos queda por aclarar aun mas su muy particular contribución a la constitución de la Iglesia. Si es cierto que el bautismo precede a la Eucaristía y funda la fe como pertenencia al Cuerpo eclesial, esta pertenencia queda incompleta mientras el bautizado no ejerza el sacerdocio al que tiene derecho, mientras no participe personal y espiritualmente en la verdadera adoración, en la ofrenda sacrificial de Cristo a su Padre, por la Nueva y Eterna Alianza de toda la humanidad.

Esta participación eucarística hace que la sed de la humanidad sufriente se eleve hasta Dios y, a cambio, hace descender sobre ella la efusión de la comunión del Padre y del Hijo en el Espíritu. De este modo, la celebración eucarística no solo sirve a la finalidad de la comunión y de la unidad eclesial, sino que revela también el carácter universal de esta comunión y, en consecuencia, dinamiza la misión universal de la Iglesia. En efecto, ¿no es la finalidad primera y última de esta misión universal obtener la efusión del

Espíritu Santo sobre toda la humanidad en virtud de la ofrenda eucarística del misterio pascual?

La Eucaristía contiene, pues, todas las dimensiones de la identidad eclesial, la remisión de los pecados, la santificación de los miembros del cuerpo eclesial, la intensificación de la caridad y, por tanto, de la unidad, pero también esa proyección hacia el resto de la humanidad que aún espera el Evangelio. En definitiva, es la cumbre de la evangelización. Todos estos efectos de la celebración del Misterio Pascual en su forma eucarística descansan, sin embargo, en la efusión de la Persona del Espíritu Santo, Gracia increada, que comunica a la Iglesia-Comunión su propia identidad de Persona-Comunión.

¿Quién es la Iglesia?

El paso de la comunión trinitaria a la comunión eclesial a través de la comunión eucarística nos invita ahora a plantearnos otra pregunta que pondrá de relieve la cualidad trinitaria de la unidad de la Iglesia. Se trata de la cuestión de la Iglesia como persona. ¿Quién es la Iglesia? Von Balthasar formuló esta pregunta y la trató en profundidad, dando una respuesta que a muchos les parece oscura, sobre todo por la dimensión mariana de su eclesiología. El teólogo de Basilea sostiene que, por el lado de la Gracia increada, el Espíritu Santo asegura que la comunidad eclesial participe de la unidad trinitaria, según la bella expresión de san Ignacio de Antioquía recogida por *Lumen gentium* 4. Pero si nos preguntamos por la dimensión creada de la persona de la Iglesia, él ve en la Virgen María, a la que me he referido antes, la «subjetividad incoativa»[211] de la Iglesia, que incluye su relación con la totalidad de los miembros por su papel de Esposa del Cordero inmolado y Madre de la Iglesia. También el cuerpo eucarístico resulta de su maternidad en el orden de la gracia, porque quienes, por ministerio, contribuyen a la realización del sacramento, lo hacen en virtud de la fe que reciben del Espíritu Santo y de María, mediadora de toda gracia, asociada a la plenitud del Redentor. Dicho esto, la unidad de la Iglesia que procede de la Eucaristía es dinámica, unitiva y misionera, porque el Espíritu Santo derramado en cada celebración asegura la vitalidad permanente del cuerpo

---

[211] H. Urs von Balthasar, *Qui est l'Église ?* en *Sponsa Verbi, Skizzen zur Theologie II,* 1965, p. 148-202 ; en fr., Paris, Parole et Silence, 2000, p. 116 s. Véase también *La Dramatique divine, II. Les personnes du drame. 2. Les personnes dans le Christ*, p. 255-288; en fr. p. 283 s.

eclesial, la armonía entre pastores y fieles, la regeneración de las estructuras, la eflorescencia de los carismas, la pasión misionera, la tensión escatológica hacia una plenitud que ya está contenida en el misterio celebrado, pero que es progresivamente apropiada por el cuerpo eclesial hasta la parusía final.

¿Quién es la Iglesia? Como pueblo, es un colectivo unificado por la Trinidad; como Cuerpo de Cristo, es una con su Cabeza divino-humana; como Esposa del Cordero, se distingue por un Amor nupcial tanto más unificador cuanto que se obtuvo al precio de su total compasión con el Sacrificio del Esposo Redentor; como Templo vivo del Espíritu Santo, se extasía por encima de sí misma en una oleada de adoración al Padre por Cristo y en el Espíritu. En resumen, ningún símbolo real de la Iglesia expresa adecuadamente su personalidad; no se la puede hipostasiar como si fuera la hipóstasis del Espíritu Santo en paralelo y en reciprocidad con el Verbo encarnado; hay que expresarla en términos personales, pero reconociendo que su nombre es Misterio, porque el Espíritu que la abraza, la habita y la anima, lleva consigo al Padre y al Hijo en una circumincesion que hace de ella un Nosotros supra personal, una personalidad indefinible pero impregnada del Misterio del Amor[212]. El papel especial del Espíritu Santo en este sentido es que perfecciona[213] y glorifica, garantizando así la parte del Padre y del Hijo dentro de su propia causalidad. Baltasar escribe: «El Hijo lo da al mundo como 'su' Espíritu (el Espíritu de obediencia amorosa en la Iglesia que clama en ella como Espíritu del Hijo: 'Abba, Padre') y como don trinitario que ahora es inseparablemente el Espíritu del Padre y del Hijo, y puede convertirse así en la fuerza que unifica a la Iglesia»[214].

En palabras de san Ireneo, las dos manos del Padre, el Verbo y el Espíritu, tienen la misión de trabajar juntas y en perfecta sintonía para realizar el sacramento por excelencia, que es el único que puede transformar al pueblo de Dios en un pueblo sacramental, sacerdote, profeta y rey, portador de salvación. Del mismo modo, el hecho de que el Espíritu tenga un papel que desempeñar en la unión hipostática no oscurece la pertenencia inmediata al Verbo de la naturaleza humana concreta de Jesús; por el con-

---

[212] Véase H. Urs von Balthasar, *Qui est l'Église?...*, p. 102-112; A. Scola, *Chi è la Chiesa?...*, p. 54 s.;p. 133 s.

[213] Véase Jean-Paul Lieggi, «*Lo Spirito 'causa perfezionante. Su alcuni tratti della pneumatologia dei Cappadoci*», dans Associazione Teologica Italiana, *Tempo dello Spirito. Questioni di pneumatologia*, Milano, Glossa, 2020, p. 107-131.

[214] H. Urs von Balthasar, *La Théologique III…*, p. 286.

trario, garantiza la adaptación respetuosa y adecuada de esta naturaleza a su pertenencia cristica del todo singular[215]. Del mismo modo, el hecho de que el Espíritu Santo sea el Maestro del orden sacramental no disminuye en modo alguno la causalidad propia del Verbo encarnado, sino que contribuye a su actualización (Memorial) y a su perfección en armonía con el modo de existencia de Cristo resucitado. Este último actùa desde entonces según su identidad divina, plenamente unido a su naturaleza humana glorificada, que tiene al Espíritu Santo como compañero trinitario indispensable para una acción más amplia y propiamente sacramental. Porque, en el marco del plan trinitario, es Él, el Agente Último y el Fruto, quien tiene la misión de unir lo que es distinto, de universalizar lo que es único, de reunir lo que está disperso. Cristo se entregó totalmente a este Compañero, hasta dejarse disponer de manera eucarística para la edificación de su Cuerpo eclesial.

Por último, esta perspectiva neumatológica concilia las posiciones divergentes para dar mejor cuenta de las verdades de la fe en el ámbito sacramental. El aspecto sacrificial de la Eucaristía, por ejemplo, que ha dado lugar a muchas teorías insatisfactorias de la Misa como sacrificio, recibe una explicación sencilla y dcisiva que integra la acción del Espíritu Santo y el alcance de la resurrección. En efecto, la resurrección de Cristo se efectúa por obra del Espíritu Santo (Rom 1,4), que salvaguarda así su sustancia corporal, elevándola a un grado superior y según un modo de sustancialidad acrecentado, que debe llamarse neumático. Este modo sustancial del Cuerpo resucitado es la base de la posibilidad de la transubstanciación sacramental, a la que contribuye el Espíritu Santo *memorializando* las palabras de Cristo pronunciadas por el ministro. Este memorial objetivo del misterio pascual incluye el sacrificio de la cruz, porque en la resurrección de Cristo no se trata solo del paso de su cadáver a la resurrección, sino que se recapitula toda su historia humana, glorificando su Cuerpo y todo lo que vivió, culminando en su sacrificio pascual y nupcial.

La implicación del Padre y del Espíritu Santo en la resurrección de Cristo nos permite entenderla no como una mera modificación accidental del Cuerpo natural de Cristo, un poco más que un retorno a la vida, por así decirlo, sino como un salto cualitativo, un aumento de sustancialidad, debido

---

[215] W. Kasper, *Jésus le Christ*, Paris, Éd. du Cerf, 1977, «Cogitatio Fidei», p. 380: «La santificación de la humanidad de Jesús por el Espíritu y por sus dones no es solo una consecuencia accidental de la santificación por el Logos en virtud de la unión hipostática, sino que es, a la inversa, la condición de la misma».

a la plenitud del Espíritu que luego se le comunica (Jn 7,37). Acogiendo la plenitud de su unción, Cristo pasa entonces, por así decirlo, en la esfera del Espíritu. En este pasaje lleva consigo toda su vida, y especialmente su sacrificio de la Cruz, que es elevado a un nuevo coeficiente de realidad por su glorificación. De modo que nada de la vida y de la historia de Cristo se ha perdido, todo es elevado, consolidado, eternizado, por su glorificación. De lo contrario, la devoción al Corazón de Jesús no tendría sentido, y tampoco la devoción al Niño Jesús. Ni siquiera la devoción a la Pasión, tan extendida en la tradición eclesial.

De lo contrario, la vida sacramental de la Iglesia carecería de fundamento, la Misa sería una reproducción ritual pictórica de un sacrificio incrustado en el pasado y garantizado solo por una causalidad divina trascendente aplicada arbitrariamente. En cambio, el sacrificio eucarístico es, en efecto, la puesta a disposición por el Espíritu Santo del acontecimiento único de la cruz, que es glorificado definitivamente en el Resucitado a la derecha del Padre y que viene puesto a disposición de los creyentes para asimilarlos y ser asimilado por ellos mediante el *memorial* de los ritos sacramentales.

Conclusión

¿Quién no ve la importancia de estas consideraciones neumatológicas para la espiritualidad de los fieles, la devoción popular, la pastoral de los sacramentos y la de la Eucaristía en particular? El Espíritu Santo es el Artesano y Artista de nuestra unión con Cristo Jesús, de nuestra adoración a su Cuerpo Eucarístico, de nuestra pertenencia a su Cuerpo eclesial y de nuestro compromiso en el testimonio de la comunión trinitaria en la tierra de los hombres. Sin él, la fe, la teología, la pastoral y la Iglesia carecen del aliento creador y apostólico para dar vida y esperanza al mundo. Gracias a él, la comunidad de los bautizados se hace una con su Cristo Cabeza, los ministros se esfuerzan por servirle la Palabra y las fuentes de vida que son los sacramentos, todos son gratificados y se hacen conscientes y responsables de un carisma personal para la edificación y misión de una Iglesia sinodal.

La perspectiva que acabamos de esbozar ilumina la naturaleza sacramental de la Iglesia desde la comunión trinitaria que prolonga el misterio de la encarnación según la modalidad nupcial propia del Espíritu Santo. El resultado es una visión armoniosa e integrada de las dimensiones mistéricas y sociales de la Iglesia, articulada sobre la Eucaristía e imantada por

Cristo resucitado, el Esposo escatológico. Queda por detallar estas articulaciones mostrando las relaciones de complementariedad y comunión entre
el sacerdocio de los bautizados y el sacerdocio de los ministros ordenados,
siempre desde una perspectiva neumatológica, al servicio de la misión universal de la Iglesia. Mi esperanza es que donde hay una ruptura con la fe
y los sacramentos, como es el caso en gran medida en nuestras sociedades
secularizadas, el Espíritu Santo libere un nuevo soplo kerigmático en el corazón de pastores, profetas, teólogos y catequistas, inspirado por las bodas
eucarísticas de la Trinidad y de la humanidad en el corazón de la Iglesia,
Sacramento de Salvación.

Distinción y comunión entre el sacerdocio de los bautizados y el sacerdocio de los ministros

Introducción

Es difícil exagerar la importancia y el significado del concilio ecuménico Vaticano II para la transformación misionera de la Iglesia en nuestro tiempo[216], que cuenta entre sus piezas centrales con una renovada teología del sacerdocio[217]. En primer lugar, se ha desarrollado la cuestión de la sacramentalidad del episcopado, incluida la colegialidad episcopal, que ahora permite enmarcar y resituar la visión católica del sacerdocio; en segundo lugar, la apertura ecuménica y la experiencia de los numerosos diálogos permitieron el enriquecimiento mutuo gracias a las perspectivas complementarias. Algunos acuerdos lo demuestran claramente y ofrecen esperanzas de nuevos avances[218].

---

[216] Conferencia pronunciada en Suiza para el Freundkreis Hans Urs von Balthasar, 2 de diciembre de 2023.

[217] Véase Juan ESQUERDA BIFET, *Teologia de la espiritualidad sacerdotal*, BAC, Madrid 1976, con una extensa bibliografía internacional anotada cap. XIV, p. 314-368; RAPPORT DE LA COMMISSION INTERNATIONALE DE THÉOLOGIE, *Le ministère sacerdotal*, Paris, Éd. du Cerf, 1971; Gustave MARTELET, *Théologie du sacerdoce. Deux mille ans d'Église en question*, Paris, Éd. du Cerf, 1984-1990; Gisbert GRESHAKE, *Priester sein*, Fribourg, Herder Verlag, 1991; J. RATZINGER, *Kunder des Wortes und Diener eurer Freude*, Gesammelte Scriften 12, Fribourg, Herder Verlag, 2010; Miguel NICOLAU, *El Episcopado en la constitucion «Lumen gentium»*, en *Salmanticensis* 12, 1965, p. 451-507; Giuseppe RAMBALDI, *Natura e missione del Presbiterato nel decreto «Presbyterorum Ordinis»*, en *Gregorianum* 50, 1969, p. 239-261; Joseph COPPENS (dir.), *Sacerdocio y Celibato*, Madrid, Biblioteca Autores Cristianos, 1971; Gerhard Ludwig MULLER, *Priestertum und Diakonat*, Einsiedeln, Johannes Verlag, 2000 ; CARDINAL M. OUELLET, *Amis de l'Époux*, Paris, Parole et Silence, 2019, publicado en siete idiomas; Martin TROUPEAU, *L'unité du sacrement de l'ordre dans la réforme des ordinations de 1968*, LQF, Münster, Aschendorff Verlag, 2022 ; Romano PENNA, *Un solo corpo. Laicità e sacerdozio nel cristianesimo delle origini*, Frecce Roma, Carocci editore, 2020.

[218] Véase W. KASPER, *Harvesting the fruits. Basic aspects of christian faith in ecumenical dialogue*, New York, Continuum, 2009; Nicholas LOSSKY, Jose Miguez BONINO, John POBEE, Tom STRANSKY, Geoffrey WAINWRIGHT, Pauline WEBB, *Dictionary of the ecumenical movement*,

Por ejemplo, la restauración del sacerdocio común de los bautizados (*LG* 10) ofrece un camino de acercamiento a nuestros hermanos protestantes, mientras que un avance neumatológico y trinitario bastante notable en el Concilio tiende puentes hacia las tradiciones orientales, ortodoxas o no. A este compromiso ecuménico del Concilio debe responderse con la paciente búsqueda de la reconciliación de las diferencias, para responder a la oración del Senor por la unidad de sus discípulos (Jn 17), y a los actuales desafíos misioneros del cristianismo frente a los fenómenos de secularización y de reprogramación científica del *homo technicus*.

Mi contribución a esta investigación explora la relación entre el Espíritu Santo y el ejercicio del sacerdocio en la Iglesia. Me interesa de modo concreto y preciso la afirmación conciliar sobre la participación diferenciada de los bautizados y de los ministros ordenados en el único sacerdocio de Cristo. Esta afirmación necesita una perspectiva neumatológica para justificar la diferencia de naturaleza, y no solo de grado, entre estas dos participaciones. De ahí la articulación de mis observaciones en dos puntos principales: (1) algunos puntos preliminares sobre el Espíritu Santo y el sacerdocio de Cristo; (2) la integración neumatológica y trinitaria de las dos participaciones en el sacerdocio de Cristo en la Iglesia.

El desafío de esta profundización no es justificar una posición confesional, sino abrir una perspectiva eclesiológica que permita superar las divergencias entre las confesiones. Además de esta intención ecuménica, es necesario ayudar a superar los conflictos y las tensiones negativas que a veces se manifiestan en la práctica de los ministerios en el campo pastoral. Nuestro ensayo ofrece una visión eclesiológica que tiene como objetivo evitar polarizaciones estériles e integrar positivamente los carismas diversos y complementarios que son dados por el Espíritu Santo, de modo particular para la realización de una Iglesia más sinodal.

Ginevra, World Council of Churches, 2002; Jeffrey Gros, Harding Meyer, William G. Rusch (dir.), *Growth in Agreement II: Reports and Agreed Statements of Ecumenical Conversations on a World Level 1982-1998*, Eerdmans Pub Co, 2000; Carlo Lorenzo Rossetti, *Uniti Nel Nome Del Padre. Una Chiave Per La Comunione Tra Cattolici E Ortodossi Sullo Spirito Santo E Il Primato Del Papa*, Siena, Edizioni Cantagalli, 2021.

El Espíritu Santo y el Sacerdocio de Cristo

Comencemos por evocar la estructura trinitaria del sacerdocio, que se explicará más adelante y que se puede identificar en la figura de Cristo, Sumo Sacerdote de la Nueva Alianza; Se puede reducir a tres aspectos fundamentales: la ofrenda, la mediación y la comunión. El Espíritu Santo aparece de manera muy explícita en el aspecto de la comunión, según su hipóstasis en la Trinidad y su propia misión en la economía de la salvación en compañía del Verbo encarnado. No olvidemos, en efecto, que el Espíritu participa en el sacerdocio de Cristo desde el primer momento de su encarnación, ya que el Hijo de Dios fue concebido por el Espíritu Santo, se encarnó de la Virgen María bajo su acción, que luego duró todo el tiempo de su misión terrena.

De este modo, el Espíritu configuró el sacerdocio de Cristo, imprimiendo en su existencia humana los rasgos del Hijo de Dios, haciendo filial su humanidad, no solo como ejemplo para los que creerian en él, sino con la potestad de comunicarles una participación en su propia condición filial. Esto será iniciado por la vida y la predicación de Jesús, pero al final se cumplirá por el don de su Espíritu, el Espíritu del Hijo, como fruto de su muerte y resurrección. Un don que será decisivo para la participación de los discípulos en su sacerdocio, como se desprende del solemne anuncio de Jesús en el Templo: *Si alguno tiene sed, venga a mí, y beba el que crea en mí. Como dice la Escritura: De sus entrañas manaran ríos de agua viva* (Jn 7,37-38). Juan explica que Jesús estaba señalando al Espíritu que habían de recibir los que creyeran en él, porque *aún no había Espíritu porque Jesús aún no había sido glorificado* (Jn 7,39).

El sacerdocio de Cristo está así constituido y configurado por el Espíritu Santo, que participa íntimamente en su encarnación del Amor Trinitario en la historia. Esta participación concierne ante todo a la unión hipostática en la que el Espíritu Santo une las naturalezas divina y humana, sin confusión ni separación, en la Persona del Verbo Encarnado[219]; continúa con el desarrollo histórico y existencial de esta unión (unción, Ireneo) en la misión del Redentor, que se desarrolla bajo el signo de la obediencia

---

[219] Este mismo aspecto se puede expresar con el tema de la unción tan elocuente en Ireneo: «En el nombre de Cristo está implicado el que ungió, el que fue ungido, y la misma unción con la que fue ungido: El que ungió es el Padre, el que fue ungido es el Hijo, y fue ungido en el Espíritu, que es la Unción». (*Adv. Hear.* III, 18, 3).

amorosa hasta la muerte[220]; culmina en el acontecimiento pascual, cuando el Padre, reconociendo la obra de su divino Hijo, lo resucita de entre los muertos por la fuerza de su Espíritu (Rom 1,4). El Cuerpo de Cristo es entonces invadido por la plenitud del Espíritu del Padre, deveniendo resplandeciente de Espíritu Santo, incluso Espíritu vivificante como Sumo Sacerdote que puede llevar a la humanidad reconciliada a la comunión trinitaria.

Para nuestros propósitos, hay que tener en cuenta que el sacerdocio de Cristo, como mediación, implica inseparablemente la participación del Espíritu no solo como su fruto, sino también como su condición de posibilidad. Porque la obediencia amorosa del Redentor es posible por la gracia del Espíritu Santo, que media la voluntad del Padre para él. Esta obediencia soteriológica expresa en la economía su eterna procesión como Hijo del Padre; y la glorificación de Cristo por el Espíritu Santo confirma la divinidad del Hijo encarnado y la perfecta unidad del Padre y del Hijo en la obra común de reconciliar al mundo con Dios. En definitiva, el misterio pascual de Cristo manifiesta la economía trinitaria de la salvación, en la que el Espíritu Santo confirma la fecundidad de la Nueva Alianza a través de su propio otorgamiento, que hace efectiva la participación de la humanidad en la comunión trinitaria. La Iglesia será la manifestación concreta de esto en su forma sociológica de pueblo de Dios, una forma que adquiere significado sacramental por la acción misma del Espíritu Santo, pero siempre realizada de acuerdo con Cristo resucitado, único mediador de la Nueva Alianza[221].

Hablar del sacerdocio de Cristo, por tanto, implica esencialmente tres aspectos fundamentales que emanan de su figura encarnada: la ofrenda, la mediación y la comunión. Jesucristo es el Enviado del Padre a la humanidad para encarnar Su Amor y para ofrecer en cambio el sacrificio de

---

[220] Sto. Tomás de Aquino, *Super Epistolam B. Pauli ad Hebraeos lectura*, cap. IX, l. 3: «La causa por la cual Cristo derramó su sangre fue el Espíritu Santo, por cuyo impulso y movimiento hizo esto, es decir, por el amor a Dios y al prójimo», citado por Antoine Gugenheim, *Jésus-Christ, Grand Prêtre de l'Ancienne et de la Nouvelle Alliance. Étude du commentaire de Saint-Thomas d'Aquin sur l'Épitre aux Hébreux*, Paris, Parole et Silence, 2004, p. 297-299.

[221] Hans Urs von Balthasar construye la tercera parte de su neumatología en el Teológico, III, El Espíritu de la Verdad, inspirado en la visión de Ireneo de Lyon sobre la relación entre el Hijo y el Espíritu: «Las dos manos del Padre» (pp. 159-209); Esta visión articula bien la obra común del Hijo y del Espíritu, cada uno según su hipóstasis: «Las 'dos manos del Padre' son también los auxiliadores por medio de los cuales Él realiza toda la obra del mundo, desde la creación, pasando por la redención, hasta el cumplimiento en Dios» (p. 160).

expiación por los pecados que restaura la comunión de la humanidad con Dios a través del Don Pascual del Espíritu Santo. La estructura trinitaria del sacerdocio se articula por los tres aspectos: la ofrenda es, en primer lugar, la del Padre que da a su Hijo al mundo (Jn 3,16), luego la del Hijo, cuya mediación es asumir nuestra carne pecaminosa para ofrecerla al Padre, redimida, en respuesta a su Amor. El Hijo encarnado obtiene así del Padre la efusión del Espíritu Santo que lo resucita de entre los muertos, absuelve el pecado del mundo y da a los creyentes acceso a la vida eterna del Padre y del Hijo en la comunión del Espíritu.

Esta estructura trinitaria del sacerdocio se realiza a través del misterio de la Encarnación y de la Iglesia, en el que el Espíritu Santo desempeña su propio papel, que aún debemos aclarar y subrayar. En efecto, es necesario hacer explícita la relación tan estrecha entre el Espíritu Santo y la Iglesia, de modo que se ponga de relieve tanto la continuidad con la economía de la Encarnación como la diferencia que resulta de la personalidad misma del Espíritu como misterio de comunión.

La relación fundamental del Espíritu con la Iglesia se describe elocuentemente en el número 4 de la *Lumen gentium*: «El Espíritu habita en la Iglesia y en el corazón de los fieles como en un templo (cf. 1Co 3,16; 6,19); en ellos ora y da testimonio de su adopción filial (cf. Ga 4,6; Rom 8,10-11)». Esta es la perspectiva fundamental que precede en dignidad e importancia a todas las demás manifestaciones del Espíritu; es su testimonio de la adopción filial, que es la base de la misión de la Iglesia; esta Iglesia que el Espíritu anima, santifica, renueva, edifica y dirige «con diversos dones, tanto jerárquicos como carismáticos», embelleciéndola y llevándola «a la unión perfecta con su Esposo». Así, concluye este notable número, la Iglesia universal aparece como «un pueblo reunido en la unidad del Padre, del Hijo y del Espíritu Santo». Sobre la base de esta síntesis neumatológica fundamental, que pone el acento en la adopción filial, en la unidad trinitaria del pueblo de Dios y en la dimensión nupcial de la Iglesia, se está en condiciones de poner de relieve las responsabilidades compartidas del sacerdocio común de los bautizados y del sacerdocio jerárquico de los ministros, de modo que se construya la comunión y estimule la colaboración entre todos para la misión.

Sin embargo, volvamos brevemente a los datos de la Sagrada Escritura sobre el sacerdocio de Cristo como mediación. Aunque el Nuevo Testamento es bastante discreto sobre el sacerdocio, la Carta a los Hebreos retoma el tema sacerdotal en vigor, exaltando el único sacerdocio de Cristo y marcando su diferencia con el sacerdocio externo y ritual de la Antigua Alianza. Cristo, el Sumo Sacerdote del Nuevo Pacto, abre el acceso a Dios en virtud de su propia ofrenda sacrificial al Padre en el Espíritu (Heb 9,14)[222]. La diferencia con el culto antiguo es abismal, pero no debe endurecerse en cuanto a la figura del sacerdote. Santo Tomás de Aquino escribe: «Cristo es la fuente de todo sacerdocio, porque el sacerdote de la Ley Antigua era la figura de Cristo y el sacerdote de la Ley Nueva actúa en su persona»[223]. Además, la Primera Epístola de Pedro aplica la idea sacerdotal al pueblo de la Nueva Alianza[224] y san Pablo retoma la idea del sacerdocio de los fieles en Romanos 12,1[225], así como en la Epístola a los Efesios 4,23-24[226]. Estos son pasajes importantes, pero relativamente excepcionales en los escritos del Nuevo Testamento.

Aunque nuestro marco no permite una exposición de las fuentes bíblicas del sacerdocio de Cristo, mencionemos, sin embargo, algunos lugares clásicos a los que me refiero: el capítulo 12 de la Carta a los Romanos, el capítulo 4 de la Carta a los Efesios y, sobre todo, la Carta a los Hebreos, que es el documento fundamental del Nuevo Testamento sobre el tema.

Dejemos claro, sin embargo, que estos textos nos muestran cómo el sacerdocio de Cristo constituye la articulación principal del plan de amor de la Santísima Trinidad. En efecto, la mediación del Señor incluye la creación del universo, la encarnación del Verbo, el misterio pascual de Cristo, la efusión del Espíritu Santo, el nacimiento de la Iglesia y su crecimiento a

---

[222] El contraste no debe ser endurecido, porque las instituciones de la Antigua Alianza, la profecía, el sacerdocio, la realeza, son realidades positivas, figuras que esperan su cumplimiento en Cristo. La figura del Sumo Sacerdote, en particular, va más allá de la institución levítica y es una prefiguración del Sumo Sacerdote de la Nueva Alianza. Véase A. Guggenheim, *Jésus-Christ, Grand Prêtre de l'Ancienne et de la Nouvelle Alliance...*, cap. 5.

[223] Sto. Tomás de Aquino, *ST*, IIIª, q. 22, a. 4, c.

[224] 1Pe 2,5: *También vosotros, cual piedras vivas, entrad en la construcción de un edificio espiritual, para un sacerdocio santo, para ofrecer sacrificios espirituales, aceptos a Dios por mediación de Jesucristo; 9-10: Pero vosotros sois linaje elegido, sacerdocio real, nación santa, pueblo adquirido, para anunciar las alabanzas de Aquel que os ha llamado de las tinieblas a su admirable luz vosotros que en un tiempo no erais pueblo y que ahora sois el pueblo de Dios, de los que antes no se tuvo compasión, pero ahora son compadecidos.*

[225] Rom 12,1: *Os exhorto, pues, hermanos, por la misericordia de Dios, que ofrezcáis vuestros cuerpos como una víctima viva, santa, agradable a Dios: tal será vuestro culto espiritual.*

[226] Ep 4,23-24: *Os exhorto a renovar el espíritu de vuestra mente, y a revestiros del Hombre Nuevo, creado según Dios, en la justicia y santidad de la verdad.*

través de sus misterios sacramentales, el camino del pueblo sacerdotal hacia el cumplimiento escatológico de todas las cosas en «Dios todo en todos».

El Cántico a Cristo, Soberano del Universo, de la Epístola a los Colosenses resume mejor esta perspectiva sacerdotal (Col 1,12-23): *Él es Imagen de Dios invisible, Primogénito de toda la creación, porque en él fueron creadas todas las cosas (…). Todo fue creado por él y para él (…). Él es también la Cabeza del Cuerpo, de la Iglesia: pues Dios tuvo a bien hacer residir en él toda la plenitud, y reconciliar por él y para él, en la tierra y en el cielo todas las cosas, habiendo establecido la paz, mediante la sangre de su cruz.* Aquí el Apóstol extrae inmediatamente las consecuencias de este misterio para la fe de los fieles, testimoniando su propia participación en este misterio (v. 24), y exigiendo que su estilo de vida sea conforme a la imagen del Hijo de Dios; mientras que en la Epístola a los Efesios, al final de su solemne evocación del designio divino, san Pablo explica la dimensión neumatológica del sacerdocio de Cristo: *En él también vosotros, tras haber oído la Palabra de la verdad, el Evangelio de vuestra salvación, y creído también en él, fuisteis sellados con el Espíritu Santo de la Promesa, que es prenda de nuestra herencia, para redención del Pueblo de su posesión, para alabanza de su gloria.* (Efe 1,13-14) Todo el sacerdocio de Cristo culmina en esta comunicación del Espíritu Santo, que realiza el designio trinitario de salvación. La humanidad llega al fin para el que fue creada participando en este sacerdocio de Cristo hasta que esté en plena posesión del Espíritu Santo, el Espíritu de Gloria que consuma la comunión fecunda de la Nueva Alianza.

Este es el horizonte que enmarca nuestra reflexión sobre la relación entre el sacerdocio común de los bautizados y el sacerdocio jerárquico de los ministros de la Iglesia. Partimos del Bautismo porque es el fundamento y para alejarnos de la forma habitual de tratar la cuestión desde el sacerdocio ministerial que, a menudo, termina a expensas de la dimensión sacerdotal del Bautismo. Esta última no se limita al aspecto de la ofrenda según la expresión de Rom 12,1, sino que incluye también el aspecto de la mediación, aunque algunos autores de renombre, entre ellos Albert Vannoye, reservan el aspecto de la mediación para el sacerdocio ministerial, demasiado exclusivamente en nuestra opinión[227]. En efecto, el bautismo consagra a la

---

[227] Véase A. VANOYE, *Il sacerdozio della nuova alleanza*, Bologna, EDB, 1992, p. 49 s. La preocupación por salvaguardar la distinción de naturaleza entre las dos participaciones en el único sacerdocio de Cristo puede ser asegurada de otra manera que amputando una parte esencial de él, como veremos más adelante.

persona como miembro del Cuerpo de Cristo, operando una identificación ontológica y eclesial que la asocia a todo su sacerdocio, en cuanto que su Cuerpo es el instrumento de su ofrenda filial y de su sacrificio redentor.

Al convertirse en hijos e hijas de Dios por el bautismo, los cristianos son asociados al sacerdocio filial de Cristo con todo su ser, como miembros de su Cuerpo, convirtiéndose así en templos del Espíritu Santo y «cooperadores» en el don del Espíritu Santo al mundo. En efecto, el Hijo de Dios encarnado participa por su obediencia en la efusión del Espíritu Santo en la economía de la salvación, así como participa por su filiación divina en la co-espiración del Espíritu Santo en la Trinidad inmanente. Análogamente, el sacerdocio de los bautizados no solo tiene una dimensión filial ascendente como ofrenda aceptable al Padre o como intercesión en favor de la humanidad, sino que también tiene una dimensión descendente concreta, es decir una comunicación vital del Espíritu Santo que desciende del Padre por medio de Cristo y pasa por la corporeidad de los siervos y siervas de Dios, cuya caridad activa penetra en la humanidad. la rescata, la sirve y la santifica. Los textos del Concilio sobre la misión de los laicos hablan del Espíritu Santo que los vivifica y santifica para participar en el culto (*LG* 34), en el oficio profético (*LG* 35) y en el servicio real (*LG* 36), difundiendo en el mundo frutos espirituales abundantes en el Espíritu de las bienaventuranzas proclamadas por el Evangelio.

¿Qué forma concreta adopta, pues, esta forma profética, real y cultual del sacerdocio de los bautizados? En primer lugar, la figura de la comunidad de fe, esperanza y amor, porque el Espíritu Santo es fuente de comunión y solidaridad en la misión. El Espíritu Santo que anima a los bautizados se encarna en cierto modo en este pueblo de pertenencia a Dios, un pueblo unificado y articulado en comunidades vivas y misioneras, donde las Personas divinas en circumincesio se entregan a las personas humanas en comunión y participación. En este sentido, el sacerdocio universal de la Iglesia, fundado en la presencia de Cristo y en la morada del Espíritu Santo, implica un intercambio de dones que implica la interacción de las Personas divinas con las personas humanas para una comunicación más amplia con el mundo a evangelizar. Mediante la oración intercesora, la entrega, los sacrificios, las obras de misericordia, los carismas, la santidad, etc., construyen una relación fructífera entre Dios y el mundo.

Este último es entonces invitado y, sobre todo, atraído y aspirado por el Espíritu a dar su fe a Cristo y a la Trinidad, cuya comunión le ofrece un anticipo del gozo de la salvación en la experiencia de la comunión eclesial. De tal manera que el sacerdocio en la Iglesia no es solo un carisma entre otros, una función particular de unos pocos en su seno, sino una vida de comunión que implica todo su ser, todas sus actividades, todas sus relaciones *ad intra* y *ad extra*, teniendo como contenido y meta suprema la santidad en el Amor, por la acción del Espíritu Santo derramado y poseído como depósito antes de ser gustado en plenitud. En efecto, en el fondo de los muchos intercambios de dones que se actualizan en la Iglesia, está el reflejo e incluso la participación en la Vida Trinitaria, un intercambio intratrinitario de Amor mediado *ad extra* por la encarnación del Hijo en Jesucristo y, análogamente, por la encarnación del Espíritu en la Iglesia; estas dos manifestaciones concretas y complementarias del don de Dios al mundo se despliegan la una en la otra y entre sí, en una continuidad histórica y escatológica en lo que se reconoce como la naturaleza sacramental de la Iglesia.

En la vida humana cotidiana, este sacerdocio, con sus vastos horizontes, significa servir a la gloria de Dios mediante el ejercicio humilde y perseverante de la fe, de la esperanza y, sobre todo, de la caridad. De hecho, todo acto de amor a Dios y al prójimo, aunque sea oculto e inaparente, es teofórico, lleva a Dios. Es llevado por Dios como una realidad creada, pero también es portador de Dios en su acto de entrega total a sus criaturas en el Espíritu Santo. En efecto, en la plenitud de los tiempos, el Espíritu Santo derramado no solo añade algunos detalles estéticos a la obra del Padre y del Hijo, sino que también universaliza la sacramentalidad de Cristo Pascual a través de su Cuerpo, que es la Iglesia, prolongando la encarnación del Amor Trinitario según la modalidad de su propia hipóstasis de *Comunión*, operando gradualmente el *Connubium* de la Trinidad y de la humanidad en una sinfonía de dones intercambiados y glorificaciones recíprocas. Esta sinfonía anticipa ya aquí abajo la gloria del Reino en el rostro humilde de María Iglesia[228], la Esposa sin mancha ni arruga, consagrada para servir hoy y en los siglos a la gloria de Dios en todos. ¿Quién puede negar que el servicio de este eminente miembro de la Iglesia, Esposa y Madre sea una mediación fecunda de la plenitud sacerdotal de Cristo?

---

[228] Véase G. GRESHAKE, *Maria è la Chiesa. Un tema antico, una sfida per il presente*, Brescia, Queriniana, 2020; *Maria-Ecclesia. Perspektiven einer marianisch grundierten Theologie und Kirchenpraxis*, Regensburg, Verlag Friedrich Pustet, 2014; J. RATZINGER, H. URS VON BALTHASAR, *Maria-Kirche im Ursprung*, Einsiedeln, Johannes Verlag, 2005.

Por su finalidad y por su fruto, que es el don del Espíritu Santo, el único sacerdocio de Cristo confiere, por tanto, a todos sus beneficiarios la participación en su fecundidad neumática, precisamente en términos de participación en su mediación. La unicidad del sacerdocio de Cristo no excluye, sino que incluye la mediación de la Iglesia-Sacramento como comunidad creyente, gracias a las dos formas específicas en su seno, de las cuales el Espíritu Santo asegura la dependencia de Cristo y su adecuado desenvolvimiento, gracias a su Persona-Comunión. Hablar de la participación de la Iglesia en el sacerdocio no significa, por tanto, afirmar una mediación autónoma en relación con la única mediación de Cristo, sino afirmar una fecundidad de esta por el Espíritu Santo, que es su fruto y que comunica su virtud y fecundidad en su propia Persona unida a la Iglesia.

La integración neumatológica y trinitaria de la participación diferenciada al sacerdocio de Cristo en la Iglesia

Todos los desarrollos anteriores nos llevan a derivar la participación en el sacerdocio de Cristo en la Iglesia a partir de una neumatología que funda una eclesiología trinitaria y nupcial, escenificando la comunión articulada de las personas divinas y humanas en el horizonte histórico y escatológico de la Iglesia. Dios quiso encarnar su amor y su gracia en la estructura sacramental de la Iglesia, porque la encarnación del Verbo en Cristo es su elección definitiva e irreversible, elección que debe prolongarse en la historia de modo más universal mediante la misión del Espíritu Santo. Corresponde al Espíritu Santo continuar la misión de Cristo asumiéndola y extendiéndola a toda la humanidad por la mediación sacramental de la Iglesia. Se trata de una participación real en la comunión trinitaria que procede del sacrificio pascual del Verbo encarnado, en virtud del bautismo y de los demás sacramentos. El Espíritu Santo realiza esta universalización sacramental de la misión de Cristo dejándose derramar por el Padre y el Hijo y entregándose a la Iglesia de un modo inexpresable y sin analogía. La analogía nupcial, por ejemplo, es apropiada para la relación de Cristo con la Iglesia, pero no para la relación del Espíritu con la Iglesia, pues el Espíritu es menos en pareja con la Iglesia que su vínculo nupcial con Cristo, ÉL es el «nosotros» que arraiga la subjetividad de la Iglesia en la comunión trinitaria.

Esta presencia inefable del Espíritu Santo es el fundamento de la participación de la Iglesia en la comunión trinitaria, y el agente principal de la diferenciación de los dones sacramentales y de las múltiples interacciones entre las Personas divinas y las personas humanas. La estructura sacramental de la Iglesia, que pretende y realiza la comunión divino-humana de la Nueva Alianza, presupone la representación de las Personas divinas por personas humanas, para que la comunión del Dios invisible con los partícipes de la Alianza se haga sacramentalmente visible y efectiva.

En el caso del bautismo, no se trata de una representación, sino de la identificación de cada bautizado, y de la comunidad de los bautizados, con el Hijo y, por Él, con el Padre en el Espíritu. Pues es el Espíritu quien realiza siempre la comunión, sin confusión ni separación, entre las Personas divinas y la comunidad eclesial, quien configura la gracia de la filiación divina en el alma de los bautizados, de un modo indeleble que se expresa con el concepto de carácter sacramental. Este carácter (*sfragis*) imprime el sello de la filiación como don irreversible, significando la irrevocabilidad de los dones de Dios, incluso cuando la criatura humana traiciona y niega el don recibido. Así como la Pascua de Cristo conduce necesariamente al don del Espíritu Santo, el bautismo que la sigue marca al sujeto con un sello «neumático» irrefragable. De ahí la posibilidad permanente para el bautizado, en todo estado de gracia o de pecado, de ofrecerse al Padre con Cristo, en la fuerza del Espíritu que está siempre disponible para fecundar el sacerdocio filial del bautizado.

En el caso del sacramento del Orden, no se trata de la pura y simple identificación del sacerdote con Cristo, que ya se realiza por el bautismo, sino de una representación sacramental de la dimensión paterna de la misión de Cristo. En efecto, en la economía de la Encarnación, Cristo se manifestó como el Hijo obediente al Padre y sometido a sus padres, pero también se reveló como el Apóstol del Padre, el ministro del Padre: «El que me ha visto a mí, ha visto al Padre» (Jn 14, 9). Este es, en mi humilde opinión, el fundamento de la distinción entre las dos participaciones de la Iglesia en el único sacerdocio de Cristo[229].

---

[229] También podemos expresar esta distinción hablando del sacerdocio filial subjetivo de Cristo y de su sacerdocio objetivo de representación del Padre. Este segundo aspecto es secundario porque está vinculado a la economía temporal de la Encarnación y no perdura en la vida eterna. Esto se aplica a Cristo y a sus ministros, que lo representan en virtud de un don objetivo depositado en ellos para el tiempo de la economía de la Iglesia. En el cielo las funciones desaparecen y lo que permanece es el sacerdocio filial, el goce compartido de la plena realidad de las Personas divina y humana. Véase Marie de la Trinité, *Filiation et sacerdoce des chrétiens*, Paris, Lethielleux, 1986.

Es importante captar este aspecto crucial, que nos sitúa en el corazón del misterio de la Encarnación y de su continuidad sacramental en la Iglesia. Si el Verbo de Dios fue concebido por el Espíritu Santo y acompañado por Él a lo largo de su encarnación, fue para vivir su condición humana y su misión de Hijo del Padre asistido por su Espíritu filial, para realizar hasta el final su misión redentora, que incluía cargar con el pecado del mundo en su ofrenda de Amor en la Cruz y obtener la absolución del Padre como respuesta a su sacrificio. Ahora bien, esta absolución del Padre le es significada y dada en el acto mismo de su resurrección de entre los muertos por la fuerza del Espíritu Santo. Es entonces cuando se le comunica la plenitud del Espíritu Santo como Espíritu del Padre, Espíritu Soberano que absuelve los pecados, resucita a los muertos, neumatiza la humanidad de Cristo para hacer de ella un Espíritu vivificante, capaz de prolongarse en la historia de un modo nuevo, corpóreo, sacramental, en la Iglesia, Cuerpo y Esposa de Cristo resucitado.

La distinción esencial entre las dos participaciones en el único sacerdocio de Cristo se basa, pues, en la neumatología, que distingue entre el Espíritu del Hijo, fuente del sacerdocio filial, y el Espíritu del Padre, fuente del sacerdocio paterno de los ministros ordenados. Desde este punto de vista, es evidente que ambos se ordenan el uno al otro, siendo el más fundamental el sacerdocio filial eterno, a cuyo servicio se despliega el sacerdocio sacramental jerárquico durante el tiempo de la economía de la salvación.[230].

El sacramento del Orden está claramente instituido por Dios en las dos palabras de Cristo en la Última Cena y en la tarde de la Resurrección: *Haced esto en memoria mía* (Lc 22,19), y: *Recibid el Espíritu Santo, y los pecados serán perdonados a quienes se los perdonéis, y retenidos a quienes se los retengáis* (Jn 20,23). La *exousia* (*potestas*) propia del ministerio ordenado procede del Espíritu del Padre, que resucitó a Cristo de entre los muertos y lo dotó de un poder que irradia de su humanidad transfigurada. Él es capaz de comunicar este poder a través de su aliento físico, que la Iglesia expresará más tarde mediante la imposición de las manos para capacitar a sus ministros

---

[230] Dario Vitali, *Nuovi cammini per la ministerialità ecclesiale,* en *PATH...*, p. 48: «La "rivoluzione copernicana" del Concilio trova qui il suo principio strutturale: in effetti, l'impalcatura piramidale della Chiesa, durata secoli, viene a destrutturarsi nel momento in cui si afferma che le due distinte modalità di partecipazione al sacerdozio di Cristo sono ordinate l'una all'altra»; «Sacerdozio comune e sacerdozio ministeriale o gerarchico: rilettura di una questione controversa», *Rassegna di Teologia* 52, 2011, p. 39-60.

a proclamar la Palabra con autoridad y a administrar los sacramentos para la edificación de la Iglesia. Se articula así el Cuerpo eclesial de Cristo, un Cuerpo «neumático» verdaderamente configurado y personalizado por el Espíritu hasta asumir la figura social de un Pueblo, pero también la figura mística de la Esposa de Cristo. De ahí el sentido nupcial del sacramento del Orden, para asegurar la representación del Esposo en la Iglesia y la actualización permanente de sus nupcias eucarísticas *en Persona Christi Capitis*.

De ello se sigue que este sacramento tiene también un carácter «neumático» estable, que configura al sujeto y lo hace capaz de representar a Cristo Cabeza precisamente como Apóstol del Padre, significando sacramentalmente la iniciativa soberana del Padre en todo el plan divino y garantizando al mismo tiempo la apostolicidad de la misión de la Iglesia. La Iglesia vive así cotidianamente de la Eucaristía, misterio de la Nueva Alianza, misterio esponsal, misterio teándrico configurado por el vínculo trinitario del Espíritu del Padre y del Hijo comunicado en plenitud por el Resucitado.

El sentido profundo del sacramento del Orden sería entonces ciertamente el de significar a la comunidad que no dispone de la mediación única de Cristo como su propiedad autónoma, sino que debe acogerla siempre como un don. Sin embargo, más allá de este significado fundamental, podría considerarse también como un recordatorio a toda la Iglesia de que el sacerdocio único de Cristo remite radicalmente al Padre, de quien ella recibe constantemente su participación en él, tanto por la gracia fundamental de la filiación divina como por los dones jerárquicos y carismáticos que proceden de la generosidad del Padre, por medio del Hijo, en el Espíritu.

De este modo, ampliamos la perspectiva del sacerdocio en el sentido trinitario de participación en el Espíritu del Padre y del Hijo, el mismo Espíritu de comunión que manifiesta su lado filial en el sacerdocio común de los bautizados, y su lado paternal en el ministerio ordenado de los ministros. Las dos manifestaciones sacramentales convergen así hacia la edificación de la comunión eclesial, donde la complementariedad pacífica y gozosa entre fieles y ministros se funda y se alimenta en la fuente de la comunión de las Personas divinas. Esta participación en la relación de amor entre el Padre y el Hijo santifica las relaciones humanas, purifica las relaciones a veces conflictivas, relativiza las cuestiones de poder y autoridad y, sobre todo, abre un espacio de libertad a la creatividad propia del Espíritu Santo.

La relación entre autoridad y comunidad se descentra así de la dimensión muy humana y a menudo conflictiva, y se vuelve a centrar en la gracia, es decir, en la comunión de las Personas divinas que se da en participación en la identidad filial de los bautizados y en la identidad paternal de los ministros ordenados, ambas habitadas y santificadas por el Espíritu del Padre y del Hijo. Tal gracia no es un sueño, un ideal o un puro símbolo; es la ontología de las Personas divinas y las personas humanas en comunión en el Espíritu. El Espíritu da acceso a su «nosotros» paterno y filial dejándose infundir en las almas y en las relaciones eclesiales fundadas en el bautismo y en el sacramento del Orden. Pero su Don personal no se limita a estos dos servicios que presta al Padre y al Hijo irradiando su presencia en las relaciones entre los bautizados y los ministros jerárquicos. Se expresa también en un «desbordamiento» que corresponde a su propia identidad en la vida trinitaria.

De hecho, si la fecundidad de esta perspectiva trinitaria aparece en primer lugar en la comunión entre pastores y fieles, florece y se desarrolla realmente al surgir una comunidad eclesial rica en carismas. En efecto, la comunión eclesial, reforzada por la participación armónica en las relaciones de filiación y paternidad, libera el ámbito propio del Espíritu, que se expresa entonces en la abundancia de carismas y en el florecimiento de vocaciones de todo tipo, laicales, matrimoniales, religiosas y sacerdotales, al servicio de la misión sacramental de la Iglesia. La presencia de la vida consagrada en particular, en todas sus formas, como *sequela Christi*, es testimonio de la libertad y gratuidad del Espíritu Santo, que construye la unidad en el amor desde el respeto a la diversidad, la complementariedad y la reciprocidad. Así como en la Trinidad el Amor que es el Espíritu se refleja en el amor del Padre y del Hijo, dándoles un «plus» inefable, así en la economía de la Iglesia el testimonio de la vida consagrada refluye sobre la espiritualidad de los ministros y de los fieles, estimulándolos a la gratuidad y a la perfección de la caridad, para un testimonio más fecundo de la comunión y de la misión eclesial.

El ministerio ordenado «sacramental» se refiere al Padre a quien Cristo representa, y a sus ministros después de él, en virtud de un don específico del Espíritu del Padre, pero sin endurecer la identificación en un sentido «sagrado» o «idolátrico». Cualquier exceso de sacralidad en este ámbito conduce al abuso de poder y al rechazo. La clave para comprender el carácter «sacramental» de esta identificación «ministerial» es la mediación del

Espíritu Santo, cuya característica personal es unir distinguiendo, unir sin confundir. Es él, pues, quien une de manera real al ministro con aquel a quien representa, pero en este orden *sacramental-neumático* en el que permanece la distinción en la unión, con este margen que respeta la libertad del sujeto y su posible o real fracaso, pero que garantiza sin embargo a la mediación ministerial una eficacia parcialmente independiente del valor moral del ministro. Esta es la dimensión *ex opere operato* del ministerio ordenado, que se aplica a los actos propiamente sacramentales, pero no del mismo modo a toda la vida del sacerdote.

De esta consideración neumatológica se desprende que el ministerio ordenado debe entenderse como una realidad ontológica que configura duraderamente a la persona, y no como una simple función social sin carácter permanente. Esta configuración no es del orden de la santificación personal del sujeto, sino del orden del carisma objetivo para el servicio de la comunidad eclesial[231]. De hecho, ¡todo el orden sacramental es ontológico porque es «neumatológico»! El Espíritu Santo llena la Iglesia de la presencia de las Personas divinas, y enriquece a las personas humanas vinculándolas y socializándolas en las relaciones trinitarias. De hecho, el Espíritu amasa con su Gracia las relaciones personales y eclesiales, dándoles consistencia y resplandor. Su propia acción en el sentido de la comunión remite mutuamente a bautizados y ministros a partir de dones sacramentales que ponen en juego la ontología de las relaciones trinitarias y la sociología de las relaciones humanas.

En resumen, todo se realiza por la Persona del Espíritu Santo, que es, por así decirlo, la hipóstasis trinitaria de la Iglesia[232]. Él une la Trinidad y la

---

[231] El estudio muy articulado de Martin Troupeau sobre las fuentes litúrgicas de la teología renovada del sacerdocio proporciona, en conclusión, una confirmación global de las consideraciones neumatológicas que he intentado profundizar desde un punto de vista dogmático; véase M. Troupeau, *L'unité du sacrement de l'ordre dans la réforme des ordinations de 1968...*, p. 407: «Además de este servicio a la comunidad que es común a los tres grados, proponemos pensar en la unidad del sacramento por medio de la neumatología: el Espíritu se derrama sobre los ministros de las diferentes órdenes para que construyan la Iglesia como un pueblo santo, guiándola, santificándola y enseñándola».

[232] H. Urs von Balthasar, *Qui est l'Église?...*, p. 111-112: «Pero este sujeto eclesial incoativo solo se realiza en el misterio del Espíritu Santo, que desciende a ella como su fundamento más íntimo, y que es capaz de constituir plenamente el sujeto que es la Iglesia, porque es Persona divina precisamente en cuanto unidad de amor del Padre y del Hijo: unidad y unión precisamente en cuanto atestiguan su eterno contrario».

humanidad en un misterio nupcial sin analogía, uniéndolas al mismo tiempo que las distingue en el Amor, salvaguardando la diferencia Creador-criatura, al mismo tiempo que salva el abismo entre el Dios tres veces Santo y la masa de los pecadores, no por exclusión penal, sino por la inclusión sacrificial *kenótica* del Amor Trinitario manifestado en Cristo crucificado y resucitado *para alabanza de la gloria de su gracia.*

Tal enfoque trinitario y nupcial da un profundo fundamento eclesiológico a la búsqueda actual de una Iglesia sinodal: comunión, participación y misión. Pues las relaciones personales e institucionales en las comunidades eclesiales se descubren animadas interiormente por la participación dinámica y articulada en relaciones trinitarias. Estas son comprendidas en sus distinciones y en su unidad, que penetran en el complejo y diverso juego de las relaciones humanas y eclesiales a veces difíciles, aportando una gracia de sanación, de santificación y de fecundidad. De ahí emana una «espiritualidad de comunión» para todos en la Iglesia, que cambia la situación pastoral y va más allá de los eslóganes; de ahí emana también una «mística misionera» que va más allá del voluntarismo, porque brota de la más profunda universalidad del Amor, encarnado en la Iglesia y confiado a su cuidado para evangelizar el mundo entero hasta la plenitud del reino de Dios todo en todos.

Conclusión

La fórmula que puede sintetizar la visión de conjunto aquí propuesta es la formula, neumatológica, de la *Ecclesia, Sacramentum Trinitatis*. La Iglesia está constituida por las misiones divinas del Verbo y del Espíritu, que fundan y estructuran su participación en la comunión trinitaria sobre su fe en el sacerdocio de Cristo, único Mediador de la salvación; esta fe le da por el bautismo ser su Cuerpo y Esposa en el Espíritu, pueblo de Dios en camino hacia el Reino, pueblo de sacerdotes, sacerdocio real, nación santa... Este pueblo sacerdotal, signo e instrumento de la comunión trinitaria al servicio de la unidad del género humano, se constituye como tal en dos participaciones específicas, según el Espíritu del Padre y el Espíritu del Hijo, con vistas a la donación total de la Vida trinitaria a su pareja de alianza en la historia y, a través de ella, a toda la humanidad en espera de salvación. La referencia mutua de las dos participaciones, lejos de encerrarlas en esta comunión, las proyecta juntas bajo el impulso apostólico de los ministros hacia la evangelización del mundo.

La Iglesia es la aurora del Reino en cuanto encarna ya «sacramentalmente» la comunión escatológica prometida a toda la humanidad; sus relaciones eclesiales de comunión y misión, fundadas entre otras cosas en los sacramentos del Bautismo, la Eucaristía y el Orden, expresan la implicación de las Personas divinas en la comunión de las personas humanas habitadas por el Espíritu Santo con toda la riqueza de su identidad trinitaria: Espíritu del Padre en el don del ministerio jerárquico, Espíritu del Hijo en la ofrenda personal y existencial de la comunidad de los bautizados, Espíritu de comunión y libertad en la abundancia y realización de los carismas al servicio de la comunión y de la misión.

Esta perspectiva trinitaria de la eclesiología y esta integración neumatológica de la doble participación de la Iglesia en el único Sacerdocio de Cristo permiten no solo encuadrar mejor la pastoral misionera de la Iglesia, sino también resolver aporías seculares y conflictos recurrentes. Tal perspectiva sacerdotal, radicalmente centrada en la participación en la comunión trinitaria, podría tener un impacto significativo en todas las vocaciones, sembrando el entusiasmo por una verdadera comunión eclesial que sea misionera por atracción, acogida y solidaridad con la venida del reino de Dios en la vida presente.

Capítulo 3

El futuro misionero de una Iglesia sinodal

Introducción

El papa Francisco publicó dos mensajes durante el Sínodo sobre la sinodalidad, cuya primera fase de trabajo acaba de concluir[233]. El primero es un mensaje ascético de advertencia contra la mundanidad espiritual: *Santi, non mondani*[234]. El Santo Padre toma esta advertencia de un aviso profético del Padre de Lubac en su *Meditación sobre la Iglesia*, que es uno de los leitmotiv de su pontificado. El segundo mensaje es más místico y actualiza la doctrina del caminito de santidad de Teresa del Niño Jesús y de la Santa Faz, en este momento de búsqueda sinodal y misionera. Merece la pena escuchar dos pasajes significativos que introducirán nuestro tema:

> Siento una fuerte llamada de Dios a toda la Iglesia para que permanezca vigilante y luche, con la fuerza de la oración, contra cualquier rendición a la mundanidad espiritual. Esta lucha tiene un nombre: se llama santidad. La santidad no es un estado de bienaventuranza alcanzado de una vez para siempre, sino el deseo incesante e incansable de permanecer unidos a la cruz de Jesús, dejándonos modelar por la lógica de la entrega y resistiendo a quienes, como el enemigo, nos halagan infundiéndonos la convicción de nuestra autosuficiencia. Al contrario, haríamos bien en recordar lo que Jesús nos dijo: *Sin mí no podéis hacer nada* (Jn 15,5). La santidad consiste, pues, en permanecer abiertos al «más» que Dios nos pide, y que se manifiesta en la manera de vivir nuestra vida cotidiana[235].

---

[233] Conferencia pronunciada en Suiza para el Freundkreis Hans Urs von Balthasar, el 3 de diciembre de 2023.

[234] Francisco, *Santi, non mondani. La grazia di Dio ci salva dalla corruzione interiore*, LEV, 2023.

[235] *Ibid.*, p. 9-10. Véase H. de Lubac, *Méditations sur l'Église*, Paris, Aubier-Montaigne, p. 321. El tema de la mundanidad espiritual se trata en *EG*, n° 93-97.

Este primer mensaje nos exhorta a una santidad dinámica tras las huellas de Jesús, por el camino de la entrega, de la vigilancia y de la apertura a la gracia que nos adentra cada vez más en la novedad de Dios. El segundo pasaje resume en pocas líneas el significado de Teresa del Niño Jesús para una Iglesia sinodal y misionera: «En el corazón de Teresa, la gracia del bautismo se convierte en un torrente impetuoso que desemboca en el océano del amor de Cristo, arrastrando consigo a una multitud de hermanas y hermanos. Esto es lo que sucedió en particular después de su muerte: su promesa de una 'lluvia de rosas'».[236]

El Papa hace este comentario después de citar una oración de Teresa que ilustra el carisma misionero por atracción con el que la agració el Espíritu Santo:

> Esta es mi oración: Pido a Jesús que me atraiga a las llamas de su amor, que me una tan estrechamente a Él, que Él viva y actúe en mí. Siento que cuanto más el fuego del amor encienda mi corazón, tanto más diré: Atraedme, tanto más las almas que se acercarán a mí (pobre pequeña chatarra inútil, si me alejara del fuego divino), tanto más estas almas correrán con velocidad al olor de los perfumes de su Amado, porque un alma encendida de amor no puede permanecer inactiva[237].

Queridos amigos, la aparición de la pequeña Teresa en el aula sinodal ha sido un soplo de aire fresco para muchos de los participantes y un estímulo en el camino, más bien arduo, hacia una Iglesia más sinodal. Acogí esta iniciativa del Santo Padre con tanta más emoción y gratitud cuanto que Teresa desempeñó un papel importante en el origen de mi propia vocación. De hecho, la lectura de *Historia de un alma* a los 17 años encendió mi pasión y confirmó mi vocación al sacerdocio y a las misiones. Sin embargo, el principal motivo de mi gratitud es más objetivo: es la profundidad espiritual y misionera de su testimonio contemplativo que nos llamó a todos, obispos y no obispos, compañeros y compañeras de viaje, a un estallido de fervor espiritual en la Asamblea. Quiera Dios que esta rosa caída del cielo vivifique los trabajos futuros y dé frutos maduros en la próxima sesión del Sínodo y más allá.

---

[236] Francisco, *Exhortación apostólica sobre la confianza y el amor misericordioso de Dios, C'est la confiance*, n. 13.

[237] *Ibid.*, n. 12.

Un método del Sínodo de los Obispos abierto a los signos de los tiempos

La fase que acaba de concluir ha suscitado muchos interrogantes y ha confirmado un proceso de discernimiento con vistas a una conversión sinodal que aún debe clarificarse y distinguirse de los intereses ideológicos que querrían adaptar la Iglesia a las democracias de este mundo. *Santi, ma non mondani!* repite una y otra vez el Santo Padre, especialmente para los ministros ordenados, pero su exhortación vale para todos los cristianos y para todo discernimiento en la Iglesia. La experiencia sinodal que acabamos de vivir no se ha centrado en una cuestión doctrinal o moral por resolver. Ha sido sobre todo un ejercicio de «conversación en el Espíritu Santo», para aprender a escucharnos mejor unos a otros, a fin de que juntos podamos escuchar mejor al Espíritu de Dios. El ejercicio consistió en largos debates en grupos de unas diez personas, en los que cada uno hablaba sobre el tema de reflexión, y luego, en una segunda ronda, comentaba lo que había aprendido de los demás ponentes, para concluir con una reflexión conjunta que se compartiría en el plenario. Este método de «conversación en el Espíritu» contribuyó realmente a crear un ambiente más orante y fraternal entre todos, y evitó que la asamblea derivara hacia un estilo parlamentario de debate.

El Sínodo se desarrolló, pues, bajo el signo de la escucha y de la libertad de expresión, como continuación de la vasta consulta. Inicialmente demasiado condicionado por una mentalidad funcional y orientado hacia cambios estructurales, se fue interiorizando y reorientando sobre la marcha hacia una profundización de la identidad cristiana, dando prioridad a la iniciación cristiana y a la formación de discípulos misioneros, conservando el interés por las estructuras participativas, pero centrándose más en la conversión de las personas. La asamblea sinodal también pidió que se realizaran estudios especializados sobre nuevas cuestiones científicas, antropológicas o éticas que pudieran requerir discernimiento en el futuro. La palabra pasa ahora a los teólogos, que deberán profundizar en las cuestiones, limitar los temas a tratar y enraizar los aspectos funcionales y organizativos en la dimensión mística de la Iglesia. Con toda probabilidad, la conclusión del proceso sinodal en octubre de 2024 debería conducir a una comprensión más profunda de la sinodalidad que puede marcar un punto de inflexión en la vocación misionera del pueblo de Dios en su conjunto.

Precisamente por esta razón teológica y vocacional, en febrero de 2022 se organizó en el Vaticano el Simposio *Para una teología fundamental del sacerdocio*[238]. Esta iniciativa académica desarrolló la dimensión teológica y espiritual de la investigación sinodal, llamando la atención sobre la llamada de Dios a todos los bautizados. El futuro misionero de la Iglesia depende vitalmente de esta amplia promoción vocacional porque, de lo contrario, el proceso sinodal corre el riesgo de deslizarse hacia un estilo parlamentario más permeable a las ideologías mundanas, donde el debate de ideas prima sobre la vocación y el compromiso de las personas. Esto no haría sino aumentar la confusión y la división que ya reinan en ciertos círculos, donde se intenta imponer puntos de vista ajenos a la lógica de la fe o desacreditar al Papa y al Sínodo en su conjunto.

Por su parte, la Asamblea sinodal puso de manifiesto que crece constantemente una conciencia más profunda de la dignidad de todos los bautizados. Esto se reflejó en el modo de trabajar, que favoreció el desarrollo de una verdadera fraternidad, alimentada por las vocaciones complementarias de obispos, religiosos, religiosas y laicos. Esperamos que esta experiencia continúe y se extienda a toda la Iglesia para crear un nuevo clima de comunión y de participación en la misión, donde la aportación de cada uno sea mejor acogida y valorada. En este punto, parece que el Espíritu Santo está animando esta búsqueda sinodal y misionera de la Iglesia, con el método positivo, pero no exclusivo, de la «conversación en el Espíritu», que se ha ensayado en diversos niveles de la búsqueda hasta la fase del Sínodo de los Obispos. Es importante que la reflexión teológica actual sobre la sinodalidad esté a la altura del «cambio de época» para discernir los «signos de los tiempos»[239] y promover un diálogo intercultural y misionero que implique al pueblo de Dios.

El papa Pablo VI invitó a la Iglesia a entablar ese diálogo durante el concilio ecuménico Vaticano II en su encíclica *Ecclesiam Suam*: «La Iglesia debe entrar en diálogo con el mundo en que vive. La Iglesia se hace palabra; la

---

[238] Véase https://crav-vocation.org/; Cardenal M. OUELLET (ed.), *Pour une théologie fondamentale du sacerdoce. Actes du Symposium du Centre de Recherche et d'Anthropologie des Vocations*, Roma, 17-19 de febrero de 2022, volumen 1, Éd. du Cerf, 2023; *Perspectives complémentaires*, volumen 2, Éd. du Cerf, 2023 (traducido a seis lenguas).
[239] Véase FRANCISCO, Carta apostólica en forma de Motu Proprio *Ad Theologiam promovendam*, por el que se aprueban los nuevos estatutos de la Pontificia Academia de Teología, 1 de noviembre de 2023, n. 1, 8.

Iglesia se hace mensaje; la Iglesia se hace conversación»[240]. El Santo Pontífice, y el Concilio con él, deseaban un nuevo clima de diálogo con el mundo para anunciar el Evangelio, pero también para escuchar y acoger lo que hay de bello y de bueno en la experiencia de nuestros contemporáneos[241]. Esta actitud de diálogo fraterno inauguró un nuevo estilo de misión, más consciente de la mediación cultural, y particularmente interesada hoy en los grandes problemas que afectan a toda la humanidad: la paz, la pobreza, el futuro del planeta, las migraciones. No se trata de relegar a un segundo plano el anuncio explícito del Evangelio, sino de hacerlo respetando las culturas, procurando respetar la dignidad de cada persona humana y de cada tradición religiosa, y apoyándose más en la fuerza de la caridad y en el testimonio atractivo de comunidades locales vibrantes y misioneras.

Tras estas reflexiones sobre el acontecimiento sinodal, que experimentó una modalidad abierta pero aún por definir para el futuro[242], desarrollaré a continuación un punto de vista teológico sobre el futuro de la misión para contribuir a la necesaria profundización con la ayuda de los elementos surgidos de los debates, en particular el anuncio del kerigma, la espiritualidad de comunión, el discernimiento de los signos de los tiempos, la complementariedad y reciprocidad de las vocaciones y el diálogo ecuménico, intercultural y religioso. El itinerario se dividirá en dos partes: 1°Por una Iglesia plenamente sacerdotal y misionera; 2°La comunión de las vocaciones: un desafío para nuestro tiempo.

Por una Iglesia plenamente sacerdotal y misionera

En la celebración del cincuentenario de la institución del Sínodo de los Obispos, en octubre de 2015, el Santo Padre Francisco lanzó un llamamiento solemne y programático en favor de una Iglesia sinodal: «Debemos avanzar por este camino. El mundo en el que vivimos, y al que estamos llamados a amar y servir incluso en sus contradicciones, exige a la Iglesia reforzar las sinergias en todos los ámbitos de su misión. El camino de la sinodalidad es precisamente lo que Dios espera de la Iglesia en el tercer mi-

---

[240] S. Pablo VI, Encíclica *Ecclesiam Suam*, 6 de agosto de 1964, n. 67.
[241] Véase *GS*, 2ª parte, cap. 2, n. 53 s.
[242] Una buena cuarta parte de los participantes en este Sínodo de los Obispos eran no obispos: religiosos y religiosas, sacerdotes y laicos con igual derecho de voto que los obispos. Aunque se trató de una experiencia positiva *ad experimentum*, sería lamentable que esta fórmula se impusiera unilateralmente como «Sínodo de los Obispos».

lenio»[243]. Esta llamada se fundamenta en la vocación del pueblo de Dios a dar testimonio de la fe recibida en el bautismo: «Después de reafirmar que el pueblo de Dios está constituido por todos los bautizados, llamados a «ser morada espiritual y sacerdocio santo», el concilio Vaticano II proclama que «la comunidad de los fieles, ungida por el Santo (cf. 1Jn 2,20.27), no puede errar en la fe'[244]».

«Amar el mundo en el que vivimos», «fortalecer las sinergias en todos los ámbitos», «ser morada espiritual y sacerdocio santo», estas son las orientaciones fundamentales del Santo Padre para toda la Iglesia. Esto significa, sobre todo, centrarse en la dignidad bautismal de todos los miembros del pueblo de Dios e invitar a cada uno a vivir su vocación, según su propio carisma, en comunión con toda la comunidad eclesial. La Iglesia, en efecto, es enteramente sacerdotal y misionera por la gracia del Bautismo, que la hace partícipe del sacerdocio de Cristo y de la Unción del Espíritu Santo, por el que es infalible *in credendo*.

El concilio Vaticano II ha recordado que existen dos formas de participación en el sacerdocio de Cristo, que son complementarias y se articulan entre sí para rendir a Dios el culto que se le debe, así como para comunicar al mundo el don del Espíritu Santo. Estas dos formas, bautismal y ministerial, de las que ya hemos hablado, encarnan el doble movimiento, ascendente y descendente, del sacerdocio de Cristo. El movimiento ascendente, de carácter cultual, conduce por la lógica de la alianza al movimiento descendente, de carácter misionero, que extiende el don del Espíritu Santo al mundo. Así, la comunión trinitaria, que constituye el pueblo de Dios y le confiere su unidad (*LG* 4), se comunica al mundo a través de la fe de los miembros del Cuerpo de Cristo, a través de la estructura bautismal y jerárquica de la Iglesia. La comunión de las Personas divinas, que procede del Padre a través del Hijo en el Espíritu, se prolonga y encarna en la comunidad eclesial por mediación del sacerdocio de Jesucristo, fuente del Espíritu y de todas las vocaciones.

Este enfoque sacerdotal de la misión tiene la ventaja de poner de relieve la naturaleza mistérica de la Iglesia, que un enfoque «ministerial» no logra integrar en el mismo grado. De hecho, a algunos les hubiera gustado articular la discusión sinodal en torno a la fórmula *Para una Iglesia toda*

---

[243] FRANCISCO, Discurso para la conmemoración del 50 aniversario...
[244] *Ibid.*

ministerial, pero esto fue cuestionado debido a su ambigüedad y sus limitaciones para expresar la identidad cristiana y apostólica. Querer una Iglesia toda ministerial correría el riesgo de prolongar un modelo «clerical» y una mentalidad similar, llamando «ministerio» a todo tipo de apostolado. El riesgo más grave sería «clericalizar» a los laicos valorando ambiguamente las funciones internas de la organización eclesial, mientras que la misión de los laicos consiste, sobre todo, en dar testimonio de Cristo en el mundo, impregnando su vida familiar y sus tareas temporales del Espíritu del Evangelio. En la Iglesia, todos son «discípulos misioneros», pero no todos son «ministros». Los ministerios son llevados a cabo por unos pocos según carismas específicos, institucionales o de otro tipo.

Reconozcamos de entrada que nuestra tradición católica está marcada por una mentalidad clerical, al menos en Occidente. Todo gira en torno al ministro ordenado. Estamos sufriendo las consecuencias de ello y la grave crisis de abusos lo ha puesto de manifiesto y exacerbado.

En este sentido, ha llegado el momento de la autocrítica sincera y de la apertura a las colaboraciones sinodales. Nuestra tradición católica no se caracteriza generalmente por el reconocimiento de la dignidad y competencia de los bautizados en su misión en medio del mundo. Por ejemplo, los laicos deben ser consultados sistemáticamente sobre las complejas cuestiones que surgen de los desarrollos científicos y tecnológicos relativos a la vida, la ética, la economía, la política, la cultura digital, el arte, etc. También hay una falta de aprecio y promoción de los carismas en las comunidades cristianas, debido a la falta de sensibilidad a la presencia y a veces a la acción sorprendente o incluso desestabilizadora del Espíritu Santo. Toda reforma presupone iniciativas y cambios que alteran el equilibrio y abren nuevas posibilidades misioneras. Pensemos en el desarrollo de la Acción Católica ante el Concilio, en la experiencia de los sacerdotes obreros, en el surgimiento de los movimientos eclesiales, etc.

El concilio Vaticano II desbloqueó esta situación, pero la mentalidad dominante sigue tardando en integrar los talentos y dones que el Espíritu Santo derrama en el pueblo sacerdotal para la edificación de las Iglesias locales.

Estas limitaciones y retrasos, sin embargo, no justifican la posición de algunos teólogos, incluso en el sínodo, que tienden a oponer excesivamente al reino de Dios y a la Iglesia. Acentúan la distancia y la discontinuidad entre la Iglesia y el Reino de una manera que devalúa la institución eclesial en favor de un profetismo autoproclamado que no siempre es bueno. Olvidan entonces que el reino de Dios es Jesucristo viviendo en su Cuerpo eclesial según una modalidad de encarnación presidida por el Espíritu Santo; un reino de Dios que, por lo tanto, ya está aquí y no solo relegado a una plenitud futura, a pesar de todas las limitaciones históricas de la Iglesia[245]. Por lo tanto, la profecía carismática está llamada a secundar humildemente la profecía de la institución eclesial, de lo contrario corre el riesgo de servir a una mente que tiene más afinidad con el *zeitgeist* que con el Espíritu de comunión del Padre y del Hijo. En la misma línea, algunas opiniones aisladas hablaban de ideologías que nivelan las diferencias antropológicas y carismáticas, tal vez con la esperanza de establecer procesos democráticos de toma de decisiones, pero la protesta explícita en la asamblea reveló una sana resistencia a las presiones culturales.

A través del bautismo, cada persona es miembro del Cuerpo de Cristo y, como tal, recibe una misión que debe cumplir como tal con el carisma personal que el Espíritu Santo nos atribuye a todos y cada uno de nosotros, de una manera y de otra (1Cor 7,7) para el servicio de la comunidad. En fin de cuentas, es la delegación de todos los miembros para dar testimonio de la caridad divina lo que determina la coherencia de toda misión personal dentro de la comunión eclesial (cf. 1Cor 13). Ciertamente, los ministerios particulares desempeñan un papel importante en esto, pero está subordinado y derivado de la dignidad fundamental otorgada por la gracia de la filiación adoptiva. Esta gracia señalada incluye el requisito del testimonio de la persona, que es de un orden diferente al requerido para el ejercicio de un ministerio, por importante que sea. En efecto, la gracia filial del bautizado califica en primer lugar el ser miembro del Cuerpo de Cristo y compromete a toda la persona, mientras que el carisma del ministro ordenado o instituido se refiere al ejercicio de una función particular, aunque la persona que la ejerce comprometa su identidad bautismal al servicio que ha de prestar.

Esta primacía del testimonio personal sobre el servicio funcional se basa en la dignidad bautismal, pero también en el suelo eucarístico de todas las vocaciones. En efecto, la identidad trinitaria de la Iglesia y de cada miembro del pueblo de Dios procede fundamental y permanentemente de las misio-

---

[245] Gran parte de esta tendencia procede de América Latina, donde aún se percibe la influencia ideológica, a lo mejor inconsciente y afortunadamente superada, de cierta teología marxista de la liberación.

nes combinadas del Verbo encarnado y del Espíritu Santo, que prolongan su presencia activa y fecunda en la comunidad mediante el anuncio de la Palabra de Dios y el don de los sacramentos. Estas misiones divinas constituyen la identidad más profunda del pueblo de Dios e iluminan su oración, su testimonio y su conciencia de misión, donde el misterio de la Iglesia no se reduce a su dimensión sociológica. Tanto es así que no podemos esperar un avance misionero significativo mientras los fieles y las instituciones básicas de la comunidad eclesial, la familia, la escuela, la parroquia, la diócesis, las asociaciones, los movimientos, etc., no hayan sido catequizados para comprender que su compromiso misionero forma parte del de Dios mismo. En efecto, estas estructuras eclesiales encarnan la comunión divino-humana que es propia de la Iglesia. De hecho, están habitadas por Cristo y el Espíritu a través del don de la Palabra de Dios y de los sacramentos.

Desde este punto de vista, el bautismo, el matrimonio y el orden parecen ser particularmente importantes, pero nada iguala la contribución de la Eucaristía, que dinamiza y vitaliza todas las estructuras eclesiales al servicio de la misión. En efecto, la Eucaristía, misterio de la Alianza por excelencia, es el sacramento del amor trinitario derramado y comunicado, que constituye la fuente y la cumbre, el alma y el motor de las vocaciones misioneras de todos los bautizados. Están llamados a «vivir en el compromiso de Dios»[246], según una fórmula de Hans Urs von Balthasar que sintetiza su perspectiva *teodramática*[247]. Es a partir de esto que se abre el futuro misionero de una Iglesia sinodal en nuestro tiempo. En efecto, la Santísima Trinidad es el Arca de la Sinodalidad, ya que es Comunión y Misión, Fuente eterna de la participación del Hijo y del Espíritu en la comunión que constituye el pueblo de Dios como realidad sacramental. De ahí la importancia vital de la Eucaristía en el centro de la investigación sinodal, porque es de ella que los bautizados reciben constantemente el Espíritu que los santifica, los regenera y los envía a caminar en unidad, animando su culto espiritual (*Leiturgia*), sosteniendo su testimonio (*Martyria*) y animando la armonización de sus carismas para el bien del conjunto (*Diakonia*)[248].

---

[246] Véase H. Urs von Balthasar, *Dans l'engagement de Dieu,* Sherbrooke, Éd. Paulines, 1973.
[247] *Ibid., La Dramatique divine*, 5 volumes: I-Prolégomènes, 1984; II- Les personnes du drame 1. L'homme en Dieu, 1986; 2. Les personnes dans le Christ, Paris: Lethielleux, 1988; III. L'Action, Culture et Vérité, Namur, 1990; IV. Le dénouement, Culture et Vérité, Namur, 1993.
[248] Véase G. Colombo, *Teologia sacramentaria…*, p. 126: «Anunciare Gesù Cristo, non è la funzione della Chiesa, ma propriamente la sua stessa natura, il suo stesso essere, radicato

La investigación sinodal de hoy será fructífera en la medida en que discierna la presencia y la acción auténtica del Espíritu Santo en cada testimonio o propuesta que sirva más a la unión de Cristo y la Iglesia y al carácter misionero del pueblo de Dios. Si se concibe como un método más o menos democrático de modernización de la Iglesia, sus frutos serán mínimos o ambiguos, cuando no amargos. Si, por el contrario, la escucha recíproca sinodal expresa la fe infalible del pueblo de Dios en camino hacia una encarnación más radiante del Amor Trinitario, entonces la escucha del Espíritu Santo abrirá las mentes y los corazones a la acogida de toda persona humana, especialmente de los más pobres, así como a la aparición de novedades carismáticas y misioneras.

El Espíritu Santo de la Nueva y Eterna Alianza está en una misión permanente en la historia para realizar el reino de Dios en la Iglesia, Cuerpo y Esposa de Cristo, en camino hacia la plenitud del Reino. En esta obra de santificación, los sacramentos son actos de Cristo Esposo que se realizan en la potestad del Espíritu nupcial para la edificación de su Esposa, la Iglesia, hasta la consumación del matrimonio final, cuando Dios será todo en todos. Sin la mediación íntima del Espíritu nupcial, el Cuerpo eclesial sería metafórico y la Esposa evanescente; junto con el Espíritu de gloria que habita en sus miembros, es sacramental, es decir, la mediación encarnada de una gracia y caridad que combina la fuerza del Resucitado con la fecundidad de la Trinidad.

Hay que reconocer que, en nuestras sociedades secularizadas, la Iglesia se enfrenta a una desafección por los sacramentos, especialmente por la Eucaristía e incluso por el bautismo. Existen, por supuesto, los efectos del materialismo práctico sobre las mentalidades y las costumbres, que han relegado la práctica sacramental al olvido o a los caprichos fluctuantes del sentimentalismo religioso. Las causas de esta desafección son también teológicas, y el olvido del Espíritu Santo tiene algo que ver con ello, en la medida en que el anuncio kerigmático del misterio, la celebración de los sacramentos y la diaconía de la caridad no están suficientemente regadas por

---

nell'eucaristia. Nell'eucaristia, cioè nella comunione con Gesù Cristo che dona il proprio corpo e il proprio sangue, la Chiesa ritrova continuamente se stessa e quindi l'autenticità del suo messaggio. La sua posizione non è "sopra" l'eucaristia, ma "sotto" l'eucaristia, o meglio dall'eucaristia, esattamente come è "sotto" la parola e "dalla" parola di Dio. Il movimento che "significa" e "realizza" l'azione salvifica di Dio – il movimento sacramentale – va dall'eucaristia alla Chiesa e quindi a tutti gli uomini, non viceversa».

la invocación ferviente de su aliento vital y vivificante. ¿No explica también esta falta de vida en el Espíritu, en parte, la falta de atracción de testimonios personales y comunitarios y, por tanto, el declive de las vocaciones?

No es el entusiasmo por el proceso sinodal lo que puede cambiar el camino, si no promueve una experiencia renovada de la cercanía de Dios en su misterio de la Alianza con un pueblo que encarna su fe en los compromisos vocacionales. La promoción de una Iglesia sinodal no es una operación de «relaciones públicas», un *marketing* para despertar la participación de las bases y transformar la organización eclesial. Es, ante todo, el ejercicio articulado de la comunión eclesial, para que el pueblo de Dios ejerza más consciente y activamente su santo sacerdocio, capaz de agradar a Dios y evangelizar el mundo.

En este sentido, la pastoral de la Iglesia, la predicación del kerigma y la catequesis de la Eucaristía, no pueden prescindir de una visión neumatológica que devuelva el atractivo de una teología nupcial[249]. Es la perspectiva aquí desarrollada la que forma parte de esta revalorización del símbolo nupcial en la teología, un símbolo omnipresente en la Biblia, pero descuidado en la teología sistemática a pesar de la herencia patrística, y que espera un mayor desarrollo para articular armoniosamente la teología trinitaria, la cristología, la eclesiología, la antropología y la teología sacramental. San Juan Pablo II contribuyó significativamente a ello con sus exhortaciones apostólicas *Familiaris consortio, Mulieris Dignitatem, Pastores Dabo Vobis* y *Vita Consecrata*, Benedicto XVI también en *Deus Caritas Est*, por no hablar de Francisco con Amoris Laetitia. La adopción del símbolo nupcial como principio arquitectónico, con los matices necesarios de la kata-analogía, podría revitalizar el cuidado pastoral y la teología misma «varada en los bancos de arena del racionalismo», dijo Balthasar poco después del Concilio. En su introducción al *Comentario al Cantar de los Cantares*, de Adrienne von Speyr, escribe: «Nada podría ser más actual que el esfuerzo por penetrar en

---

[249] Véase François-Xavier DURRWELL, *L'Eucharitie, sacrement pascal*, Paris, Éd. du Cerf, 1980, p. 146: «Con respecto a la Iglesia, Cristo invita y atrae, ofreciéndose a ella; se somete a sí mismo a la Iglesia, dándola para poseerla él mismo. Para ella, el poder incorporador del Espíritu es el amor. La Eucaristía es nupcial; Comer es, aquí, una palabra del lenguaje del amor. Cristo asimila a la Iglesia dejándose comer por ella. El amor es un comedor, recíprocamente, en un don recíproco de sí mismo. El sueño imposible de la unión total puede realizarse, por el amor que Cristo y la Iglesia comparten El sueño imposible de la unión total se puede realizar, porque el amor que comparten Cristo y la Iglesia es el Espíritu Santo, que es omnipotencia creadora: un amor que, amando, crea la unión que desea».

este misterio nupcial de Cristo y de la Iglesia: es a partir de esto, y no de un cambio en las estructuras institucionales, que debemos esperar una verdadera reforma de la Iglesia»[250].

Esta orientación de la teología podría también renovar el diálogo misionero con la cultura actual, que carece de puntos de referencia al respecto. Los frutos amargos del individualismo se manifiestan en la incapacidad de muchos para asumir un compromiso duradero, lo que lleva a la crisis de las instituciones fundamentales de la sociedad y de la Iglesia. Una visión antropológica imantada por la comunión, de acuerdo con la creación del hombre a imagen de Dios, puede atraer a nuestros contemporáneos, aunque solo sea en contraste con la precariedad y la vulnerabilidad de las relaciones humanas. Una respuesta cristiana articulada, sin embargo, debe asumir plenamente el hecho de que la persona humana es de naturaleza social y que, por lo tanto, es imposible hacerla feliz sin una red de relaciones armoniosas que llamen a nivel sobrenatural la perspectiva de una comunión de vocaciones para una Iglesia misionera y sinodal[251].

La comunión vocacional: un desafío para nuestro tiempo

San Juan Pablo II dedicó mucha energía a la gran causa de las vocaciones, especialmente a través de su promoción de la familia como Iglesia doméstica. Ya como arzobispo de Cracovia, apoyó a las parejas en su amor con su famosa teología del cuerpo, que no ha perdido nada de su relevancia. Su ministerio familiar fue inspirado por la Sagrada Familia de Jesús, María y José, una pequeña trinidad en la tierra que revela y refleja la Trinidad del Cielo. No olvidemos, en efecto, que Jesús une en una sola familia a la Trinidad del cielo y a la Trinidad de la tierra. Como Hijo del Padre e Hijo de María, une indisolublemente a las dos familias. ¡Qué gracia es para una familia humana amar y ser amada por el Niño-Dios presente en medio de ellos! ¡Qué transformación tan radical para la vocación al amor de María y

---

[250] H. Urs von Balthasar, *Introducción* al libro de Adrienne von Speyr, *Das Hohelied*, Johanner Verlag, p. 8.

[251] Véase la concepción de Baltasar de la persona como misión, que radicaliza, desde el punto de vista antropológico, el carácter esencialmente misionero de la Iglesia en El drama divino, II. Las personas en el drama 2. Personas en Cristo..., p. 161 y ss. Véase también mi disertación sobre el autor, de la que se ha publicado un extracto: M. Ouellet, *L'Existence comme mission. L'anthropologie théologique de Hans Urs von Balthasar*, Roma, Pontificia Universitas Gregoriana, 1983.

José! Sus vidas han dado un vuelco. Su amor nupcial plenamente humano se abrió a un don virginal de sí mismo a imagen de su Hijo. Consagrados por el Espíritu que viene de él, aceptaron el designio del Padre sobre su familia, que debía servir de fundamento a la Iglesia y a todas las familias humanas y religiosas que nacieran de su testimonio.

Esta Sagrada Familia de Jesús, María y José representa el origen histórico, pero también la matriz permanente de la Iglesia, cuya vida en comunión trinitaria acompaña siempre. En efecto, en ella la comunión de las personas divinas y humanas se fundió en una sola familia divino-humana. La humilde figura de José revela implícitamente la figura invisible del Padre Eterno. La intimidad inefable de Jesús y de su madre es un jardín sellado por el Espíritu Santo desde el primer momento de la encarnación hasta la pasión, muerte y resurrección de Cristo.

Esta misteriosa familia no es un mito ni un ideal evanescente, es una realidad tan concreta como todas las familias pobres del planeta, una familia obligada a parir en las precarias condiciones de una guardería, a emigrar para salvar al Niño de la furia de Herodes. Cuántos momentos dramáticos han vivido juntos: el doloroso descubrimiento de que está embarazada sin la participación de José, la amenaza de lapidación, la intervención celestial para confirmar a José en su papel de padre adoptivo de Jesús, la pérdida del adolescente en el Templo y la angustia de los padres, que preludiaba la de la Madre en el momento de la Pasión. Los Evangelios son discretos sobre la vida oculta de Jesús, pero se pueden imaginar muchas otras situaciones humanas como en cualquier familia, donde lucharon y sufrieron para proteger al Niño, educarlo y prepararlo para su misión.

Hoy en día, la teología de la encarnación debería incluir más de esa red fundamental de relaciones humanas que fue para Jesús una primera escuela de humanidad, una especie de trampolín que le permitió insertar gradualmente su identidad divina y sus relaciones trinitarias en la sed de amor de toda la familia humana. Jesús trabajó durante mucho tiempo en el anonimato como carpintero, oficio de José, para estar bien anclado en las realidades terrenales. Luego, iluminado por su bautismo en el río Jordán, dejó su ciudad natal para seguir la llamada del Padre a revelar su misterio más allá de Nazaret, en el ancho mundo donde su enseñanza profética y su testimonio de amor hasta el extremo engendrarían una multitud de vocaciones al amor.

Cada familia bautizada casada vive con Jesús en medio de ella, bajo la mirada del Padre, animada por el Espíritu de Amor. Formada por hijos de Dios en comunión divino-humana, concreta la sacramentalidad de la Iglesia en el territorio. Bien vivida, encarna una cultura del amor que se preocupa por los demás e irradia el Espíritu más allá de sus límites a través de su fraternidad, hospitalidad, humanidad y pertenencia a la comunidad eclesial. Esta Iglesia doméstica es un signo para la sociedad de que el futuro de la Esperanza está en este camino de humanización. ¿No es un recurso precioso para el futuro misionero de una Iglesia sinodal? Una institución más frágil y vulnerable que en el pasado, pero que encarna la misión como realidad sacramental, testimoniando que Dios es Amor y que camina con su pueblo.

La comunión ampliada de las vocaciones al ministerio ordenado y a la vida consagrada aporta una contribución vital al servicio misionero de la Iglesia doméstica[252]. En esta línea, quisiera recordar una manifestación especial del Espíritu Santo, no tanto como Espíritu del Padre que anima el ministerio ordenado o como Espíritu del Hijo que funda el sacerdocio filial de los bautizados, sino como Espíritu Santo *por derecho propio*, es decir, según su propiedad personal distinta del Padre y del Hijo. Esta dimensión personalísima del Espíritu se manifiesta particularmente en la dimensión carismática de la Iglesia, donde puede discernirse en su modo creativo y sorprendente de manifestar su libertad. A este respecto, está en el origen, por ejemplo, de las listas de carismas que se encuentran en las cartas paulinas (1Cor 12, Rom 12), pero anima en particular todo el campo de la vida consagrada en sus múltiples formas históricas. La *sequela Christi* según los consejos evangélicos pertenece a esa libertad creadora del Espíritu que añade la pluralidad y diversidad de los carismas personales y comunitarios a las dimensiones institucionales del bautismo, el matrimonio y el orden.

Toda esta riqueza carismática está todavía por descubrir y desarrollar en la Iglesia, porque es una manifestación contemporánea del Espíritu Santo en su libertad personal creadora, santificadora, misionera y sinodal. La transformación sinodal en curso será fecunda en la medida en que reconozca esta riqueza carismática que sostiene la tensión del pueblo de Dios hacia la santidad y suscita en los bautizados, en todos los estados de vida,

---

[252] Véase H. Urs von Balthasar, *L'état de vie chrétien*, Einsiedeln, Johannes Verlag, 2016, p. 340 s.

vocaciones ordinarias y extraordinarias, vocaciones misioneras multiformes que llevan al mundo la alegría del Evangelio.

Estoy convencido de que la «comunión de vocaciones», tal como el Espíritu Santo la promueve hoy a través de una espiritualidad de comunión en la Iglesia, es una fórmula fecunda y transversal que se aplica a todas las culturas y a todos los continentes. Porque el individualismo, la indiferencia y la soledad, rasgos comunes de una cultura global se están imponiendo en todas partes, incluso en los ambientes cristianos, por influencia de los medios de comunicación y de las modas. Por ejemplo, la búsqueda del rendimiento individual en el deporte o en cualquier otro ámbito no puede aportar una felicidad duradera a los jóvenes y a los ancianos de nuestro tiempo. El Espíritu del cristianismo debe aportar un elemento de alegría, de libertad e incluso de entusiasmo a través de la Buena Nueva del Amor Trinitario encarnado en la Iglesia y en nuestras humildes relaciones fraternas. Estas experiencias de comunión fraterna en todos los niveles de la vida, por modestas que sean, sostienen la esperanza de los pueblos ante las tragedias de la guerra, la miseria y las migraciones, que multiplican el número de víctimas inocentes. En respuesta a estos desafíos, el Espíritu de Cristo resucitado estimula la caridad de los miembros de su Cuerpo a una globalización de la solidaridad en favor de los más pobres. Crece así una espiritualidad de comunión misionera a la luz de la caridad universal que anima todas las vocaciones.

Recemos, pues, al Dueño de la mies para que envíe obreros a su mies. Rezar juntos es ya una «comunión de vocaciones» que atrae a otros. Además, el gran reto misionero de una Iglesia sinodal no es tanto organizarse mejor, estar en los medios de comunicación y en las redes sociales, recaudar fondos para la Iglesia, aunque todo eso es importante; nuestro reto esencial es formar verdaderos cristianos, discípulos misioneros como al principio, que se amen unos a otros según el Espíritu del Evangelio. Es la auténtica caridad la que marca la diferencia para la misión y la sinodalidad. La Madre Teresa y sus Misioneras de la Caridad vinieron de Asia y se extendieron por todos los continentes. Evangelizaron Occidente atendiendo a los más pobres entre los pobres, en las plazas de nuestras metrópolis y en nuestras favelas. Muchas de ellas han pagado con su sangre su permanencia en países asolados por el terrorismo y la guerra. Una Iglesia sinodal que camina en solidaridad real con los pobres conoce el Espíritu de las Bienaventuranzas, pero también la fecundidad de la Cruz.

La actual búsqueda sinodal es una oportunidad que no hay que desaprovechar, que debería cambiar a mejor el rostro de la Iglesia y aprovechar al máximo las fuerzas vivas disponibles para la misión. Sin restar importancia al principio jerárquico en la Iglesia, la emergencia del principio sinodal presupone una nueva escucha de las bases, una mayor apertura al diálogo y al cambio, así como una mano generosa tendida a los que se sienten excluidos. Es necesario mantener la prudencia y el discernimiento para evitar que las ideologías de derecha o de izquierda o la globalización de la indiferencia lleven al pueblo de Dios por caminos ajenos a la fe.

Por último, el papa Francisco nos exhorta a no olvidar el principio mariano, que él promueve en el mismo espíritu que el gran teólogo de Basilea, como contrapeso a la amenaza ideológica. La Santísima Virgen María es más fundamental en la Iglesia que Pedro y que todos aquellos a quienes se confían ministerios; abraza con su gran manto materno a todos los bautizados y ordenados, recordando a todos que las dos formas de participación en el único sacerdocio de Cristo se complementan y se apoyan mutuamente para la evangelización del mundo. Su mediación materna universal envuelve todas las mediaciones particulares que la Gracia de Dios manifiesta en la Iglesia, «sacramento de salvación», es decir, «signo e instrumento» de comunión para la salvación de la humanidad (*LG* 1). Todos estos principios eclesiales deben articularse armónicamente en una comunión sinodal y misionera consciente de prolongar sacramentalmente las misiones divinas del Verbo encarnado y del Espíritu de Amor y de Verdad[253].

Conclusión

El futuro misionero de una Iglesia sinodal es abierto y prometedor, a pesar de los nubarrones que se ciernen a corto y medio plazo sobre el destino de la humanidad. La Iglesia conserva de su Fundador las promesas de vida eterna. «Ella avanza, caminando entre las persecuciones del mundo y los consuelos de Dios»[254]. Es tanto más activa en compartir el tesoro del Evangelio cuanto que ha recibido la orden de distribuir a todos la herencia

---

[253] Los días 1 y 2 de marzo de 2024, el *Centro de Investigación y Antropología de las Vocaciones* (CRAV) organiza un seguimiento de la investigación teológica y pastoral sobre las vocaciones con un Congreso de dos días en el Aula del Sínodo Vaticano sobre el tema *Hombre-mujer imagen de Dios. Por una antropología de las vocaciones*. Este acontecimiento está animado por el Santo Padre, que ha aceptado participar.

[254] S. AGUSTÍN, *La Ciudad de Dios*, XVIII, 51, 2.

de la Palabra de Dios y del Espíritu Santo. La comunión divino-humana que experimenta, lejos de encerrarse en sí misma, la anima a vivir «hacia fuera», porque esta comunión es universal en calidad y, por tanto, en extensión, lo que significa que debe ser anunciada y llevada hasta los confines de la tierra, según el Evangelio. Su difusión depende del Espíritu Santo y de nosotros, porque somos copartícipes de la misión, de la encarnación del amor trinitario.

Pidamos, pues, al Dueño de la mies que envíe obreros a su mies. Pidamos por la comunión de todas las vocaciones bautismales, las del matrimonio y la familia, las de la vida sacerdotal y religiosa, las del apostolado seglar en todas sus formas. Sobre todo, no olvidemos el sacerdocio de los bautizados en su lugar de trabajo, en su vida social y en sus actividades de ocio, donde encarnan el Espíritu de Cristo en la sociedad. Esta presencia cristiana es un soplo de esperanza que impregna todas las situaciones, que atrae y consuela porque da prioridad a los pobres, a los enfermos y abandonados, a los emigrantes y refugiados. Esta práctica ferviente de la caridad incluye también la lucha contra las injusticias que abundan en un mundo dividido entre un puñado de ricos cada vez más ricos y masas de pobres cada vez más pobres. Con el papa Francisco, denunciemos las escandalosas desigualdades que arrojan a millones de emigrantes a las carreteras, expuestos a todo tipo de abusos, en busca de una vida más digna. Estos hechos nos preocupan y nos interpelan, porque nos urgen a luchar contra el mal sin descuidar sobre todo el bien. Seremos juzgados en el último día por el amor que demos o dejemos de dar a los necesitados.

El cristiano que asiste regularmente a la Sagrada Eucaristía y se renueva en la fuente de la Comunión trinitaria no puede ser indiferente a la suerte de la humanidad. Está implicado en una maravillosa y dramática Alianza planetaria que le da cada vez más para recibir y cada vez más para distribuir a los que le rodean. La comunión de vocaciones alimenta su fervor misionero en esta Fuente Eucarística, que contiene el centro de gravedad de todas las esperanzas humanas y de todas las culturas. Siguiendo el ejemplo del papa Francisco, ofrezcamos a los jóvenes de nuestro tiempo y a todos nuestros contemporáneos una perspectiva de futuro que apoye sus sueños de una tierra más habitable y de una humanidad más fraterna[255].

---

[255] FRANCISCO, *Christus vivit*, 25 de marzo de 2019, n°299.

Capítulo 4
La reforma de la Curia Romana en el ámbito de los fundamentos del derecho en la Iglesia

La promulgación de la Constitución Apostólica *Praedicate Evangelium*[256] ha venido a confirmar, desde el punto de vista jurídico, las innovaciones introducidas con anterioridad por disposiciones pontificias en la óptica de la conversión misionera de la Iglesia. Viene a favorecer el gran proyecto de reforma de la Curia Romana que se emprendió hace ya unos nueve años. Son muchos los que han acogido con enorme satisfacción la tan esperada conclusión de la reforma, sin embargo, otros han manifestado sus reservas tras la presentación pública del texto de la Constitución Apostólica, que ha argumentado las razones que pesaron en la toma de ciertas decisiones. La reserva de fondo que surge tiene que ver con la decisión de integrar a los laicos en el gobierno de la Curia, medida que supondría de hecho zanjar una controversia que viene de hace tiempo en la historia de la Iglesia, es decir, si el poder de gobierno está o no necesariamente vinculado al sacramento del Orden[257]. La Constitución asumiría implícitamente la opción de no considerar el sacramento del Orden como el origen de la «potestad de jurisdicción», sino de atribuirla exclusivamente a la *missio canonica* atribuida por el Papa, que conferiría así una delegación de sus propios poderes a cualquier persona que ejerza una función de gobierno en la Curia Romana, ya sea cardenal, obispo, diácono o laico[258].

Algunos juristas señalan que esta posición representa una revolución copernicana en el gobierno de la Iglesia, que no estaría conforme, o in-

---

[256] Francisco, Constitución Apostólica *«Praedicate Evangelium» sobre la Curia Romana y su servicio a la Iglesia en el mundo*, 19 de marzo de 2022.

[257] Cf. Associazione Teologica Italiana, a cargo de Massimo Epis, *Autorità e forme di potere nella Chiesa*, Glossa, 2019; en particular: Riccardo Battocchio, *Note storiche e teologiche sul dibattito attorno alla distinzione fra potestas ordinis e potestas iurisdictionis*, p. 125-154.

[258] Cf. G. F. Ghirlanda, «La riforma della Curia Romana nell'ambito dei fondamenti del diritto della Chiesa», *Periodica* 106, (2017), 537-631.

cluso iría en contra, del desarrollo eclesiológico del concilio Vaticano II[259]. Este, de hecho, abordó el tema en la sacramentalidad y la colegialidad del episcopado, sin por ello zanjar completamente la cuestión del origen de la «*Sacra Potestas*». Los expertos en derecho canónico llevan siglos debatiendo para comprender cuál es el origen de esta *Sacra Potestas*, que determina la estructura jerárquica de la Iglesia y su forma de gobernar al pueblo de Dios. ¿Se trata de una voluntad divina (no mediada) inscrita en el sacramento del Orden, que sustenta las facultades de santificar, enseñar y gobernar, o se trata más bien de una decisión de la Iglesia (mediada) conferida al Sucesor de Pedro en virtud de su mandato de pastor universal, con la asistencia especial del Espíritu Santo[260]?

La historia aporta elementos que pueden interpretarse a favor de una u otra posición. La tendencia a separar las potestades de Orden y de jurisdicción se funda en numerosas y antiguas disposiciones pontificias, que han avalado acciones de gobierno sin la potestad de Orden, por ejemplo, el gobierno de algunas abadesas, desde la Edad Media hasta la actualidad, de algunos obispos que administraron diócesis sin haber recibido el sacramento del Orden o de algunas licencias concedidas por el Papa a simples sacerdotes para ordenar a otros sacerdotes, sin ser obispos, etc. Se podría ampliar la lista de hechos que demuestran cómo el poder de gobierno no depende intrínsecamente de la potestad de Orden, sino más bien de otra fuente que se identificará más adelante con la *missio canonica* conferida por el Papa.

La escuela canonista de Eugenio Corecco y de los canonistas de Múnich, interpreta algunos de estos hechos como casos límite o aberraciones (¡un obispo no ordenado!) y se esfuerza por demostrar la lenta toma de conciencia, por parte de la Iglesia, de la naturaleza sacramental del episcopado y de los poderes afines (*Lumen gentium*, 21)[261]. De ahí, el esfuerzo del concilio Vaticano II por enraizar explícitamente las funciones de santificar, enseñar y gobernar en la potestad de Orden, dejando abierta la cuestión del fundamento de la distinción y de la unidad de las potestades de Orden y de

---

[259] Cf. E. Corecco, *Natura e struttura della «Sacra Potestas» nella dottrina e nel nuovo Codice di diritto canonico*, https://www.eugeniocorecco.ch/scritti/scritti-scientifici/ius-et-communio/ius-et-communio-27/, 28 de abril de 2022

[260] Cf. G. F. Ghirlanda, «La riforma della Curia Romana nell'ambito dei fondamenti del diritto della Chiesa», *Periodica* 106, (2017), 537-631.

[261] «La consagración episcopal, junto con el oficio de santificar, confiere también los oficios de enseñar y de regir, los cuales, sin embargo, por su misma naturaleza, no pueden ejercerse sino en comunión jerárquica con la Cabeza y los miembros del Colegio», *LG* 21.

jurisdicción, para su discusión por parte de los expertos. ¿La nueva Constitución iría tal vez más allá del canon 129 §2, que enuncia lo siguiente: «En el ejercicio de dicha potestad (de Jurisdicción), los fieles laicos pueden cooperar a tenor del derecho»? ¿Cómo conciliar los acontecimientos históricos con el derecho actual, que refleja la nueva conciencia sacramental de la Iglesia? En un sentido más amplio, ¿cómo explicar teológicamente el fundamento de la unidad de estos dos poderes, reconociendo al mismo tiempo su distinción y su complementariedad operativa?

Si se siguen las tesis de E. Corecco, la posición del Padre Ghirlanda y de la escuela jesuita, sería positivista y no incorporaría los progresos del concilio Vaticano II. El Concilio afirmó la unidad de la *Sacra Potestas* y, por tanto, la raíz sacramental de los *tria munera*. ¿Qué añadiría entonces la *missio canonica* a la potestad de Orden, si este ya incluyera el fundamento de la jurisdicción? La aportación de Klaus Mörsdorf, el gran maestro de la escuela de Múnich, radica en su afirmación de que el sacramento del Orden ya confiere el fundamento de la idoneidad para los *tria munera*, aunque la *missio canonica* añadirá la inclusión efectiva en el Colegio de los Obispos, mediante la encomienda simultánea de la responsabilidad de una Iglesia particular. Más que nadie, Mörsdorf ha reflexionado, estudiado y publicado sobre este problema, que merece, en su opinión, especial atención para evitar derivas cismáticas. Es especialmente cauto a la hora de llevar a cabo una distinción sin separar ambos poderes, que están intrínsecamente unidos en la identidad sacramental del obispo dedicado a una comunidad particular. Reconoce, sin embargo, que todavía carecemos de una investigación multidisciplinar, histórica, dogmática, sacramental, canónica, que pueda dar cuenta del fundamento de esta *sacra potestas* múltiple y, aun así, única[262].

Sin pretender zanjar el debate canónico, que posee métodos y criterios propios, quisiera sin embargo reflexionar sobre algunas consideraciones

---

[262] Cf. Bibliografía de Klaus Mörsdorf en E. Corecco, *Natura e struttura della «Sacra Potestas» nella dottrina e nel nuovo Codice di diritto canonico*, https://www.eugeniocorecco.ch/scritti/scritti-scientifici/ius-et-communio/ius-et-communio-27/, 28 de abril de 2022. En el ámbito francófono, en la misma dirección destaca el estudio de L. Vuillemin, *Pouvoir d'ordre et pouvoir de juridiction. Histoire théologique de leur distinction*. Préface par P. Valdrini. Postface par H. Legrand (coll. Cogitatio fidei, 228), Paris, Cerf, 2003, 505p.; véase la evaluación positiva de Alphonse Borras, «Ordre et juridiction: les enjeux théologiques actuels de l'histoire d'une distinction. À propos d'un ouvrage récent». En: *Revue théologique de Louvain*, 35, 2004, 495-509.

pneumatológicas que podrían ayudar a desbloquear este tema, a la luz de una eclesiología trinitaria y sacramental[263].

Observación preliminar: buscamos los fundamentos del Derecho en la Iglesia, es decir, los principios de la ciencia del ordenamiento jurídico que existe o debe existir, debido a la naturaleza de las cosas de la fe. A lo que nos referimos aquí es a las relaciones entre la naturaleza de la Iglesia, como institución divino-humana, y las estructuras de gobierno que le permiten cumplir su misión al servicio de la salvación del mundo.

Ahora bien, la naturaleza de la Iglesia es sacramental, esta es la adquisición fundamental del concilio Vaticano II. Antes de ser una sociedad jurídica, inmersa en las culturas de este mundo, es un misterio de comunión, una comunidad habitada y unificada por la comunión de las Personas divinas (*LG*, I-IV). Sus relaciones jurídicas internas están arraigadas en la comunión trinitaria, que se da en participación en Cristo mediante la Palabra y con los sacramentos, en particular los sacramentos del Bautismo, del Orden y de la Eucaristía.

Según su naturaleza sacramental, la comunión eclesial conlleva una dimensión jerárquica, que se corresponde con el misterio trinitario tal y como se nos revela. El Padre es la fuente de las procesiones trinitarias, la una generadora, la otra coordinadora de la *Communio*, ambas convergentes hacia el Padre, el *Arché* de la *Communio* trinitaria que se refleja en la *communio* eclesial.

La dimensión jerárquica de la comunión eclesial refleja, en consecuencia, la participación en la identidad del Padre y del Hijo que el Espíritu Santo abre a los miembros de la comunidad mediante la fe y el bautismo, así como mediante el sacramento del Orden y de la Eucaristía.

Este don de las Personas divinas a los miembros del Cuerpo místico de Cristo, a través de los sacramentos, establece nuevas relaciones entre las personas humanas, relaciones de comunión según un cierto orden que el Espíritu Santo garantiza de diferentes maneras, según su propia personalidad como Espíritu del Padre y del Hijo. De este modo, a algunos les confiere la identidad y la actitud filial que pertenece al carácter y a la gracia del bautismo; a otros, les confiere la identidad y la actitud paternal que se co-

---

[263] Hace veinte años, el cardenal Rouco Varela abría, en este sentido, «nuevas perspectivas», en su artículo: «Theologische Grundlegung des Kirchenrechts-Neue Perspectiven», *AfkKR* 172 (2003) 23-37.

rresponde al carácter y a la gracia del sacramento del Orden[264]. La función de los ministros ordenados de enseñar, santificar y gobernar despliega así las energías de la gracia, es decir, el poder del Espíritu Santo, en sus relaciones de autoridad como servicio al pueblo de Dios en su totalidad y, concretamente, ante la comunidad de la que son responsables los ministros[265].

¿Significa esto que el poder de gobierno debe depender necesaria y exclusivamente de la potestad de Orden? La historia lo desmiente con hechos. Entonces, ¿cómo puede entenderse el principio sacramental, que está en el origen del poder de jurisdicción, si no es gracias a que deriva de la *missio canonica* de un obispo investido de pastoralidad universal? Lo que fundamenta la unidad inseparable de las potestades de Orden y de jurisdicción es la figura del Sucesor de Pedro como cabeza del Colegio de los Obispos, que posee en comunión con ellos la máxima unidad de las potestades de Orden y de jurisdicción y que, por consiguiente, puede aplicar sus efectos, de forma total, tanto en el ámbito sacramental como en el jurídico o administrativo. También puede delegar y así hacer partícipes a los miembros del pueblo de Dios de su poder de jurisdicción.

Los que tienden a separar ambos poderes refuerzan la distinción entre el sacramento y la *missio canonica*, olvidando que el Orden agrega al Colegio episcopal, cuya cabeza posee la jurisdicción suprema que se extiende a todos los ámbitos de la vida de la Iglesia. Por esta razón, la potestad de gobierno que se concede a las Congregaciones femeninas de vida consagrada y la autoridad que se afirma en ellas, están siempre confirmadas y acompañadas formalmente por la autoridad episcopal o pontificia y, por tanto, no se ejercen de manera independiente de la potestad de Orden. En este caso, la autoridad no la ejerce un ministro ordenado, sino una personalidad carismática, que es reconocida como tal y está vinculada al ministerio ordenado por la estructura jerárquica de la Iglesia.

Quienes tienden a unir al máximo las potestades de Orden y de jurisdicción para cada ejercicio del poder de gobierno, corren el riesgo de perpetuar

---

[264] Cf. Marc Ouellet, «*L'Esprit Saint et le sacerdoce du Christ dans l'Église*», En: «*Por una teología fundamental del sacerdocio*». *Actas del simposio celebrado en el Vaticano, del 17-19 de febrero de 2022*. Publicaciones Claretianas, Madrid, 2023.

[265] Cabe recordar que existen dos participaciones distintas en el único sacerdocio de Cristo: bautismal y ministerial. Cf. *LG* 10: «El sacerdocio común de los fieles y el sacerdocio ministerial o jerárquico, aunque diferentes esencialmente y no solo en grado, se ordenan, sin embargo, el uno al otro, pues ambos participan a su manera del único sacerdocio de Cristo».

la imagen de una Iglesia clerical, favoreciendo así el clericalismo, en detrimento de la dimensión carismática de la Iglesia, ahora reconocida como co-esencial, junto con el poder jerárquico, si bien permaneciendo sometida a su discernimiento[266]. Nos hallamos en una primera fase de este reconocimiento, que el derecho canónico todavía no ha integrado y que debe tener consecuencias como resultado del progreso doctrinal oficialmente reconocido por la Congregación para la Doctrina de la Fe. A estos efectos, considero legítimo trazar algunas líneas de reflexión pneumatológica que podrían ayudar a renovar un modo de razonar binario que carece, en mi opinión, de fundamento trinitario[267].

Por ejemplo, aun conservando el principio de la unidad y de la distinción de los dos poderes, que son inseparables para el ejercicio del ministerio ordenado en todos los grados, sería oportuno reconocer un tercer poder de comunión, autoritario como servicio, que no procede del sacramento del Orden en cuanto tal, sino de la libertad del Espíritu Santo. En otras palabras, se debería reconocer junto a la potestad de Orden y añadida a él, la autoridad de los carismas que tienen su propio peso en la comunión y en la misión de la Iglesia. Enunciar este principio significa reconocer, de una forma más precisa, que el Padre gobierna en su Plan salvífico mediante las dos misiones divinas del Verbo y del Espíritu. Este otro poder de gobierno, carismático, se ejerce no solo en virtud de la Autoridad del Padre y del Hijo mediante el sacramento del Bautismo y del Orden (*Sacra Potestas*), sino específicamente en virtud de la Autoridad del Espíritu. Esta, nunca es totalmente independiente de la primera, ya que procede de ella, y sin embargo conlleva una identidad propia, identificable eclesialmente, pues de lo contrario se negaría implícitamente la Personalidad propia del Espíritu Santo. En la vida de la Iglesia, esta autoridad propia del Espíritu se manifiesta en la diversidad y en la unidad de los carismas y no está desvinculada del ministerio ordenado, pues busca su reconocimiento y su confirmación; sin embargo, se ejerce en virtud del don carismático propio, incluso cuando la

---

[266] Cf. Congregación para la Doctrina de la Fe, *Iuvenescit Ecclesiae, Carta sobre la relación entre los dones jerárquicos y carismáticos para la vida y misión de la Iglesia*, Roma, 2016.

[267] Estoy totalmente de acuerdo con el planteamiento de Dario Vitali en su estudio neotestamentario «*La ragione cristologica e pneumatologica dell'autorità nella Chiesa*»: «La historia de la salvación tiene lugar "por Cristo en el Espíritu Santo". Por eso es necesario trabajar por la recuperación efectiva de la pneumatología, como raíz, razón y principio de la autoridad en la Iglesia, junto a la más conocida y consolidada raíz y razón cristológica», p. 90, en: Associazione Teologica Italiana, *Autorità e forme di potere nella Chiesa*, Glossa, 2019, 23-91.

comunidad carismática está dirigida por un ministro ordenado. Esta línea de reflexión hace progresar a la teología de la vida consagrada y, al mismo tiempo, la fortalece ante las prerrogativas reconocidas, pero limitadas, del ministerio ordenado. Al pensar en san Francisco de Asís o en la Madre Teresa, se reconoce enseguida la huella de un don del Espíritu que impone, de alguna manera, una línea de gobierno[268]. La potestad de jurisdicción se basa, en este caso, en el carisma, aunque esté autentificado por el Papa o por un ministro ordenado. Las grandes Órdenes religiosas, por ejemplo, se rigen por su Regla, que institucionaliza el carisma. Más fundamentalmente en esta materia cabría reflexionar sobre el hecho de que Pablo fue elegido por el Señor Resucitado al margen del grupo de los doce y le fueron concedidos carismas extraordinarios, que a su vez le fueron reconocidos por los apóstoles para la obra de evangelización. Pablo es el símbolo de la libertad del Espíritu en la Iglesia.

¿Cómo seguir profundizando en la unidad y en la distinción de las potestades de Orden y de jurisdicción hasta su implementación operativa? Los canonistas actúan en base a una tradición que se funda en el «derecho divino» de la Revelación, aplicado en cierto paralelismo al derecho natural o positivo, interpretado a partir de la cultura jurídica del derecho romano. Esto implica algunos condicionamientos históricos y culturales, así como ciertas rigideces frente a los avances teológicos y carismáticos. Para abrir nuevos horizontes al derecho eclesial, otra línea de reflexión pneumatológica es la naturaleza trinitaria de la comunión eclesial y, por tanto, la participación de los fieles de cada categoría en las relaciones trinitarias, lo que conlleva determinadas consecuencias jurídicas que podrían deducirse de ello. Klaus Mörsdorf se acerca a esta perspectiva cuando distingue entre la «palabra» y el «sacramento»[269], y trata de explicar la diversidad funcional de los dos poderes mediante dos principios: el «*principium generans*» para el sacramento del Orden y el «*principium dirigens*» para la *missio canonica*,

---

[268] Sin lugar a dudas, es importante el discernimiento de los carismas por parte de la Autoridad jerárquica, dado que la libertad del Espíritu se puede interpretar de manera errónea y se puede abusar de ella, como sucede a menudo en grupúsculos que se autoproclaman carismáticos.

[269] A. Cattaneo, *La complementarietà di ordine e di giurisdizione nella dottrina di Klaus Mörsdorf*, https://dadun.unav.edu/bitstream/10171/10209/1/ CDIC _I_09, 28 de abril de 2022, 403.

que se complementan y se confirman[270]. Sin embargo, no parece llegar a la distinción de las misiones divinas del Verbo y del Espíritu en la base de estos principios, que actúan y participan en el orden sacramental y administrativo de la comunidad eclesial para garantizar su crecimiento y unidad.

De hecho, la autoridad de Cristo como representante del Padre (*Si ustedes me conocen, conocerán también a mi Padre*)[271] se comunica a la Iglesia mediante el sacramento del Orden, de modo que, a través de la Palabra y de los sacramentos, los bautizados puedan alimentarse y fortalecer su identidad filial; mientras que el don del Espíritu Santo asegura la comunión eclesial de los ministros y de los fieles. El buen orden de la «comunión» entre unos y otros está garantizado por el Espíritu, que difunde la caridad en los corazones, perfeccionando así las relaciones eclesiales fundadas en las diferencias estructurales y sacramentales entre unos y otros.

La potestad de Orden encarna la autoridad paterna de Cristo en la Iglesia, una autoridad que genera la vida sacramental, estructurando así a la comunidad y remitiendo a todos sus miembros a la obediencia al Padre, de quien toma nombre toda paternidad. El poder de jurisdicción encarna la autoridad del Espíritu Santo, comprometida a promover el orden del amor en la Iglesia, que supone la realización concreta del mandamiento del amor, pero también el derecho, la disciplina, la decisión y la corrección, una Autoridad que actúa con libertad, pero según el orden establecido por la Palabra encarnada y que remite en sí misma al Padre del Hijo unigénito, que es la Fuente de todo el Plan divino y de su conducta hasta la plenitud del Reino.

Generar la vida eterna en las almas, por una parte, y por la otra, acompañarlas, protegerlas y hacerlas fructificar, es la realización de las dos misiones divinas del Verbo y del Espíritu, que están en el fundamento, doble y único, de la *Sacra Potestas*. Esto entraña que las Personas divinas mismas se manifiesten en sujetos eclesiales dotados de poderes específicos, socialmente identificables. La eficacia salvífica de esta sagrada potestad se atribuye siempre, en primer lugar, al Agente divino que actúa personalmente según una doble modalidad, cristológica y pneumatológica, como la potestad de Orden, que da y nutre la vida divina, o como poder de jurisdicción, que

---

[270] A. CATTANEO, *La complementarietà di ordine e di giurisdizione nella dottrina di Klaus Mörsdorf*, https://dadun.unav.edu/bitstream/10171/10209/1/CDIC_I_09, 28 de abril de 2022, 401s.

[271] Jn 14,9.

asegura el orden del Amor en todas las dimensiones extremadamente diversificadas de la comunión eclesial, presente en la historia humana. De ahí la importancia del ministerio de Pedro, cabeza del Colegio de los Apóstoles, que posee la unidad de este doble poder, para la unidad de la Iglesia según el carisma petrino; de ahí también la autoridad carismática al servicio de la comunión y de la misión, sometida al discernimiento de los obispos y del Sucesor de Pedro, aunque no proceda directamente del ministerio ordenado, sino de la libertad del Espíritu Santo[272]. Así, concluimos con san Ireneo, que en el desarrollo armónico de la comunión misionera de la Iglesia, Cristo y el Espíritu son «las dos manos del Padre»[273].

En cuanto al gobierno de la Curia Romana, no basta con decir que la misión canónica encomendada por el Santo Padre es suficiente para fundar el poder de jurisdicción de toda autoridad ejercida en los dicasterios, ya sea la persona designada cardenal, obispo, religioso/sa o laico. El Papa confía una misión tras el discernimiento de un carisma o de una competencia que justifica su elección; la autoridad delegada por la *missio canonica* viene a configurar jurídicamente el servicio de la persona implicada, cuyo carisma personal se aprovecha y, según las competencias de los distintos dicasterios, no es indiferente que dicha persona sea un obispo, un sacerdote, un diácono o un laico. De lo contrario, se perpetuaría una mentalidad jurídica que únicamente hace hincapié en la delegación de poder, sin tener en cuenta la dimensión carismática de la Iglesia, lo que iría directamente en contra de la apertura a una auténtica descentralización[274].

A la luz de esto, la Constitución Apostólica *Praedicate Evangelium* puede integrar muy bien en el gobierno de la Iglesia, a los laicos, a las mujeres y a

---

[272] Las reservas acerca de la integración de una perspectiva carismática en ámbito católico, proceden de la influencia de las eclesiologías protestantes, que oponen el Espíritu y la Institución como dos realidades extrañas, una celestial y otra mundana. Cf. Hans Kung, *Die Kirche* (Freiburg-Basel-Wien 1967) que asume de manera desmedida su modelo; véase el análisis crítico de Su Eminencia el Cardenal Antonio Rouco Varela, *Carismas institucionales y personales*, Universidad San Damaso, Subsidia canónica 28, 20p, 13-16. Sin embargo, las aperturas conclusivas del Purpurado sobre los carismas siguen siendo muy restrictivas.

[273] Ireneo de Lyon, *Adversus Haereses*, iv, 20, 1.

[274] Otra vía de investigación de la descentralización, siguiendo los pasos de H. Legrand y de L. Vuillemin, hace hincapié en el vínculo sacramental entre el obispo y la Iglesia local: «*Le sacrement, en l'occurrence l'ordination, est lui-même producteur de droit du fait qu'il instaure un lien indissociablement spirituel et juridique entre l'évêque et son Église* » (Alphonse Borras, *op. cit.*, 497).

los religiosos y religiosas, sin por ello alterar su estructura jerárquica, sino actualizarla y equilibrarla con la ayuda de la pneumatología, que lamentablemente está demasiado ausente de las controversias canónicas, al tiempo que posee la clave de una reforma de la Iglesia en la hora y bajo el signo de los tiempos de la sinodalidad. Por consiguiente, es deseable que las innovaciones que contiene puedan aplicarse también al derecho universal[275]. Sin lugar a dudas, era necesario que un pastor universal, procedente del ámbito carismático de la Iglesia, introdujera de manera discreta y pacífica esta reforma del gobierno eclesial, que no relativiza la importancia de la *Sacra Potestas*, sino que la integra mejor en el marco de la eclesiología trinitaria y sacramental del concilio Vaticano II. Las reservas expresadas y los debates en curso deberían dar lugar a una profundización pneumatológica esencial para la continuidad y la creatividad de la auténtica Tradición eclesial.

---

[275] Se podría hipotetizar, con humildad, una reformulación del can. 129 en estos términos: Can. 129. De la potestad de gobierno, que existe en la Iglesia por institución divina, y que se llama también potestad de jurisdicción, son sujetos hábiles, un ministro ordenado y cualquier fiel bautizado, a quienes la autoridad de la Iglesia reconoce un carisma útil para la edificación del reino de Dios.

Unidad y distinción de las potestades de orden y jurisdicción en el ejercicio de la *Sacra Potestas*

¿Cómo justificar la participación de los laicos en el ejercicio de la *Sacra Potestas* del Papa y de los obispos? El Derecho Canónico prevé la posibilidad de colaboración de los laicos en una posición subordinada[276] desde 1983, pero la reciente promulgación de la Constitución Apostólica *Praedicate Evangelium* sobre la reforma de la Curia Romana amplía esta posibilidad a la asignación de puestos directivos en los dicasterios de la Curia Romana[277]. El hecho de que los bautizados que no han recibido el sacramento del Orden sean así asociados al gobierno (*munus regendi*) del Sumo Pontífice no ha encontrado sin dificultad la aprobación de una franja de la Curia -y no solo-. Las reservas derivan de la *vexata questio* sobre el origen y la articulación de la potestad de orden y la potestad de jurisdicción, objeto de controversia en la Iglesia desde la Edad Media[278]. ¿Habría querido el Papa zanjar la cuestión con una decisión arbitraria y partidaria? ¿Se opondría la iniciativa al desarrollo doctrinal del concilio Vaticano II sobre la unidad del sacramento del Orden (*Sacra Potestas*) con sus tres niveles de ejercicio de las potestades de enseñar, santificar y gobernar (*tria munera*) en el episcopado y el presbiterado y, en menor medida, en el diaconado? ¿Se verían así amenazadas las bases de la distinción entre clérigos y laicos y las prerrogativas

---

[276] Véase Código de Derecho Canónico, nº 129, § 1: «La potestad de gobierno, que en la Iglesia es verdaderamente de institución divina y se llama también potestad de jurisdicción, es propia, según las disposiciones del derecho, de los que han recibido las sagradas órdenes»; § 2: «Los fieles laicos pueden cooperar en el ejercicio de esta potestad según el derecho».

[277] FRANCISCO, Constitución Apostólica *Praedicate Evangelium*, nº 5: «Toda institución curial realiza su misión en virtud de la potestad recibida del Romano Pontífice, en cuyo nombre actúa con poder vicario en el ejercicio de su *munus primatial*. Por esta razón, cualquier fiel puede presidir un dicasterio u organismo, teniendo en cuenta la competencia, la potestad de gobierno y la función de este» (en adelante PE).

[278] Véase R. BATTOCHIO, «Note storiche e teologiche sul dibattito attorno alla distinzione fra potestas ordinis e potestas iurisdictionis», dans ASSOCIAZIONE TEOLOGICA ITALIANA, *Autorità e forme di potere nella Chiesa*, Milan, Glossa, 2019, p. 125-154.

de la jerarquía eclesiástica? Estas son solo algunas de las preguntas que nos obligan a reexaminar la relación entre las dimensiones sacramental y jurídica en el contexto de la actual búsqueda de estructuras más sinodales.

Con esta promulgación se dio a conocer al gran público la controversia, que interesa especialmente a los canonistas, y se brindó a los teólogos la oportunidad de arrojar algo de luz sobre ella. Por mi parte, he formulado una hipótesis que pretende conciliar las posiciones divergentes sobre el origen y la articulación de la *Sacra Potestas*[279]. Partiendo de un punto de vista radicalmente teológico, propuse apelar a la complementariedad de las misiones de la Palabra y del Espíritu para distinguir y unir las dos dimensiones de la autoridad pastoral en la Iglesia, la que deriva del sacramento del orden y la que procede de la misión canónica encomendada por el Papa. Esta complementariedad basada en la Revelación arroja luz sobre la relación entre las potestades del orden y de la jurisdicción, distinguiendo entre el aspecto cristológico de la potestad del orden y el aspecto neumatológico de la de la jurisdicción, manifestándose la primera como el aspecto vivificante de los sacramentos y la segunda como el aspecto regulador de la comunión de la autoridad eclesial.

Esta hipótesis teológica pretende tener en cuenta ambos polos, sin confundirlos ni separarlos como dos potestades independientes. Pues, por una parte, el enfoque canónico está condicionado por su método histórico y tiende a la separación de las dos potestades[280]; por otra parte, una interpretación demasiado rígida de las adquisiciones teológicas del concilio Vaticano II tiende a aumentar la potestad del orden y a reducir la jurisdicción a una reglamentación puramente administrativa[281]. La iniciativa del papa Francisco nos obliga a revisar la teología del derecho y del derecho sacramental para encontrar las razones de una apertura sinodal y adaptada a los tiempos cambiantes que vivimos. Esta investigación debe ser a la vez ecuménica y respetuosa de la tradición católica, abierta a la novedad del Espíritu y creativa para la conciencia misionera de la Iglesia.

---

[279] Véase Card. M. OUELLET, «La reforma de la Curia romana en el ámbito de los fundamentos jurídicos».

[280] Véase Gianfranco GHIRLANDA, «L'origine e L'esercizio della potestà di governo dei vescovi. Una questione di 2000 anni», *Periodica* 106 (2017), pp. 537-631.

[281] Véase Eugenio CORECCO, «Natura e struttura della "Sacra Potestas" nella dottrina e nel nuovo Codice di diritto canonico», *Communio* 75 (1984) 24-52. Para una buena visión de conjunto sobre la postura del arzobispo Corecco, véase Jacques BAGNOUS, *Charismes et Mouvements selon Mgr Eugenio Corecco*, Chora, Paris 2020, pp. 40-42 y 61-84.

Estos parámetros exigen una profundización de la teología del derecho deseada desde hace tiempo, en particular bajo el impulso del cardenal Antonio María Rouco Varela[282], y que esté menos condicionada por el legado del derecho romano o por un enfoque extrinsécista de la relación entre naturaleza y gracia[283]. En este sentido, el famoso diagnóstico del teólogo protestante Rudolf Sohm, que separa radicalmente el ámbito jurídico del sacramental, no es aceptable en la teología católica. Sin embargo, ha provocado un examen de conciencia que ha revelado que el método jurídico católico padece en menor medida la misma esquizofrenia[284]. El concilio Vaticano II desempeñó un papel importante en este desarrollo teológico, pero la revisión del Código de 1983 no logró una visión jurídica unificada y decisiva respecto a la *vexata questio* del origen y articulación de la potestad de orden y jurisdicción[285]. La dura crítica de Eugenio Corecco a este respecto pasa por alto el hecho de que la ambigüedad del Código no hace sino reflejar el estado de la controversia, que no fue zanjada por el Concilio.

De hecho, el debate ha permanecido abierto sobre la cuestión central tratada en la Nota praevia de la constitución dogmática *Lumen gentium*, que estipula que la agregación al colegio de los sucesores de los obispos tiene lugar mediante la consagración episcopal —que otorga la potestad de orden— «y mediante la comunión jerárquica con el jefe y los miembros del Colegio», que depende de la *missio canonica* otorgada por el Papa a cada ordenado. El peso específico de cada elemento es objeto de debate, pero

---

[282] Antonio María Rouco Varela, «Fundamentación teológica del Derecho canónico. Nuevas Perspectivas», trad. del original «*Theologische Grundlegung des Kirchenrechts. Neue Perspektiven*», *AFKKR* 172 (2003) 23-37: «*Abrir el espacio eclesial a la presencia y a la acción carismática del Espíritu Santo por los caminos ordinarios y extraordinarios que elige libremente para conducir a la Iglesia hacia una unión cada vez más viva con su Señor y Esposo*» (p. 15).

[283] Véase A.-M. Rouco Varela, *Teologia e Derecho. Escritos sobre aspectos fundamentales de Derecho Canónivo y de las relaciones Iglesia-Estado*, Madrid, Cristiandad, 2003, p. 262-306 : «La esencia interna del Derecho Canónico consiste fundamentalmente en la *relatio* que producen las uniones interpersonales, por las que la Iglesia se presenta a nivel local como la *communio* verdadera y apostolica en la Palabra y el sacramento de Jesucristo; y a nivel universal como la *communio Ecclesiarum* apostolica en la misma Palabra y sacramento de Jesucristo» (p. 284).

[284] Véase *ibid.*, p. 65-80

[285] Véase E. Corecco, «Natura e struttura della "Sacra Potestas"...», *loc. cit.*: «In nome di una efficienza tecnica e giuridica, ispirata ad un criterio di modernità, il CIC ha purtroppo marcato nel settore ecclesiologicamente cosi vitale della '"potestas" una deplorevole regressione teologica»; cf. también «Fondements ecclésiologiques du Code de Droit Canonique», *Concilium* 205 (1986) 19-30. Corecco deplora con razón la ausencia de toda referencia en el Código de 1983 a la dimensión del carisma en la Iglesia.

ambos son esenciales para la constitución de la *Sacra Potestas*: la potestad de orden y la jurisdicción, para ser miembros de pleno derecho del Colegio episcopal con la correspondiente habilitación para ejercer los *tria munera* ministeriales, que es esencialmente distinta de los *tria munera* ejercidos por los bautizados.

Para explicitar la hipótesis teológica formulada más arriba sobre la unidad y distinción de las potestades de orden y jurisdicción, será útil, en primer lugar, mostrar la relación de las misiones divinas con el conjunto de la estructura sacramental y jurídica de la Iglesia; en segundo lugar, explicar su aplicación diferenciada al ámbito específico de la *Sacra Potestas*; y, en tercer lugar, extraer algunas consecuencias para el renovado ejercicio de la autoridad en una Iglesia más sinodal.

Las misiones divinas del Verbo y del Espíritu en la estructura sacramental de la Iglesia

Comencemos recordando la perspectiva de Santo Tomás de Aquino, que ve la acción de Dios *ad extra* como una prolongación de las procesiones del Verbo y del Espíritu, ya sea en la creación, en la encarnación o en la Iglesia y la santificación de las almas[286]. Ampliando esta visión teológica basada en la Sagrada Escritura, podemos mostrar con mayor precisión el carácter complementario de las misiones de Cristo y del Espíritu Santo en la estructura sacramental de la Iglesia. En efecto, Dios Padre da a la Iglesia su propio Hijo, su Verbo, con la ayuda del Espíritu Santo, que suscita la fe en Él y engendra hijos e hijas de Dios mediante el bautismo. De ahí las relaciones filiales y fraternas de los bautizados, que son constituidos sujetos de derecho en virtud del carácter sacramental del bautismo y de los dones de la gracia que se les otorgan como miembros del Cuerpo de Cristo. Antes de las relaciones instituidas por el ejercicio de la *Sacra Potestas*, existe, pues, esta correlación fundamental entre la Palabra y la fe, en la que entran en juego las dos Personas-misiones divinas, la primera para el aspecto objetivo de la Palabra y del Sacramento, la segunda para el aspecto subjetivo de la fe, sin la cual no hay comunidad eclesial. Esta complementariedad es revelada

---

[286] STO. TOMÁS DE AQUINO, *ST*, Iª, q. 44, a. 2 ad 1; q. 45, a. 1; a. 2, ad 1; *Contra Gent.*, lib. IV, chap. 1 et 11; *In I Sent.*, Pr.: «*Sicut trames procedit extra alveum fluminis, ita creatura procedit a Deo extra unitatem essentiae, in qua sicut in alveo fluxus personarum continetur*»; QD *De Potentia*, q. 2, a. 5, ad 6.

por la Sagrada Escritura, que debe ser mencionada aquí al menos brevemente para justificar su aplicación al ejercicio de la *Sacra Potestas.*

Bíblicamente, parece que, sin distinguirse claramente, el Verbo y el Espíritu actúan en sinergia desde el principio (Gn 1s), donde Dios crea por
medio de su Palabra, pero no sin el Espíritu, que se cierne sobre las aguas,
acompañándole con su poder. «Palabra y Espíritu permanecen fundamentalmente unidos desde la época de la Antigua Alianza: la Palabra expresa principalmente el contenido y el carácter determinado del mandato de
Dios, mientras que el Espíritu expresa la fuerza divina con la que Dios
lleva a cabo la realización de lo que Él mismo decidió[287]». Sin construir
indebidamente una doctrina de la Trinidad en la Antigua Alianza, se
pueden discernir preparativos en los acontecimientos de la historia de la
salvación desde Abraham, Melquisedec y Moisés en adelante, así como en
las interpretaciones retrospectivas y prospectivas realizadas por los profetas:
«En la época post-exílica, (...) el Espíritu se proyecta en el pasado de Israel y
aún más en su futuro mesiánico: el Rey de los últimos días estará dotado de
todos los dones del Espíritu (Is 11), e incluso el Espíritu se derramará sobre
todo el pueblo (Joel 3,1-2)[288]».

A pesar de ciertos indicios, la personalización de las dos misiones per-
maneció latente e indistinguible. Hubo que esperar a la revelación personal
del Verbo encarnado y a su vinculación con el Espíritu, sobre todo en el
bautismo, completada por el testimonio de los discípulos después de la resurrección, para que las dos misiones se distinguieran y se unieran. Ambas
son creadoras, ambas revelan la sabiduría divina, ambas santifican la comunidad eclesial, ambas se acompañan y se suceden según las etapas del plan
de Dios. La etapa decisiva es, evidentemente, la encarnación del Verbo, a lo
largo de todo el proceso, desde el primer momento de la concepción virginal hasta la resurrección de Cristo; el Espíritu Santo se hace cargo después
de la continuación de la encarnación del amor trinitario, imprimiéndole
su propio modo de «comunión»; esto da origen a la Iglesia en su naturaleza sacramental y nupcial, su estructura jerárquica y su dinámica sinodal,
animada por los carismas. Esta es una brevísima panorámica de cómo se
articulan las dos misiones y cómo se complementan en la Iglesia.

---

[287] H. Urs von Balthasar, *La Théologique. L'Esprit de vérité,* Bruselas, Culture et vérité, 1996,
p. 55.
[288] *Ibid.*, p. 56.

En este contexto, me permito introducir una consideración especial sobre la figura de la Virgen María, que es el lugar teológico por antonomasia de esta sinergia y complementariedad de las misiones del Verbo y del Espíritu Santo. En efecto, en ella, la Sierva de la Palabra, el Espíritu opera la adhesión subjetiva a la Palabra, que toma carne de su carne. La Virgen Madre adquiere así un estatuto, por así decir, «suprasacramental», a causa del Verbo de Dios que se encarna en su seno por obra del Espíritu Santo: fue concebido por el Espíritu Santo. En ella, los dos aspectos de palabra y sacramento se funden en la unidad de su respuesta en el Espíritu, que realiza simultáneamente la encarnación del Verbo y la existencia nupcial y maternal de la Iglesia. Cuando Hans Urs von Balthasar habla del principio marial que prevalece sobre el principio petrino en la Iglesia, toma como punto de partida este Fiat de la Virgen María en el Espíritu Santo que acompaña la fe en la Palabra y la vida sacramental en toda la Iglesia; mediante este Fiat permanente, la Virgen María envuelve toda la sacramentalidad de la Iglesia, incluidas las dimensiones del ministerio jerárquico.

La inmanencia recíproca de las dos misiones no impide, sin embargo, distinguirlas y ver su función operativa en la fundación de la Iglesia y la constitución de las estructuras del nuevo pueblo de Dios en camino hacia el Reino. El mediador único de la salvación deja entrever el horizonte escatológico a través de su predicación del reino de Dios, que se hace patente en el momento de su Pascua, pero es el Espíritu quien introducirá a los discípulos en esta plenitud. *Yo rogaré al Padre, y os dará otro Paráclito, que estará siempre con vosotros. (Jn 14, 16); El Espíritu de la verdad, que os guiará a toda la verdad* (Jn 16, 13). *No hablará por su propia cuenta, sino que dirá lo que oiga* (...). Él me glorificará, porque recibirá lo que es mío y os lo comunicará (Jn 16, 14). De ahí la continuidad radical entre la misión del Verbo y la del Espíritu en virtud de la lógica trinitaria: *Todo lo que tiene mi Padre es mío; por eso he dicho que os comunicará lo que reciba de mí* (Jn 16, 15). Intérprete del Hijo como el Hijo interpreta al Padre[289], el Espíritu no carecerá de originalidad en su misión, ya que coronará el orden del Amor en la economía como corona eternamente la Gloria del Amor entre el Padre

---

[289] *Ibid.*, p. 60 s.: «Si, en términos joánicos, la «verdad» designa la «exégesis» (1,18) de Dios (el Padre) por el Hijo hecho carne, entonces el exégeta de esta verdad puede ser llamado legítimamente el «Espíritu de la Verdad» (14,17; 15,26; 16,13) con diversos grados de profundidad: dice la verdad y puede «atestiguarla», dar testimonio de ella, porque la conoce y la conoce porque es interior a ella, siendo interior a la relación entre el Padre que deja hacer su exégesis y el Hijo que hace la exégesis del Padre» (p. 61).

y el Hijo en la Santísima Trinidad[290]. Será el Agente último, el Defensor, el Maestro de la comunión trinitaria en la Iglesia Sacramento.

Su entrada en escena según su propia hipóstasis coincide con la resurrección de Cristo, que confirma la victoria del Amor trinitario sobre el pecado y la muerte. En efecto, es por su poder que el Padre resucita a Cristo de entre los muertos, en respuesta a su obediencia de amor hasta la muerte (Rom 1,4). A continuación, el Espíritu Santo lleva a buen término la misión de Cristo Redentor, haciéndola visible y operativa por medio de los sacramentos en beneficio de toda la humanidad. Prolonga así la economía de la encarnación según una nueva modalidad propiamente neumatológica, una modalidad de comunión, en la forma sacramental de la Iglesia, Cuerpo y Esposa de Cristo.

De ahí el axioma formulado más arriba de que la comunión de la Iglesia es la encarnación continuada de modo sacramental-neumatológico. Esta visión eclesiológica no es nueva; se remonta a la escuela de Mohler y a la encíclica *Mystici Corporis*, pero el énfasis neumatológico es nuevo. Se deriva de la lógica trinitaria, pascual y nupcial que emana de la resurrección de Cristo. Es en ese momento cuando el Espíritu Santo entreteje todos los misterios: el don trinitario del Espíritu confirma que Cristo es el Hijo del Padre eterno, que ha realizado verdaderamente la Nueva Alianza en su sangre, que está por tanto plenamente constituido como Esposo escatológico cuya fecundidad engendra a la Iglesia Esposa; es a partir de ahí cuando el Espíritu Santo recibido del Padre se derrama como Espíritu de la Nueva Alianza, Espíritu de paz, de verdad, de reconciliación y de comunión, Espíritu nupcial que se difunde a partir del don eucarístico de Cristo Esposo. Es aquí donde la estructura jerárquica de la Iglesia nace de la autoridad del Espíritu del Padre que resucita a Cristo de entre los muertos y le confiere todo poder en el cielo y en la tierra: *Recibid el Espíritu Santo, perdonad los pecados*. Esta articulación trinitaria, pascual y nupcial constituye el marco sacramental y el núcleo íntimo de la misión del Espíritu en la Iglesia, donde debe llevar a término la encarnación del Amor trinitario. De ahí la fórmula sintética que designa la comunión de la Iglesia como modalidad neumatológica de la encarnación.

---

[290] *Ibid.*, p. 6: «Tenemos que recordar siempre que el Espíritu es simultáneamente la atestación (objetiva) de este amor entre el Padre y el Hijo (en términos dogmáticos: como «tercera Persona») y el fruto interno de este amor recíproco (subjetivo), de modo que se le puede llamar al mismo tiempo Espíritu de amor del Padre y del Hijo (cf. Rom 8,9)».

Pues la encarnación que prolonga la humanidad de Cristo supone una continuidad corpórea y visible, pero también una nueva modalidad que corresponde a la propiedad del Espíritu Santo de ser Persona-Comunión.[291]. Esto se realiza en grado sumo en la relación entre la Eucaristía y la Iglesia, donde el Esposo y la Esposa participan en la misma vida divina mediante la doble epíclesis sobre las ofrendas y sobre la comunidad. El Espíritu constituye la Iglesia continuando lo que hizo en María: la encarnación del Cuerpo después de la de la Cabeza. Une la humanidad glorificada de Cristo Esposo con la humanidad redimida de la Iglesia, su Esposa. Esto comienza en el bautismo y continúa a través de todos los demás sacramentos, que siguen las etapas y condiciones de la vida humana mientras seguimos a Cristo. Hay que señalar que el orden sacramental es fundamentalmente cristológico, porque el Espíritu desarrolla todo lo que procede de Él, incluida la dimensión *ex opere operato* de los actos sacramentales de Cristo; pero se manifiesta en una nueva dimensión de eficacia sacramental *ex opere operantis*, que emana de la comunión y se expresa en la caridad, el testimonio, la autoridad, los carismas, el apostolado, etc. Justo al comienzo de la *Lumen gentium*, el concilio Vaticano II puso de relieve este nuevo paradigma de la sacramentalidad basada en la comunión, que irradia de la respuesta amorosa de la Esposa al Esposo, la sacramentalidad de la santidad. En definitiva, el Espíritu Santo inaugura este nuevo paradigma sacramental de comunión, que asume y corona la eficacia de la Palabra y de los sacramentos en la sacramentalidad global de la comunión eclesial como participación en la comunión trinitaria[292].

Una consecuencia inmediata de la encarnación sacramental de la comunión eclesial es la universalización de la mediación sacerdotal, profética

---

[291] Santo Tomás no se expresa en estos términos, pero establece hitos sobre el Espíritu Santo que abren el camino en esta dirección. Véase Jean-Pierre Torrell, «Yves Congar et l'ecclésiologie de Saint Thomas d'Aquin», *Revue des Sciences Philosophiques et Théologiques* 82, n. 2 (abril-junio 1998), pp. 213-218. Torrell comenta: «Hay que insistir más en la segunda misión divina, la del Espíritu, porque es por medio del Espíritu como la obra del Verbo encarnado conserva hoy su eficacia saludable para la vida eterna» (p. 213).

[292] H. Urs von Balthasar, *La Théologique...*, p. 349-350: «Si la Iglesia puede definirse como *Communio*, sus elementos constitutivos deben ser totalmente inmanentes entre sí (...). Tal inmanencia recíproca de momentos estructuralmente no intercambiables, que no se funden entre sí, hace de la Iglesia de Cristo una copia de la Trinidad; la acción mediadora de la salvación, del Espíritu Santo en ella, se convierte en la exégesis de la unidad y de la diferencia entre el Padre y el Hijo encarnado. En esta exégesis, Dios manifiesta su esencia como amor, y la revelación del amor como "ley de la gracia"».

y real de Cristo. Esta mediación se confiere primero a los bautizados, que se convierten en sus sujetos, y después a los llamados, agraciados con carismas específicos, que se convierten en sus *ministros*. Así, la misión profética, real y de culto del pueblo sacerdotal se realiza con la ayuda de todos los bautizados y de los ministros ordenados, una participación diferenciada, sacramental y existencial en el único sacerdocio de Cristo, sacerdote, profeta y rey. Al esclarecer la diferencia esencial y la articulación de este ejercicio, nunca debemos perder de vista la importancia primordial de la participación existencial de los bautizados, al servicio de la cual existe, para el tiempo de la economía, la participación ministerial[293]. Esto presupone resituar en perspectiva fundamental la relación entre el ejercicio de los *tria munera* por parte de los bautizados y por parte de quienes, por la recepción del sacramento del Orden, son titulares de la *Sacra Potestas*. Tal cuestión requiere una adecuada clarificación de la ordenación de las misiones divinas del Verbo y del Espíritu en la comunión jerárquica de la Iglesia, utilizando el nuevo paradigma neumatológico aplicado a los sacramentos y al derecho eclesial.

Misiones divinas y Sacra Potestas

Hablar hoy de ley y sacramentos en eclesiología es invocar la distinción fundamental establecida por Klaus Morsdörf entre *Palabra y sacramento* como elementos fundamentales de la identidad eclesial, reflejada en el binomio orden y jurisdicción[294]. La estructura jurídica de la Iglesia se distingue de las sociedades civiles por su fundamento, la Palabra de Dios en Cristo, que suscita la fe y se concreta en el Sacramento según la economía de la Encarnación. De ahí la iniciación cristiana estructurada por los sacramentos del bautismo-confirmación-eucaristía, que unen al bautizado al Cuerpo de Cristo y lo configuran como miembro ontológicamente incorporado a Cristo Sacerdote, Profeta y Rey, y por tanto con derecho a participar en el culto divino, en el testimonio profético y en el servicio real

---

[293] Véase Card. M. Ouellet, (dir.) *Para una teología fundamental del sacerdocio...* El mayor desafío del Simposio romano de febrero de 2022 fue articular esta complementariedad de las dos participaciones en el único sacerdocio de Cristo.

[294] Véase Arturo Cattaneo, «La complementarità di ordine e giurisdizione nella dottrina di Klaus Mörsdorf», *Cuadernos* doctorales, 1983, n° 1, p. 383-438: «La diferencia resultante encuentra su expresión más significativa en la dualidad de la jerarquía eclesiástica. La potestad de jurisdicción y el orden corresponden a la Palabra y al Sacramento» (p. 403).

de la caridad en todos los ámbitos de la actividad humana, apostólica o profesional. Esta estructura básica de la Iglesia se completa con el principio jerárquico constituido por el sacramento del orden en sus tres grados, episcopado-presbiterado-diaconado, en el que la dualidad de *la potestad de orden* y *jurisdicción* se manifiesta como una determinación complementaria e irreductible de la *Sacra Potestas*.

A través de sus estudios positivos de historia, el maestro de Munich identificó dos características que aclaran la distinción entre la palabra y el sacramento en términos de *la Sacra Potestas*; por una parte, según sus términos, existe una potestad *generans* que corresponde al sacramento cuya función esencial es constituir la identidad cristiana o ministerial; y, por otra parte, una potestad *dirigens* que corresponde a la autoridad que dirige y por tanto determina el ejercicio y las modalidades concretas de la misión en el caso de los ministros ordenados. Se trata entonces de una palabra reguladora (*dictio*) complementaria que no es del mismo orden que la palabra sacramental, pero que tiene un efecto real en el plano jurídico[295]. A Mörsdorf solo le faltó identificar la raíz teológica de estos dos principios inseparables e irreductibles de la Sacra Potestas: la sinergia de las Personas-misiones del Verbo y del Espíritu, que puede dar mejor cuenta de la unidad operativa y la distinción irreductible de las dos potestades en el corazón de la *Sacra Potestas*.

El concilio Vaticano II no resolvió la cuestión del origen de la *Sacra Potestas* y de la unidad de sus dos dimensiones sacramental y jurisdiccional. Mantuvo los dos elementos, sacramental y extrasacramental, en la cuestión de la pertenencia al Colegio de los Obispos sin discernir con precisión la relación entre ambos. Este trabajo se deja a los teólogos. La hipótesis explicativa de las misiones del Verbo y del Espíritu, las dos manos del Padre (Ireneo), considera la potestad del orden como la dimensión cristológica y la de jurisdicción como la dimensión neumatológica. Esta hipótesis confirma que cada una de estas dimensiones es irreductible a la otra, y nos invita a considerarlas de manera más bien teológica que histórica, ecuménica o política. Se trata de aclarar su diferencia y su unidad a través de las misiones divinas, su especificidad, sus relaciones mutuas, como hemos hecho anteriormente, así como su capacidad para resolver ciertas aporías.

---

[295] A. CATTANEO, «*La complementarità di ordine e giurisdizione…*», p. 401-403: «El poder del orden como principio vital de la Iglesia necesita la mano reguladora que pueda ordenar su crecimiento».; cita de Mörsdorf en la nota 62, p. 401.

Las posiciones teóricas en eclesiología van desde la afirmación de la separación de estas potestades y de su complementariedad, hasta la tendencia a relativizar al máximo la potestad de jurisdicción en favor de la de orden. Esta segunda tendencia se inspira en el concilio Vaticano II y en la visión unitaria del sacramento del orden, cuya plenitud se reconoce en la sacramentalidad del episcopado. Al fin y al cabo, la jurisdicción sería una coordinación administrativa que no tiene nada en común con la potestad sacramental, porque la potestad sacramental procede inmediatamente de Dios (derecho divino), mientras que la jurisdicción concedida por el Papa solo tiene el peso de la mediación humana (derecho eclesial), que, sin embargo, está asistida por el Espíritu Santo. Para algunos, este último planteamiento justifica la exigencia de descentralización respecto de la Curia romana en nombre de la potestad del orden, una potestad sacramental que la jurisdicción no puede anular, aunque pueda suspender su ejercicio. Tal descentralización estimularía la identidad y las iniciativas propias de las Iglesias locales, favoreciendo así su dinamismo sinodal y misionero. Tomemos nota de esta tesis sin entrar por el momento en la cuestión.

La famosa *Nota praevia* al final de la Constitución *Lumen gentium* mantiene, además de la potestad de orden, la *communio hierarchica* con el jefe del Colegio y sus miembros como elemento esencial para la plena pertenencia al Colegio de los sucesores de los Apóstoles. De estos dos elementos, es necesario reconocer la preponderancia de la consagración episcopal sobre la base del orden de las procesiones trinitarias, la dimensión cristológica (ley divina) que precede a la dimensión neumatológica (ley eclesial); sin embargo, no hay que exagerar la diferencia, ya que el elemento neumatológico es también de orden divino, lo que invita a no degradar la jurisdicción (ley eclesial) al nivel de una simple administración humana que goza de la asistencia del Espíritu Santo. Ambas potestades proceden de la misma fuente divina, en la medida en que la acción del Verbo y la acción del Espíritu son de la misma naturaleza, aunque tengan características institucionales diferentes. Desafortunadamente, la influencia del derecho civil sobre el derecho canónico y la falta de una visión sacramental de la Iglesia-comunión han contribuido históricamente a devaluar el ejercicio de la autoridad eclesial y a modelarlo según el estilo de las sociedades civiles.

El principio de la sacramentalidad como modalidad neumatológica de la Encarnación, expuesto anteriormente, nos obliga a matizar la oposición entre ley divina y ley eclesial, ya que ambas son materia de la voluntad divina y la segunda construye específicamente la comunión eclesial, que es la finalidad de las misiones complementarias de Cristo y del Espíritu. En consecuencia, reconozcamos humildemente que el desconocimiento de la dimensión neumatológica de la ley eclesial ha devaluado la valoración y el ejercicio del ministerio ordenado y lo ha expuesto a la lógica del poder civil. Algo que pretendemos evitar en teoría, pero de lo que seguimos dependiendo en la práctica, por falta de una adecuada visión teológica de la autoridad pastoral.

Es necesario, por tanto, repensar la distinción entre las potestades de modo que se reconozca que la *missio canonica*, la regulación del ejercicio de la potestad de orden, no es solo un apéndice administrativo de la consagración episcopal, con todo el respeto debido a la primacía de la dimensión cristológica, pero sin olvidar la dimensión neumatológica que le está estrechamente asociada. De lo contrario, habría que decir que Cristo resucitado basta para fundar el orden sacramental y que el Espíritu Santo solo tiene un papel subordinado, cuando no evanescente. De hecho, Cristo glorioso actúa por medio de su Espíritu en la Palabra, los sacramentos, la ley y todos los ámbitos de la vida de la Iglesia. El ejemplo más evidente es la transubstanciación eucarística, que es un acto de Cristo realizado por el Espíritu, en perfecta armonía. Al entregarse hasta la muerte por amor a su Iglesia, Cristo dio espacio al Espíritu Santo y se entregó a Él de modo kenótico-eucarístico para el futuro. El Espíritu correspondió resucitándole de entre los muertos e integrando toda su obra, con su causalidad específica, en su propia misión de santificación y realización del Reino de comunión trinitaria en la Iglesia[296]. De este modo, la conjunción íntimamente articulada de las dos misiones divinas realiza el plano fundamental de los sacramentos en general y de la *Sacra Potestas* en particular: la participación sacramental de la *communio ecclesialis* y de la *communio ecclesiarum* en la comunión trinitaria, con una aportación capital de la *missio canonica* a todos los niveles, según la plenitud del carisma petrino.

Esta participación sacramental neumatológica se despliega a nivel de acción en los bautizados con sus *tria munera*, que se ejercen según la gracia filial de su sacerdocio común, mientras que los *tria munera* son ejercidos

---

[296] Véase Jn 16, 14-15: *Él tomará lo mío para dárselo a conocer*. Precisamente porque el Espíritu es el agente de la resurrección, es decir, de la exaltación de Cristo a la diestra del Padre con toda su existencia glorificada, puede disponer de su bien y mostrar su actualidad para todas las generaciones de creyentes.

también a otro nivel, esencialmente diferente, por los ministros ordenados según la gracia paterna de su sacerdocio jerárquico[297]. El Concilio precisa que las dos formas del único sacerdocio de Cristo se ordenan entre sí y que el sacerdocio de los ministros (*Sacra Potestas*) está al servicio del sacerdocio de los bautizados. Esto confirma desde otro ángulo que la dimensión cristológica sacramental es finalizada por la dimensión neumatológica de la comunión. Esta articulación ya está presente en el bautismo, que se completa con la confirmación. También forma parte de la configuración de la *Sacra Potestas* con la dualidad de las dos potestades de orden y jurisdicción, que completan la estructuración sacramental global de la Iglesia-Comunión como «signo e instrumento» de la comunión trinitaria compartida con la humanidad. Una vez más, sin embargo, hay que señalar que la obra redentora de Cristo es confirmada, completada y coronada por esta comunión en el Espíritu Santo, que glorifica al Padre y al Hijo.

Tal perspectiva jurídico-sacramental de carácter neumatológico debe entenderse más allá de la lógica del *ex opere operantis* y por debajo de la lógica del *ex opere operato* de la dimensión cristológica. En efecto, estas categorías comunes no logran expresar los ricos matices de la sacramentalidad neumatológica, que incluyen el factor de la libertad humana y, por tanto, los límites del pecado y de la resistencia a la gracia. El Espíritu Santo, derramado en los corazones por la gracia y conferido a los ministros como carisma de autoridad, realiza su obra de unificación y comunión liberando y respetando la libertad humana falible y a veces rebelde. Esto vale para todos los niveles de la vida eclesial, desde el primer pastor hasta el último fiel. Hay que reconocer, sin embargo, que el ejercicio de la autoridad pastoral del Sumo Pontífice sobre toda la Iglesia supera ampliamente el nivel de los «sacramentales» y se sitúa en el ámbito sacramental de la comunión bajo la guía del Espíritu Santo para la unidad de la Iglesia. En virtud de su carisma petrino, que le da jurisdicción universal e inmediata sobre toda la Iglesia, el Papa realiza discernimientos y toma decisiones bajo el influjo sacramental del Espíritu Santo, que construye la comunión misionera de la Iglesia *ex opere operantis*, pero con mayor valencia por la importancia de su oficio y de su carisma. No se trata de una sacramentalidad a la baja, comparada con la eficacia de los gestos sacramentales de Cristo, sino de una sacramentalidad de otro orden, de tipo nupcial, fundada en la Persona-comunión del Espí-

---

[297] Véase Card. M. OUELLET, «El Espíritu Santo y el sacerdocio de Cristo en la Iglesia» en *Para una teología fundamental del sacerdocio. …*, vol. 1, p. 115-133, aquí p. 129.

ritu y cuyo modelo no es el acto del ministro *ex opere operato*, sino el *fiat* mariano prolongado en todo acto de fe y de obediencia eclesial.

Si reflexionamos, debemos reconocer que la sacramentalidad de la comunión eclesial está aún por descubrir debido a la brecha que se ha abierto entre la dimensión sacramental y la dimensión jurídica de la Iglesia. Al haber confinado la sacramentalidad a la dimensión cristológica de los siete sacramentos y reducido el ejercicio de la autoridad doctrinal o pastoral al plano administrativo, no disponemos de los recursos y categorías necesarios para articular la sacramentalidad de la comunión eclesial. Esto requiere un enfoque neumatológico que estructure la comunión eclesial a partir del vínculo entre la Eucaristía y la Iglesia. En efecto, la sacramentalidad de la Iglesia se alimenta de la comunión eucarística y se irradia eficazmente en el mundo a través de la caridad fraterna y el celo misionero. Ya desde las primeras líneas de la Constitución dogmática *Lumen gentium*, el Vaticano II indicó este horizonte sacramental y misionero de la Iglesia-Comunión como Iglesia sacramento, «signo e instrumento» de la comunión con Dios y de la unidad de la especie humana.

En esta perspectiva sacramental neumatológica, la *communio ecclesialis* fundada en el bautismo y en la Eucaristía, ampliada por la *communio episcoporum*, conduce al valor sacramental universal de la *communio ecclesiarum*. El Espíritu del Padre es conferido al ministro de Cristo Cabeza y Esposo, capacitándolo para edificar la comunión de las Iglesias a partir de la edificación de la propia Iglesia, en comunión jerárquica con todos los demás obispos, *cum et sub Petro*. De ahí el testimonio pacífico y evangelizador de la Iglesia habitada por el Espíritu de comunión trinitaria en todas las dimensiones de su ser, de su estructura jurídica y de su misión. Reconocer así la dimensión neumática y neumatológica de la Iglesia significa pensar en términos de eficacia y autoridad de la comunión, y no solo en términos de eficacia de ciertos actos jurídicos a la manera del poder mundano. La crisis del ministerio jerárquico nos exige superar una visión mundana del poder que oscurece la dimensión sacramental al basarse más en la coacción que en la comunión. El olvido del Espíritu Santo ha hecho derivar el ejercicio del poder en la Iglesia hacia lógicas mundanas de carácter político, étnico y cultural. De ahí el abuso de poder, la imagen pública negativa y la dificultad de desarrollar una mística de servicio como caridad pastoral de tipo nupcial, según el Espíritu de la Alianza entre Dios y su pueblo. Es de esperar que la llamada del papa Francisco a la conversión sinodal abra el camino neumatológico de la comunión, que lleve a la aceptación e integración de los carismas, con el consiguiente aumento de la participación y una renovada práctica de la autoridad pastoral.

Un nuevo paradigma sacramental y jurídico para una Iglesia sinodal

La tesis de un nuevo paradigma parte de la naturaleza de la Iglesia, finalmente captada en su especificidad sacramental de comunión misionera. El modelo *cristo-monista* (Congar) dominante durante siglos ha privilegiado la institución jerárquica en detrimento del carácter mistérico y dinámico del pueblo de Dios, oscureciendo en cierto modo su participación en la comunión trinitaria en el Espíritu Santo, que es la novedad y la revolución copernicana del Concilio.

En esta línea de comunión debe afirmarse ciertamente la potestad del orden como elemento determinante de la pertenencia al Colegio episcopal. Es significativo que la ordenación de un obispo requiera normalmente al menos tres obispos como signo del Colegio al que une el sacramento. Este es el elemento decisivo, cristológico, al que la determinación concreta del lugar y del modo de ejercicio por parte del jefe del Colegio añade, sin embargo, una dimensión esencial en el plano operativo. La teología no ofrece una solución prefabricada para los ajustes canónicos necesarios para esta integración neumatológica de la *Sacra Potestas*, pero proporciona un fundamento que probablemente calmará la controversia, porque es coherente con el desarrollo doctrinal del concilio Vaticano II e inherente al misterio de la Iglesia como Cuerpo y Esposa de Cristo.

¿Cuáles son las ventajas de esta visión neumatológica para el ejercicio de los *tria munera* del obispo? Por una parte, la afirmación de la primacía de la potestad de orden refuerza el elemento de universalidad de su pertenencia al Colegio episcopal, lo que a su vez aumenta su sentido de responsabilidad para con la Iglesia universal *cum et sub Petro*; por otra, la dimensión sacramental neumatológica de la *misión canónica* conferida por el Sumo Pontífice fortalece su vínculo orgánico con la Iglesia local confiada a su cuidado, lo que refuerza su creatividad y paternidad. La comunión eclesial se refuerza así horizontal y verticalmente, despertando el dinamismo de los carismas y favoreciendo el crecimiento de la subjetividad misionera y sinodal de la Iglesia local. Los bautizados son estimulados en el ejercicio de sus *tria munera*, que se despliega a su nivel y en su estilo filial y fraterno, en un espíritu de apertura ecuménica y de fraternidad universal. De este modo, la comunión eclesial crece en calidad y extensión, estimulada por la conciencia misionera de los fieles y de sus pastores, tanto a nivel del culto en el Espíritu y en la Verdad (*leiturgia*), como a nivel del testimonio de la Verdad (*martyria*), y a nivel del servicio real de la caridad y de la paz (*diakonia*).

¿Qué relevancia tienen estas consideraciones para las aporías de la historia del *munus regendi* en la Iglesia? ¿Tienen un impacto práctico suficiente para zanjar la polémica sobre el origen y la articulación del poder de orden y jurisdicción? ¿Son suficientemente coherentes y pertinentes para integrar la coesencialidad de la dimensión carismática y estimular la corresponsabilidad de los laicos en el desarrollo misionero de una Iglesia sinodal?

En primer lugar, el enfoque teológico consolida la distinción y la unidad de funcionamiento de la *Sacra Potestas*, sin acentuar indebidamente un aspecto en detrimento del otro. Se trata de una doble potestad en el sentido de capacidad de acción, pero de naturaleza distinta y complementaria: la potestad de orden es generadora de vida, la potestad de jurisdicción es reguladora del orden del Amor en la comunidad misionera que es la Iglesia[298]. Hay pruebas históricas de que esta distinción ha llegado para quedarse, y los intentos de reducir la importancia de uno u otro aspecto han fracasado históricamente. La última reforma de la Curia Romana por el papa Francisco confirmó su importancia al abrir la posibilidad de que un laico pueda ser prefecto de un dicasterio romano, tomando así una postura práctica a favor de la posibilidad de un cierto origen extrasacramental del poder de jurisdicción, pero dejando abierta la cuestión teológica[299]. Hemos intentado profundizar en ella apelando a una sacramentalidad más amplia que integre los sacramentos en una visión neumatológica de la sacramentalidad en su conjunto. Luego, los elementos de reflexión que hemos aportado sobre las misiones divinas, su modo de actuar y cooperar en la realización del plan

---

[298] Véase H. Urs von Balthasar, *La Théologique...*, p. 346-347: «El derecho de la Iglesia es solo la garantía de que la Iglesia no puede ni debe ser otra cosa que la comunidad de amor que se manifestó en Cristo y se nos da en el Espíritu Santo.»

[299] Véase Sergio F. Aumenta et Roberto Interlandi, «La Curia romana secondo Praedicate Evangelium. Tra storia e riforma», *Subsidia Canonica* 40 (2023), p. 61: «Cio, tuttavia, non debe portare a concludere che Papa Francesco abbia voluto dirimere una volta per tutte la *vexata quaestio* dell'origine della potestà di governo, la quale rimane a tutt'oggi aperta».

del Padre, permiten comprender mejor la estructura sacramental de la Iglesia y el ejercicio unificado y diferenciado de la *Sacra Potestas*.

Esto no resuelve todas las aporías, pero abre el camino para completar, si no reformar, la metodología canónica, cuyos hábitos de pensamiento están más influidos por el derecho civil y las culturas históricas que por la novedad de la gracia y la neumatología. Las misiones divinas del Verbo y del Espíritu se reconocen y afirman inmediatamente en el nacimiento, la constitución y la misión de la Iglesia, con su dimensión sacramental y canónica. Pero en la práctica, la neumatología ha sido a menudo olvidada, incluso en cristología y en el campo de la gracia, por lo que no es de extrañar que lo haya sido aún más en el derecho canónico. No se trata de apelar al Espíritu Santo como si fuera un *Deus ex machina* que resuelve enigmas; su papel no puede ser arbitrario ni interpretado artificialmente bajo la presión de movimientos culturales o de nuevas necesidades ministeriales; debe inscribirse con todo rigor teológico en la economía de la encarnación y como parte integrante de la naturaleza mistérica de la Iglesia; de ahí su aportación específica, que emana de su *Tropos hyparxeos* en la comunión trinitaria, una Persona-Comunión que opera en el plano del ser y del actuar de manera que justifica la articulación jerárquica y misionera de la Iglesia-Comunión.

Identificado así con mayor precisión el origen teológico del *munus regendi* en la misión del Espíritu Santo, que constituye un nuevo orden sacramental que incluye el orden sacramental cristológico, se abre el camino para valorar la dimensión carismática de la Iglesia, un ámbito que ha permanecido en barbecho, cuando no en suspenso en la tradición, a causa del desarrollo unilateral de la dimensión cristológica institucional. Admitir en principio el origen neumatológico del *munus regendi* nos libera para acoger y reconocer los carismas y allana el camino para una mejor integración de sus múltiples y variados dones en el desarrollo de la comunión y la misión. En efecto, los carismas derivan de la liberalidad del Espíritu Santo, que sopla donde quiere, y es coherente que el discernimiento de los carismas y la supervisión de su integración estén garantizados por una función de la jerarquía que emana de una asistencia específica del Espíritu Santo. Una vez reconocido un carisma capaz de participar en el *munus regendi*, la autoridad eclesial respeta el valor y la autoridad que le son propios y determina su lugar y modo de servicio al bien común de la comunidad[300]. En general, esta dimensión jurisdiccional del discernimiento de los carismas recibe muy poca atención por parte de los pastores, por falta de sensibilidad a la comunión y de atención a la presencia y a las manifestaciones concretas del Espíritu Santo en la comunidad.

Habría que añadir todo un capítulo sobre la co-esencialidad de la dimensión carismática como contrapeso y complemento de la dimensión jerárquica de la Iglesia, porque la historia revela no solo una desconfianza y marginación de los impulsos carismáticos, sino también una disciplina estricta y un cierto monopolio de la institución eclesial a costa de la libertad cristiana y de la creatividad misionera. Afortunadamente, la dimensión carismática ha florecido en el ámbito de la vida consagrada, cuya aportación a la comunión y a la misión de la Iglesia ha sido efectivamente coesencial en la práctica, antes de ser reconocida ahora en el plano doctrinal[301]. Este reconocimiento tardío dice mucho de la lentitud de los seres humanos para percibir los signos del Espíritu y reformarse radicalmente en la dirección de la sinodalidad. Esto significa escuchar no solo a los fieles de base, sino también a quienes reciben carismas particulares para el bien de la comunidad. Significa también aceptar que la integración de estos carismas modifica la dinámica de las relaciones eclesiales y, por tanto, el ejercicio de la *Sacra Potestas*, abriendo mayores oportunidades de consulta y participación en las decisiones que conciernen a toda la comunidad.

Por ejemplo, las situaciones concretas de las comunidades cristianas en la Amazonía donde la falta de sacerdotes limita la vida sacramental exigen una mejor valoración de los carismas que el Espíritu Santo ofrece a la co-

---

[300] A esta luz, podemos entender las decisiones del papa Francisco de confiar responsabilidades de dirección a laicos o religiosos dotados de un carisma especial para la dirección de un determinado dicasterio de la Curia Romana. Además, ciertos carismas ofrecen una base para un ejercicio subordinado pero real de la autoridad. Recordemos el ejemplo de las grandes órdenes religiosas de la Iglesia, que se rigen por la autoridad de su carisma.

[301] Véase Congregación para la Doctrina de la Fe, Carta a los Obispos de la Iglesia Católica sobre la relación entre los dones jerárquicos y los dones carismáticos para la vida y la misión de la Iglesia *Iuvenescit Ecclesia*, 15 de mayo de 2016 (señalado como IE); H. Urs von Balthasar, *La Théologique...*, p. 348: «El carisma tiene también, en la medida en que es dado por Dios, un derecho decidido a hacer valer su misión ---si es necesario, después de que el ministerio servidor lo haya sometido al examen apropiado (...), como lo vemos por ejemplo en los carismas de las grandes órdenes y en la influencia de ciertos santos distinguidos por el Espíritu. Esto muestra que la acción del Espíritu en la Iglesia trasciende absolutamente su bipartición "jurídica" en laicos y clérigos».

munidad. Los diáconos, los catequistas, los guías de las comunidades de base, los responsables de los grupos de oración, los múltiples servicios de caridad para los enfermos, los más pobres, las víctimas de la explotación, toda una serie de testimonios de la fe en ámbitos muy variados podrían recibir un cierto reconocimiento eclesial de su papel con la correspondiente misión de animación de la comunidad. Esto ya existe y podría intensificarse en colaboración con los párrocos de paso, ya sean sacerdotes o diáconos de una diócesis o miembros de equipos misioneros debidamente reconocidos en el territorio. Soluciones creativas basadas en la corresponsabilidad real de los laicos y el reconocimiento de los carismas podrían dar lugar a un nuevo movimiento de evangelización menos dependiente de los recursos presbiterales únicamente. El cambio de paradigma inspirado en un enfoque neumatológico pone en primer plano el servicio de la caridad y de la Palabra que compromete en primer lugar los recursos bautismales de la comunidad, que la Eucaristía corona a ritmos más espaciados según la disponibilidad de los ministros. La frecuencia de la Eucaristía no crea automáticamente un dinamismo evangelizador en la comunidad; esto lo vemos en nuestras sociedades secularizadas, donde no es principalmente la posibilidad de la Eucaristía lo que marca la diferencia, sino la experiencia de la fe y la pasión por la comunión fraterna. La fe se transmite a través del testimonio personal más que a través de canales institucionales, incluso litúrgicos. Las comunidades que carecen de sacerdotes nos lo demuestran y deben hacernos más sensibles al verdadero dinamismo de la evangelización, que proviene sobre todo de la calidad de los discípulos más que de la multiplicación de los ministerios. El futuro de una Iglesia sinodal debe construirse sobre todo a partir de la dimensión bautismal y carismática, bien integrada en la comunión orgánica de los diversos miembros del Cuerpo eclesial, animados por el Espíritu Santo. ¡Ojalá que tal orientación hiciera surgir, por la efusión del Espíritu Santo, una nueva primavera de vocaciones religiosas y ministeriales!

Conclusión

Hemos partido de una hipótesis teológica para conciliar las posiciones contrastantes sobre la unidad y distinción de las potestades de orden y jurisdicción en la historia de la *Sacra Potestas*. La solución propuesta para resolver la controversia obligó a modificar el marco de referencia de lo sacramental, ampliando la visión cristológica de los sacramentos en general y de la potestad de orden en particular, hacia una visión neumatológica de la sacramentalidad de la Iglesia. En esto hemos seguido la lógica trinitaria de las misiones divinas del Verbo y del Espíritu, cuya acción común y diferenciada en el misterio de la encarnación y de la Iglesia, comunica a la humanidad una participación real en la comunión de las Personas divinas. La dimensión cristológica de los siete sacramentos conduce así a la dimensión neumatológica de la Iglesia-comunión que se convierte en la categoría fundamental de lo sacramental. Se trata de un nuevo paradigma que valora la eficacia y finalidad de los sacramentos para la comunión eclesial y misionera. De ahí, dicho sea de paso, una mejor comprensión de los principales ejes de la acción del papa Francisco: la importancia de la fraternidad universal, la *communio ecclesiarum*, la solidaridad planetaria para la casa común y la paz, la poderosa atracción de los santos para la eficacia de la evangelización.

En este marco eclesiológico resultante del concilio Vaticano II, es posible mostrar la unidad y distinción de las potestades de orden y jurisdicción, gracias a la neumatología que permite, en primer lugar, reunir las dimensiones sacramental y jurídica separadas durante demasiado tiempo y concebidas como heterogéneas. Esto se desprende del ejercicio de la *Sacra Potestas* por parte del soberano pontífice que nos permite ver que sus decisiones «administrativas» con múltiples consecuencias jurídicas provienen de una plenitud del Espíritu Santo que le confiere el carisma petrino, para servir a la unidad. de la Iglesia como Pastor Supremo en todos los ámbitos relacionados con esta unidad[302]. La plenitud de la potestad de orden en él como cabeza del colegio episcopal se extiende a una postestad de jurisdicción plena que surge no de una analogía con los poderes terrenales sino de la sacramentalidad del Espíritu Santo que finaliza con la comunión según la naturaleza propia y misión de esta Persona divina comprometida en todas las dimensiones y estructuras de la Iglesia.

La principal ganancia de este enfoque neumatológico de la sacramentalidad es la revalorización del ministerio pastoral *ex opere operato* por la fecundidad *ex opere operantis* de las relaciones eclesiales de comunión que emanan de una visión sacramental *sui generis* del *munus regendi*. Además, en este marco ampliado de sacramentalidad neumatológica, el conjunto

---

[302] Pensemos en todo lo que significa para el ministerio petrino convocar un concilio, un sínodo, redactar una encíclica, intervenir a tiempo y a destiempo en problemas y situaciones dramáticas, etc.

de los carismas recibe no solo un derecho de ciudadanía sino una apertura agradecida y entusiasta según el Espíritu de comunión y de misión. En definitiva, resulta que el ejercicio de la *Sacra Potestas* se verá ciertamente facilitado por la provisión de nuevos recursos y por una estima renovada de la *communio ierarchica* de la Iglesia, aunque sea a costa de una conversión sinodal, que supone una auténtica escucha del Espíritu Santo en la base, un compartir decisiones y responsabilidades, un mayor Espíritu de amor y de servicio. Ahora creo más firmemente que el desafío de la misión en nuestro tiempo pasa por este cambio de paradigma sacramental y sinodal.

Tercera parte

CARISMA

Capítulo 1

El Espíritu y la Esposa dicen: ¡Ven!

El Espíritu y la Esposa dicen: ¡Ven! El que oye, diga: ¡Ven! El que tenga sed, que venga; el que lo desee, que reciba gratuitamente el agua viva (Ap 22,17)[303].

Queridos amigos, obispos, sacerdotes y diáconos:

Bendigo al Señor por habernos reunido de nuevo en el tiempo pascual, después del gran encuentro de la misa crismal, que nos ha permitido renovar nuestras promesas de fidelidad a Cristo Pastor y a su Iglesia. En este tiempo pascual, rico en esperanza por la resurrección de Cristo, me alegra saludaros con la fórmula tradicional, habitual en muchas Iglesias: «Cristo ha resucitado, aleluya»; «Sí, verdaderamente ha resucitado, ¡aleluya! ¡Aleluya!»

En la primera asamblea del clero a la que asistí el año pasado, compartí con vosotros algunas reflexiones sobre el sacerdocio en un mensaje en el que expresaba mis mejores deseos para la Iglesia de Quebec, a la que el Señor me llama a amar y servir. Quisiera continuar esta reflexión en forma de un intercambio espiritual y pastoral guiado por las palabras del Señor a sus apóstoles: *Ya no os llamo siervos, sino amigos, porque todo lo que he aprendido de mi Padre os lo he dado a conocer.* La amistad del Señor que nos une como hermanos en el sacerdocio presupone confianza e intimidad recíprocas. Que el Espíritu Santo nos ayude a crecer en esta amistad, que edifica la Iglesia mediante la unidad del *presbyterium*.

El tema del misterio pascual que hemos elegido para hoy retoma de algún modo la reflexión iniciada durante la celebración de mi cardenalato en San Roque: *Volver a empezar desde Cristo*, que es el gran tema propuesto por Juan Pablo II al comienzo del tercer milenio en la *Novo Millenio Ineunte*. No abordaré este tema de manera académica, sino más bien desde el punto

---

[303] Conferencia pronunciada en la Asamblea Anual del Clero en Quebec, 19 de mayo de 2004.

de vista de nuestra vida pastoral y de nuestra espiritualidad como ministros ordenados al servicio del pueblo de Dios. Sin embargo, llamaré vuestra atención, de paso, sobre algunos textos sugestivos de la encíclica *Ecclesia de Eucharistia* y de la exhortación apostólica *Pastores gregis*, sobre el obispo como servidor del Evangelio de Jesucristo para la esperanza del mundo. Estas enseñanzas nos ayudan a pensar y a vivir como Iglesia, en un espíritu de formación permanente para una nueva evangelización.

Maranatha

El Espíritu y la Esposa dicen: ¡Ven! El que oye diga: ¡Ven! Esta frase del Apocalipsis, que he subrayado, expresa muy bien la dinámica pascual que estamos viviendo, y que es ante todo un deseo y una oración por nuestra parte. Junto con el Espíritu y la Esposa, imploramos al Señor de la historia, el Viviente en nuestros caminos, que venga y complete su obra: *¡Maranatha! ¡Ven Señor Jesús! ¡Venga a nosotros tu Reino!* Pedimos menos su «regreso» que su «advenimiento», porque el regreso evoca al Jesús terrenal, mientras que el advenimiento de su Reino subraya la novedad del Señor. Juntos, pues, en el amor que une al Espíritu y a la Esposa, supliquemos a Cristo resucitado que nos dé nuevos alientos y una esperanza renacida. ¿Quién no los necesita para afrontar los retos de la actualidad?

Por mi parte, he encontrado una ayuda y un aliento preciosos en las últimas enseñanzas del Santo Padre Juan Pablo II sobre la Eucaristía y el obispo, servidor de la esperanza. Además de alimentar mi espiritualidad de amigo del Esposo con sus logros en eclesiología nupcial, el Santo Padre no deja de asombrarme y edificarme con su consagración personal al ministerio, a pesar del deterioro de su salud y de su avanzada edad de 84 años. ¡Qué testimonio para el mundo! ¡Qué consuelo para los ancianos! ¡Qué ejemplo para nosotros!

«Todo obispo» —escribía— «se configura con Cristo para amar a la Iglesia con el amor de Cristo esposo y para ser, en la Iglesia, ministro de su unidad, es decir, para hacer de la Iglesia 'el pueblo unido en la unidad del Padre y del Hijo y del Espíritu Santo'»[304]. Hay dos rasgos de este texto que dan una imagen clara del ministerio de unidad del obispo: su fundamento trinitario y su simbolismo nupcial. Estos dos rasgos fundamentales pueden alimentar

---

[304] S. Juan Pablo II, Exhortación apostólica postsinodal *Pastores gregis*, n°13 (en adelante *PG*).

nuestra espiritualidad de comunión tanto a nivel de la comunidad eclesial en su conjunto como a nivel del presbiterio, que es una estructura particular de comunión al servicio del conjunto.

En segundo lugar, me ha alegrado ver confirmada la idea expuesta el año pasado de que el sacramento del Orden se refiere al misterio del Padre y a su presencia sacramental en la Iglesia. La Iglesia vive de la presencia viva y operante de las Personas divinas que le dan parte en Su comunión en Cristo. Tal misterio sacramental implica que el obispo, imagen del Padre, imita al Buen Pastor, Esposo de la Iglesia, que da la vida por sus ovejas, guiando a todos los fieles, en primer lugar, a los sacerdotes, a las personas consagradas, a los diáconos y a los numerosos obreros y obreras del Evangelio. Para todos ellos y ellas, el obispo es, a imagen de Dios, «padre y madre», nos dice el texto, quizá en recuerdo de Juan Pablo I, que se atrevió a hablar así de Dios.

Los sacerdotes participan abundantemente de esta paternidad espiritual, en su grado subordinado, pero en toda verdad, cuando asumen gozosamente la santidad de su estado orando al Espíritu que recibieron en su ordenación. Ha sido para mí una gran alegría ordenar este año a tres sacerdotes, dos religiosos y un diocesano, además de los tres diáconos que pronto serán sacerdotes diocesanos para el servicio de nuestra Iglesia. A esta hermosa cosecha, que reaviva nuestra esperanza, se han añadido también tres diáconos permanentes. Damos gracias a Dios por esta bendición, y rezamos y pedimos rezar por nuevas vocaciones diaconales y presbiterales. «Al presentar esta oración al Padre de las luces, de quien proceden *los mejores dones y los regalos maravillosos* (Sant 1,17), la Iglesia cree en su eficacia, ya que ora en unión con Cristo Cabeza y Esposo, que hace suya la súplica de la esposa, uniéndola a la de su sacrificio redentor[305].

En el corazón del misterio pascual

Para profundizar nuestra propia espiritualidad de comunión con la fuente del Misterio pascual, sigamos el ejemplo de Moisés que Juan Pablo II nos recuerda, invitándonos a entrar «en la nube oscura y luminosa del misterio del Padre, del Hijo y del Espíritu Santo»[306]. Como Moisés que precede valientemente a su pueblo y lo guía a través del mar Rojo, el obispo

---

[305] S. Juan Pablo II, Carta encíclica sobre la Eucaristía en relación con la Iglesia *Ecclesia de Eucharistia*, n°43.
[306] *PG*, n° 12.

y el sacerdote son pastores de un pueblo en camino, interpretando para él la Palabra de Dios y mediando la Alianza. Son ministros de Cristo, el nuevo Moisés, que actualiza todas las figuras de la Antigua Alianza en su propio misterio pascual.

En el corazón de este misterio, Dios Esposo, que espera la respuesta de amor de su esposa, establece una nueva alianza en Jesús, el Cordero pascual sacrificado. Estas bodas del Cordero, celebradas entre el cielo y la tierra en la Cruz gloriosa, despliegan la totalidad del don de Dios con la respuesta inicial de la Iglesia, que se convierte en el Espíritu en cuerpo de Cristo y esposa del Señor resucitado. Aunque la comunión de la Iglesia con Cristo Esposo sigue siendo imperfecta, no por ello deja de ser real y definitivamente adquirida, hasta el punto de fundar un estilo de vida radicalmente nuevo. Las personas consagradas y los ministros ordenados dan testimonio con su vida de esta novedad escatológica ya presente y operante en el corazón de las vicisitudes de la historia humana. «Para la Iglesia y para el mundo de hoy», escribe el Santo Padre, «el testimonio del amor casto constituye, por una parte, una especie de terapia espiritual para la humanidad y, por otra, un desafío a la idolatría del instinto sexual»[307].

Aunque están envejeciendo, las comunidades religiosas que tengo el placer de visitar vibran todavía con la evocación de este misterio nupcial que es el fundamento de su felicidad y de su compromiso con la Iglesia. En ninguna parte he sentido tan intensamente unida la oración del Espíritu y de la esposa por el advenimiento escatológico del Reino. La Iglesia de Quebec puede contar con estos tesoros de alabanza, adoración y súplica, que responden al ministerio de los sacerdotes y sostienen mi esperanza. El misterio pascual resplandece en estos testimonios de oración, de sufrimiento y de alegría. No olvidemos, queridos amigos, reconocer abiertamente y dar a conocer con orgullo la extraordinaria contribución de estas mujeres y, en particular, de las comunidades religiosas femeninas y masculinas al desarrollo del patrimonio espiritual y cultural de nuestro pueblo. Nuestros benditos fundadores y fundadoras no han terminado de construir el futuro a través de nuestra memoria espiritual, litúrgica y cultural.

---

[307] *PG*, n° 21.

Al soplo del Espíritu

Este esfuerzo de memoria no es un repliegue nostálgico sobre el pasado. Es una obediencia al Espíritu, que es la memoria de nuestros orígenes, decididamente orientada hacia el futuro a través de proyectos destinados a llegar a las jóvenes generaciones. ¿Cómo no recordar la XIX Jornada Mundial de la Juventud, el Domingo de Ramos de 2004, que confirmó las fecundas intuiciones de nuestra pastoral juvenil con la participación entusiasta de más de 600 jóvenes? ¡Qué extraordinario momento de fraternidad y creatividad! ¿Sabéis qué es lo más significativo que estos jóvenes recordaron de la evaluación de la jornada? El encuentro personal con el sacerdote durante la celebración comunitaria del perdón con confesión y absolución individual. Esta experiencia de gracia conmovió a los jóvenes que luego salieron a la calle, felices de afirmar su fe y celebrarla con entusiasmo en la Eucaristía del Domingo de Ramos en la catedral.

Un viento de rejuvenecimiento sopla en nuestra Iglesia, inspirando nuevas iniciativas a varios niveles, que no puedo detallar, pero que veo aquí y allá durante las visitas pastorales. Viejos movimientos se renuevan, el Movimiento de Trabajadores Cristianos acaba de celebrar aquí una asamblea internacional muy importante, las experiencias de catequesis se multiplican, los voluntarios perseveran a pesar de una cierta pérdida de entusiasmo por el voluntariado ligada al envejecimiento y a la difícil situación de los trabajadores y de las familias. Como pastores sobre el terreno, animáis a las parroquias y comunidades a celebrar aniversarios, y apoyáis las actividades caritativas y las iniciaciones sacramentales. Merece la pena destacar aquí el intenso y no siempre fácil trabajo de los equipos pastorales, con menos recursos y en territorios más extensos, gracias a la inestimable ayuda de los vicarios episcopales y de los equipos regionales, coordinados eficazmente por el director de pastoral y el moderador de la Curia.

He constatado la fecundidad evangelizadora de las «Ovejas de Jesús», que desarrollan una excelente fórmula de catequesis muy propia de nuestra zona. Me alegro del nuevo impulso que hemos dado al «Institut de la Famille» con el nombramiento de dos personas competentes que renuevan la colaboración de la diócesis con este instituto tan meritorio al servicio de la familia. Se esperan importantes avances en este ámbito, así como en el de la enseñanza religiosa confesional en las escuelas, que seguimos necesitando para ofrecer una instrucción religiosa básica a la inmensa mayoría de las familias de Quebec. Qué recuerdo aquel encuentro de familias en Cristo-Rey, en Lévis (¡900 personas!), que me permitió vislumbrar quizá el ámbito más prometedor de nuestra pastoral a largo plazo.

Como primer párroco de la archidiócesis, a partir del próximo mes de septiembre tengo la intención de ofrecer unas horas regulares de disponibilidad a cualquier persona, en la catedral, sin cita previa, para un breve encuentro personal, para un consejo, una confidencia e incluso para la confesión sacramental. Esta iniciativa pretende expresar un deseo de contacto directo con todos los fieles, especialmente los pobres, que deseen confiar algo a su pastor o recibir de él una palabra de aliento, una bendición o incluso la absolución individual. Estos momentos simbólicos de encuentro con el obispo serán secundados también por otros ministros en horarios fijos y regulares, para dar un paso más en la mejora de la comunicación y la revalorización del sacramento de la penitencia en su forma ordinaria.

La experiencia pascual tiene un aspecto glorioso que reaviva la esperanza, pero también tiene un lado doloroso que las visitas pastorales a veces me dan la oportunidad de ver por mí mismo. Por ejemplo, la preparación del cierre de una iglesia en Bienville, en la orilla sur, unas semanas antes de Pascua, me implicó en el dolor de una comunidad a punto de perder el uso de su iglesia parroquial. Durante una Eucaristía dominical, sentí el doloroso sacrificio de esta comunidad, que ahora tendrá que unirse a otras asambleas de la zona. Momentos como este nos hacen darnos cuenta de la identidad humana y espiritual de una parroquia. Una comunidad cristiana no es una multitud anónima; tiene un nombre y una historia que merecen respeto.

Este dolor me ha hecho compartir vuestro sufrimiento y me ha hecho sentir más profundamente vuestra amistad, tan preciosa en los grandes momentos cruciales de la vida pastoral. A pesar de las dificultades asociadas a la reorganización pastoral y a los cambios de mentalidad exigidos por las nuevas orientaciones catequéticas, aceptasteis de buen grado las adaptaciones necesarias, a pesar del envejecimiento del personal y del deterioro de la salud. Me permito felicitaros por vuestra generosidad en el trabajo y vuestra apertura para repensar en profundidad el lugar y el papel de las estructuras parroquiales en la misión de la Iglesia.

El testimonio pascual del presbiterio

Acabo de mencionar algunos de los muchos momentos culminantes de la vida diocesana, que han alimentado y estimulado mi esperanza y mi caridad pastoral, así como la de mis colaboradores inmediatos, los obispos auxiliares, los vicarios episcopales y los sacerdotes, ayudados por los diáconos. Siento el deber de caridad de agradeceros a todos la colaboración leal y generosa que ofrecéis a un joven obispo, todavía en su aprendizaje, que afronta muchos desafíos. El misterio pascual de Cristo recorre también la red de nuestras relaciones presbiterales y pastorales al servicio de la Iglesia. Vivimos actualmente un momento particularmente significativo a este respecto. La rica tradición episcopal de la archidiócesis de Quebec sigue proporcionando obispos a otras diócesis.

Queridos amigos, ya no os llamo siervos, os llamo amigos míos, porque todo lo que he aprendido de mi Padre os lo he dado a conocer a vosotros. El misterio pascual de Cristo esconde aún muchos aspectos misteriosos, en lo más profundo de nuestras vidas, que podríamos compartir. Las reflexiones precedentes han revelado algunos aspectos muy fragmentarios de mi primer año y medio de experiencia pastoral en Quebec, de los que he dado cuenta más detallada en otro lugar. Podéis adivinar que este esfuerzo por comunicarme con vosotros y con los fieles, a pesar de mis limitaciones y mis errores, pretende servir a la nueva evangelización y a la amistad del Señor que nos une en la misma misión pastoral. Ante los desafíos de hoy, a veces nos sentimos sin aliento y en peligro de abandonar. Yo también siento lo mismo y me siento tentado por las mismas tentaciones. Por eso os invito a rezar por mí y por los demás, para que todos estemos a la altura de nuestra llamada a la santidad.

La exhortación apostólica *Pastores gregis* exhorta al obispo a ser fiel a su oración apostólica personal, a la Liturgia de las Horas, que es un canto «que la Esposa canta al Esposo», y a la práctica ejemplar de los consejos evangélicos, que son «reflejo de la vida trinitaria»[308] en los creyentes. Ayudadme, queridos amigos, con vuestra oración y el ejemplo de vuestras virtudes, a ser el pastor santo que refleja el rostro de Cristo para todos los hombres: «el rostro de la pobreza, de la mansedumbre y de la pasión por la justicia; el rostro misericordioso del Padre y del hombre de paz y pacificador; el rostro

---

[308] *PG*, n° 18.

de pureza de quien mira constante y únicamente a Dios»[309]. Por mi parte, me comprometo a apoyaros lo mejor que pueda con la gracia de Dios.

Conclusión

A modo de conclusión, permítanme reiterar mi alegría por ser amigo del esposo y amigo de ustedes por la gracia de Dios. La eclesiología nupcial del Santo Padre me parece que complementa muy bien la eclesiología pre y postconciliar del Cuerpo de Cristo y del pueblo de Dios. Los desarrollos en este sentido de la *Pastores gregis* ponen de relieve la reciprocidad de la Iglesia como esposa ante Cristo Esposo, que fundamenta mejor la alianza entre el hombre y la mujer en la Iglesia, y la fecundidad vocacional de la gratuidad del amor, que sigue siendo un signo encantador en un mundo desencantado. Ojalá encontremos portadores y emprendedores de una cultura vocacional para la renovación de las comunidades cristianas al servicio de nuestra sociedad. *Duc in Altum!*

> *El Espíritu y la Esposa dicen: ¡Ven! El que oye diga: ¡Ven! El que tenga sed, que venga y, si quiere, que reciba gratuitamente el agua viva.*

---

[309] *Ibid.*

Capítulo 2
La belleza de ser cristianos

La belleza evoca espontáneamente imágenes de paisajes, obras de arte, logros deportivos, actos de amor y otros símbolos que atraen y movilizan los corazones y las energías de los seres humanos[310]. «La belleza es lo que agrada y atrae», escribió Platón tiempo atrás. La belleza evoca la armonía, la singularidad e incluso la unicidad, y al mismo tiempo implica diversidad, porque la unicidad de un gesto o de una obra solo puede apreciarse en relación con un conjunto en el que ese gesto o esa obra sobresalen y destacan con un carácter de excepción, de esplendor, en una palabra, de milagro. Pensemos en la Piedad de Miguel Ángel o en la Sinfonía Júpiter de Mozart.

La belleza de la relación amorosa entre madre e hijo destaca sobre el telón de fondo de las numerosas relaciones sociales de intercambio, participación y servicio que carecen de la intimidad, continuidad e intensidad de la relación madre-hijo. Lo mismo ocurre con las bodas, que, a pesar de las crecientes dificultades de nuestro tiempo, siguen siendo uno de los símbolos más bellos de la vida humana, tanto por la relación de amor que implican como por el sentido de la vida que celebran. Dios prefiere utilizarla para expresar el misterio de su alianza con la criatura nacida de sus manos.

Desde un punto de vista teológico, la percepción de la belleza (gloria) depende de la revelación divina y de las condiciones que esta establece y presupone para ser captada por el espíritu humano. Hans Urs von Balthasar considera que es precisamente desde el ángulo de la belleza como la manifestación de Dios en la historia aparece en su absoluta especificidad. La acción de Dios dirigida al hombre en Cristo, escribe, «solo es digna de creerse en nombre del amor, por el que entendemos el propio amor de Dios, cuya manifestación es la de la gloria divina»; el cristianismo, en su reflexión sobre

---

[310] Conferencia pronunciada en un encuentro de Movimientos Eclesiales y Nuevas Comunidades a petición del Consejo Pontificio para los Laicos, 2006.

sí mismo, «solo puede entenderse como el amor divino glorificándose a sí mismo»[311].

Las condiciones para percibir este amor requieren, en el lenguaje de Santo Tomás, una cierta connaturalidad entre sujeto y objeto. Percibir el amor divino en su gloria específica requiere algo más que la capacidad natural de admirar la belleza de las cosas, de las obras de arte o de las relaciones humanas. Requiere un don del Espíritu Santo que despierte en el hombre la fe, la fe de la Iglesia, una fe divina y católica. Una fe que no es solo un asentimiento de la mente a verdades abstractas o un impulso emocional de pura confianza en el misterio. Es una fe cristológica, una fe que participa del modo de ver de Jesús, de su actitud fundamental de aceptación de la voluntad del Padre y de obediencia amorosa hasta el extremo. Esta fe no se adquiere por imitación, sino por la libre comunicación del Espíritu Santo. Es un don que brota de la belleza de Cristo, de su resurrección de entre los muertos.

En efecto, la resurrección de Cristo es la gloria resplandeciente de la Trinidad. Es testimonio de un exceso de Amor en el corazón de la Trinidad que irrumpe en la historia. Respondiendo al don del Padre que engendra y entrega a su Hijo por amor, y al don del Hijo a cambio, el Espíritu Santo hace brotar y resplandecer en la carne de Cristo la Gloria de Dios como Amor absoluto. El resplandor de esta gloria en el rostro de Cristo anuncia al mismo tiempo el éxito de la Alianza entre Dios y el hombre, el nacimiento de la Iglesia como Esposa y Cuerpo de Cristo, y su misión evangelizadora que abarca todo el universo.

Se me asignó el tema de la *belleza de ser cristianos*, en plural, porque la identidad del cristiano nunca es puramente individual, siempre implica a otros, ya que somos creados y recreados en Jesucristo, a imagen y semejanza del Dios Trinitario. Es un tema fascinante, pero poco explorado, y formidable porque el cristianismo se ha presentado tradicionalmente en términos de verdad y bondad, más que de belleza. No podría abordarlo sin introducirlo, como acabo de hacer, evocando al menos la Gloria de Dios manifestada en la resurrección de Cristo.

Pero, ¿es la estética un camino verdaderamente fecundo para la Iglesia de hoy? Kierkegaard advertía contra la superficialidad del estadio *estético* de la existencia, el del diletante que no se compromete de forma profunda y du-

---

[311] H. Urs von Balthasar, *Solo el amor es digno de fe* ..., p. 8-9.

radera. Ciertos aspectos del cristianismo actual, desarraigados de sus fuerzas vitales, ¿no correrían el riesgo de permanecer congelados en una situación de residuo cultural de otra época? ¿Tiene la belleza el peso suficiente para dar un nuevo impulso a la evangelización en un mundo sediento de valores, pero alejado de un Dios al que presume conocer, pero cuya Palabra y cuyo rostro ignora de hecho? Planteo esta pregunta como un desafío para todos nosotros, que implica no solo un compromiso social con una causa, sino una respuesta dramática de toda la persona y de toda la Iglesia al amor absoluto manifestado en Jesucristo.

Sin embargo, me atrevo a aventurar la hipótesis o la apuesta de que el camino de la belleza entendida en este sentido radical me parece el de los movimientos eclesiales y las nuevas comunidades. Al comienzo del tercer milenio, ¿no estamos llamados a recomenzar desde la belleza de Cristo? ¿No debemos nuestro ímpetu y nuestro poder de atracción a una nueva percepción de la belleza de Cristo? ¡Siguiendo el ejemplo de san Francisco en la Edad Media, que se propuso reparar la belleza de la Iglesia tras su encuentro con el Crucificado de San Damián! Me siento profundamente honrado y agradecido por tener la oportunidad de participar en este congreso. Ojalá sea el inicio de una nueva etapa en el crecimiento de los movimientos eclesiales y de las nuevas comunidades al servicio de la misión de la Iglesia.

La belleza de la Iglesia, ¿un programa?

De entrada, diría que el tema de la belleza, que enmarca las reflexiones de esta asamblea, tiene un valor recapitulativo y programático, sobre todo por haber sido tomado de la primera homilía de nuestro querido Santo Padre Benedicto XVI.

Tiene valor recapitulativo porque presupone los logros destacados en su discurso magisterial al Congreso de 1998. Su lección teológica sobre los carismas en la tradición sirvió para situar teológicamente mejor a los nuevos movimientos y comunidades y para dar un reconocimiento universal a su identidad y a su aportación original. Las orientaciones que trazó siguen siendo cruciales para la actual reforma y renovación de la Iglesia en la línea conciliar de una «hermenéutica de la continuidad»[312].

---

[312] BENEDICTO XVI, Discurso a la Curia Romana, 22 de diciembre de 2005.

En su primera encíclica, Benedicto XVI optó por centrarse en la belleza tratando de la armonía entre el amor divino y el amor humano. La respuesta tan positiva que ha recibido indica la pertinencia de su opción, que pretende «suscitar en el mundo un renovado dinamismo de compromiso en la respuesta humana al amor divino»[313]. Por tanto, nos sentimos impulsados por él a vivir bajo el signo de la belleza del amor y a comunicar la alegría de creer que habita en nosotros. Pero no lo llamemos programa, porque es una gracia, la gracia de la santidad. El Espíritu Santo la da a quien quiere, y no la niega a quien hace de ella su humilde oración cotidiana.

Ver y dejarse encantar por la figura de Jesucristo

Hans Urs von Balthasar reflexionó largamente sobre la revelación cristiana desde el punto de vista de la belleza. Su Estética teológica en siete volúmenes fue escrita mientras los Padres del concilio Vaticano II en Roma experimentaban el gran Pentecostés que él llamó *el Concilio del Espíritu Santo*. Balthasar optó por contemplar la revelación cristiana desde este ángulo, con la firme convicción de que el punto de vista de la gloria (nombre teológico de la belleza) es el más abarcador y permite poner de relieve la originalidad y la fuerza de atracción de la experiencia cristiana: «Quien ante su nombre pone mala cara», escribe, «como si se tratara del vano ornamento de un pasado burgués, podemos estar seguros de que —en secreto o abiertamente— ya no sabe rezar, y pronto ya no podrá amar»[314].

Su intuición central se resume en el librito *Solo el amor es digno de fe*[315], en el que muestra cómo el camino de la belleza responde a las aspiraciones más profundas del corazón humano, pero apuntando, más allá de sus necesidades afectivas y racionales, a la dimensión más profunda del ser donde la persona responde a la llamada del amor gratuito manifestado en Jesucristo. Sigámosle por este camino, partiendo de otras dos consideraciones previas, una metodológica y otra histórica, para situar nuestro planteamiento en el contexto actual de las culturas secularizadas. Von Balthasar introduce así su método estético: «Si todo lo que es bello se encuentra objetivamente en la intersección de dos factores que Santo Tomás llama *species* y *lumen*, figura y

---

[313] Benedicto XVI, Encíclica *Deus Caritas est*, Libreria Editrice Vaticana, 2006, n° 1 (en adelante *DCE*).

[314] H. Urs von Balthasar, *La Gloria y la Cruz, I. Aparición* …, p. 16.

[315] H. Urs von Balthasar, *Solo el amor es digno de fe* …

resplandor, el encuentro con la belleza se caracteriza por estos dos factores: percibir y deleitarse»[316].

Vislumbrar la figura de la gloria de Dios en el rostro de Cristo y extasiarse con su resplandor hasta el punto de salir de sí mismo, de ser desapropiado y puesto al servicio del amor trinitario en la Iglesia. Esta es, en pocas palabras, la experiencia cristiana de la belleza, que consiste en una percepción y un arrobamiento que brotan de un auténtico encuentro personal. En su primera encíclica, Benedicto XVI escribe: «En el origen del ser cristiano no hay una decisión ética o una gran idea, sino el encuentro con un acontecimiento, con una Persona, que da a la vida un nuevo horizonte y, por tanto, su orientación decisiva»[317]. Esta afirmación fundamental desde el primer párrafo da a su encíclica una orientación decididamente estética en el sentido teológico más fuerte, que invita ante todo a la adoración, pero que incluye también el don total de sí en el seguimiento de Cristo, la *diakonía*, que puede llegar hasta la *martyria*[318].

Hoy es urgente explorar este camino de la belleza, porque el punto de vista de la verdad y del bien es menos fácilmente aceptado por los hombres de hoy, imbuidos de escepticismo y de relativismo. Les parece, con razón o sin ella, que la afirmación de la Verdad ha engendrado históricamente intolerancia y que la imposición de un Bien moral universal es incompatible con su libertad. La armonía entre Verdad, bien y libertad se ha roto, y la tarea de los cristianos es restaurar esta armonía mediante el encuentro vivo con Cristo, que despierta el corazón de la persona y da sentido a su vida abriéndola a la totalidad de lo real[319].

El problema más grave que afecta a las culturas secularizadas es el ensimismamiento narcisista que vicia las auténticas relaciones humanas y contamina el ambiente general de la sociedad. Por ejemplo, basta observar la deriva de las costumbres, las tradiciones y las leyes que afectan a la familia

---

[316] H. Urs von Balthasar, *La Gloria y la Cruz, I. Aparición …*, p. 12.

[317] *DCE*, n°1.

[318] Véase *ibid.*, n°25: «La naturaleza profunda de la Iglesia se expresa en una triple tarea: proclamación de la Palabra de Dios (*kerygma-martyria*), celebración de los Sacramentos (*Leitourgia*), servicio de la caridad (*diakonia*). Para la Iglesia, la caridad no es una especie de actividad de asistencia social que también podría dejarse a otros, sino que pertenece a su naturaleza, es expresión de su misma esencia, a la que no puede renunciar.»

[319] Esta es la problemática analizada en la encíclica *Veritatis Splendor* de Juan Pablo II.

para darse cuenta de las consecuencias sociales y culturales de la ruptura de una relación viva con el Dios de Jesucristo.

Esto me lleva a la otra consideración de carácter histórico, para abordar el tema de la belleza de ser cristianos desde el punto de vista de su condición en el mundo. Esta condición es dramática, pues implica una lucha interminable con el espíritu del mundo. *La Carta a Diogneto* la describe de un modo que no ha perdido nada de su actualidad. Exteriormente, la condición de los cristianos es idéntica a la de sus contemporáneos, pero interiormente se encuentran a menudo en una situación de tensión y conflicto con el mundo circundante:

> Aman a todos, y todos les persiguen. No son conocidos, sino condenados; los matan, y así encuentran la vida. Son pobres y enriquecen a muchos. Carecen de todo y tienen todo en abundancia. Son despreciados y en este desprecio encuentran su gloria (...). (Los cristianos) están en la carne, pero no viven según la carne (...). Lo que el alma es para el cuerpo, los cristianos lo son para el mundo (...) El alma ama esa carne que la odia a ella y a sus miembros, así como los cristianos aman a los que los odian». Y el autor concluye con una palabra que lo resume todo: La posición que Dios les ha fijado es tan hermosa que no les está permitido desertar de ella[320].

Habiendo despejado un poco el terreno, vayamos ahora al meollo de la cuestión, al corazón de la belleza de ser cristianos en plural, siendo conscientes de que este plural no se opone a la unicidad, porque el amor divino que resplandece en el rostro de Cristo y de sus discípulos, hace a cada uno único y original. Despierta el *yo* más personal y libre de cada uno.

Digamos aún más. La singularidad del cristianismo con respecto a todas las demás religiones reside en el hecho paradójico de que absolutiza en cierto modo el *yo* de cada persona y, al mismo tiempo, lo relativiza, es decir, lo hace plenamente relacional. Me explico. La imagen trinitaria de Dios en el hombre, ya perceptible en las relaciones familiares naturales, llama a las personas en comunión a una entrega mutua cada vez mayor. Este amor mutuo tiende a hacer coincidir lo más posible —¡obliga la nobleza trinitaria!— persona y amor, donación de sí y realización de sí[321]. El *yo* se encuentra a sí mismo perdiéndose en el nosotros, donde se encuentra más consistente que

---

[320] *Carta a Diogneto, cristianos en el mundo,* Liturgia de las Horas, vol. II, 651-652.
[321] M. Ouellet, *Divine ressemblance....*

en sí mismo. Preguntad a los amantes qué sienten cuando se ven obligados a separarse y renunciar a un amor imposible. Prefieren la muerte. Tristán e Isolda y Romeo y Julieta son ejemplos famosos.

Pero volvamos al meollo de la cuestión. Lleva un nombre propio, un nombre singular pero universal, un nombre al que todo cristiano y todos los cristianos están en deuda. Un nombre venerado incluso por otras religiones que también aspiran a una plenitud que los cristianos somos felices y conscientes de llamar Gracia: ¡Llena de Gracia!

Llena de gracias

De generación en generación —escribe Benedicto XVI— seguimos maravillándonos ante este misterio inefable (de la Encarnación):

> Imaginándose que se dirige al Ángel de la Anunciación, san Agustín pregunta: «Dime, pues, Ángel de Dios, ¿de dónde viene este favor a María?». La respuesta, dijo el Mensajero, está contenida en las mismas palabras del saludo: ¡Salve, llena eres de gracia! [322]. En efecto, el Ángel, *al entrar en su casa*, no la llama por su nombre terrenal, María, sino por su nombre divino, como Dios la ha visto y calificado siempre: *Llena de gracia - gratia plena*, que en el griego original es *kecharitoménè, llena de gracia*; no siendo la gracia otra cosa que el amor de Dios, podríamos traducir esta palabra por «*amada de Dios*» (Lc 1,28). Orígenes observa que nunca se ha dado tal título a un ser humano, que no se describe nada semejante en toda la Sagrada Escritura[323]. Es un título expresado en forma pasiva -continúa el Santo Padre-, pero esta *pasividad* de María, que siempre y para siempre ha sido *amada* por el Señor, implica su libre consentimiento, su respuesta personal y original: *al ser amada*, al recibir el don de Dios, María es plenamente *activa*, porque acoge con disponibilidad personal la ola del amor de Dios que se derrama en ella. También en esto es la discípula perfecta de su Hijo, que, mediante la obediencia a su Padre, realiza plenamente su propia libertad y precisamente así ejerce la libertad, obedeciendo[324].

Refiriéndose después a la Carta a los Hebreos, el Papa subraya la belleza de la estructura esponsal de la Nueva Alianza: «*Así Cristo, al entrar en el*

---

[322] S. Agustín, *Sermo* 291, 6.

[323] Véase Orígenes, *In Lucam* 6, 7.

[324] Benedicto XVI, *Homilía en el Consistorio Ordinario Público para la creación de 15 nuevos cardenales*, 25 de marzo de 2006.

mundo, dijo: 'Heme aquí, Dios mío, he venido para hacer tu voluntad' (Hb 10,5-7). Ante el misterio de estos dos *'heme aquí'*, el *'heme aquí'* del Hijo y el *'heme aquí'* de la Madre, que se reflejan el uno en el otro y forman un único *'Amén'* a la voluntad amorosa de Dios, quedamos asombrados y, llenos de gratitud, adoramos...»[325].

Kecharitomenè en griego, *Gratia plena* en latín, Llena de Gracias. ¿Por qué hemos elegido este nombre en el centro de nuestro planteamiento? Porque en ella encontramos la belleza del «Todo en el fragmento», utilizando otro título del gran maestro suizo. El todo, es decir, Dios, la Iglesia, la humanidad y la familia, en una mujer preservada de toda mancha original, perfectamente transparente al amor divino, coronada de estrellas en medio de los dolores de dar a luz la vida eterna dentro de nosotros. Una mujer, María de Nazaret, Madre de Dios y Madre de la Iglesia, que vive en nosotros, sus hijos, y que derrama en nosotros su belleza incomparable.

La belleza de María, la belleza de ser cristianos en unidad con ella, porque lo que ella posee como privilegio único, lo derrama sobre nosotros en su totalidad por su perfecta correspondencia con el Espíritu Trinitario que habita en ella. En Dios, el Espíritu Santo es la Gloria del Amor (san Gregorio de Nisa). Se entrega y se pone en segundo plano entre el Padre y el Hijo para glorificar su amor mutuo. Así, María, la Hija de Sión, vive en la unidad de la Iglesia, en *perichoresis* con el pueblo de Dios, desde que fue elevada a la condición de Esposa del Cordero por su permanencia al pie de la Cruz. María comulgó entonces profundamente, en la noche de la fe, con el abandono del Hijo de Dios, asociándose así a su abandono y siendo así fecunda en Él y por Él de todas las gracias que brotan de la Cruz y se derraman sobre las almas.

La belleza de ser cristianos en plural pasa así de ella a nosotros por ósmosis, menos por imitación que por parto, pues las reproducciones que somos de su belleza cristiana lo son por su mediación eficaz, que es obra del Espíritu Santo. Esta experiencia única de María, experiencia arquetípica[326], es la respuesta viva de su Corazón inmaculado a la gracia amorosa de Dios: «La respuesta de la 'esposa' que, movida por la gracia, grita: *Ven* (Ap 22,17)

---

[325] *Ibid.*

[326] La noción de experiencia arquetípica es desarrollada ampliamente por H. Urs von Balthasar en *Aparición...*, pp. 254-309; implica la idea de modelo, pero también la de mediación: «El arquetipo mismo tiene una figura materna y envuelve en su manto protector las reproducciones nacidas de él» (p. 287).

y *Hágase en mí según tu palabra* (Lc 1,38); la esposa que *lleva en sí la semilla divina* y, por tanto, *no peca* (1Jn 3,9), sino que *atesora todos estos recuerdos y los medita en su corazón* (Lc 2,19.51); la esposa pura, a quien el amor de Dios ha hecho *gloriosa e inmaculada en su sangre* (Ef 5,26-27; 2Co 11,2), y que, *como su humilde esclava* (Lc 1,38.48), le mira con respeto y sumisión (Ef 5,24; 33; Col 3,18)»[327].

El *fiat* inmaculado e ilimitado de María acompaña el acontecimiento de la encarnación total del Hijo de Dios, es decir, todos sus misterios desde su concepción, nacimiento, pasión y muerte, hasta su resurrección, su don del Espíritu Santo y, finalmente, su eucaristía, que engendra su cuerpo eclesial. La *Llena de gracias*, la Virgen pura y fecunda, se hace pasivamente disponible y activamente ofrecida por la acción preventiva del Espíritu Santo, que lleva la fecundidad divina de Cristo a ella y de ella a nosotros. En todos estos misterios que ella abraza y medita en su corazón, María «es despojada en beneficio de la comunidad universal», «su propia experiencia le es retirada en favor de la Iglesia y de los cristianos: *Aquí tienes a tu hijo*»[328].

Belleza de la Iglesia - comunión, plenitud de humanidad

A lo largo de los siglos, la experiencia cristiana de la belleza se ha expresado en innumerables obras de arte arquitectónicas, pictóricas y musicales, pero sobre todo se ha encarnado en la oración y en la acción, en los gestos, en las formas de vida, en las vocaciones personales y comunitarias; en una palabra, en la Iglesia como comunión, cuya misión es dar testimonio de la Esperanza que habita en ella. Los mártires y los santos dan este testimonio a través de su fidelidad a la forma arquetípica original del testimonio de la Iglesia[329]. Esta forma original es trinitaria, cristológica y mariana: *Es gloria de mi Padre que deis mucho fruto y seáis mis discípulos. Como el Padre me ha amado, así os he amado yo. Permaneced en mi amor* (Jn 15,8-9).

Tres momentos complementarios de la vida de María muestran esta forma en acción y el paradigma nupcial que marca la relación entre Dios y su

---

[327] H. Urs von Balthasar, *Solo el amor es digno de fe ...*, pp. 96-97.

[328] H. Urs von Balthasar, *Aparición...*, p. 287.

[329] H. Urs von Balthasar, *Solo el amor es digno de fe ...*, pp. 93-103; explica «las condiciones para que el hombre perciba el amor divino: 1. la Iglesia, Esposa inmaculada en su corazón; 2. María, Madre esponsal, lugar donde, en el corazón de la Iglesia, se cumple el *fiat* de respuesta y acogida; 3. la Biblia que, como Espíritu (testimonio del Espíritu) solo puede ser a la vez e indisolublemente palabra de Dios y respuesta de fe...» (p. 98).

pueblo: 1° el hecho de ser amada y aceptar la voluntad divina; 2° la experiencia de fecundidad en el Espíritu Santo; 3° el acompañamiento activo del Verbo encarnado a lo largo de su itinerario terreno y de su vida celestial. En cierto modo, los santos reproducen este modelo, que ilumina toda la vida del pueblo de Dios y muestra el impacto de la fe en el sentido y la belleza de la existencia humana.

La comunión en los misterios del Verbo encarnado arroja una luz decisiva sobre la belleza y la alegría de la existencia humana. Dios en el corazón de la vida humana, luz del Amor que confirma y realiza la humanidad del hombre y de la mujer, a ejemplo de la Sagrada Familia de Nazaret. ¡Qué buena noticia para nuestro mundo deshumanizado! ¡Qué hermoso es responder a la llamada del Amor en todos los estados de la vida y ser así plenamente humanos! Qué hermoso es amar como cristianos sin mirar atrás, estudiar, trabajar, casarse, entregarse a Dios en el sacerdocio y la vida consagrada, dedicarse a los pobres, los enfermos y los afligidos. Santa Gianna Beretta Molla confió a su marido, mientras hojeaba una revista de hermosos vestidos a la moda, poco antes de su sacrificio final, que quería un vestido bonito, en el caso de que sobreviviese a su calvario. Los santos estiman las pequeñas cosas de la vida. El misterio de la Encarnación les protege de cualquier espiritualidad esotérica. Porque todas las realidades de la vida humana están iluminadas, alimentadas y transformadas por la presencia de Jesús en medio de nosotros y por el esplendor de su misterio eucarístico: Dios con nosotros, el Esposo que viene a consagrar toda realidad humana y a reunirlo todo en la unidad de un solo Cuerpo y un solo Espíritu. Una de las tareas de los Movimientos Eclesiales y de las Nuevas Comunidades en este momento del mundo y de la Iglesia es educar, educar para una vida auténticamente humana. Educar a una plenitud de humanidad que comienza por la familia, que implica el respeto integral a la persona y la solidaridad con toda la humanidad salvada en Jesucristo. ¡Cuántos santos laicos, santos matrimonios y santas familias se necesitan para esta gran misión!

Belleza a restaurar: la unidad de los cristianos

Yo, pues, preso en el Señor —escribe el apóstol Pablo a los Efesios—, *os exhorto a comportaros como es digno de la vocación que habéis recibido, con toda humildad, amabilidad y paciencia, soportándoos mutuamente con amor y procurando mantener la unidad del Espíritu mediante el vínculo de la paz. Un solo cuerpo, un solo Espíritu (...), un solo Señor, una sola fe, un solo bautismo. Un solo Dios, Padre de todos, que está por encima de todos, actúa por medio de todos y está presente en todos.* (4, 1-6)

Es para este crecimiento en la unidad por lo que existen y se desarrollan los movimientos eclesiales y las nuevas comunidades, como nos recordó el Santo Padre Juan Pablo II en Pentecostés de 1998. Trabajar en la unidad para dar testimonio del Dios Amor que se hizo Palabra y Sacramento en la Iglesia. Trabajar por la unidad mediante el signo del amor mutuo, reconocible entre los discípulos de Jesús. Este amor une y reconcilia, y es tarea y responsabilidad ecuménica, respetando la legítima diversidad y arrepintiéndose de las heridas causadas por la división de las Iglesias.

Quisiera compartir con vosotros un recuerdo de la visita de una delegación de la Iglesia ortodoxa griega a Roma, en marzo de 2002, la primera visita oficial en mil años, a la que tuve la suerte de acoger y acompañar en el Vaticano durante una semana. No pudimos rezar juntos, porque desde un punto de vista ortodoxo estricto, no se reza con herejes. Pero después de la audiencia con el Santo Padre Juan Pablo II, fuimos a visitar la magnífica Capilla *Redemptoris Mater*, la Capilla de la Unidad. Cuando los seis miembros de la delegación vieron y reconocieron a los santos de Oriente, sus santos, con los santos de Occidente enmarcando a la Madre de Dios en el centro, quedaron encantados y empezaron a cantar con nosotros un himno mariano que nunca olvidaré. Fue el momento culminante de la visita. ¿No es esta una invitación a buscar la unidad a través de la belleza del movimiento ecuménico, reabastecido en la escuela de los santos y, sobre todo, en la escuela de María, la Madre de la unidad? [330]

Una pedagogía de la belleza: el ejemplo de las Ovejas de Jesús

Antes de concluir, permítanme recapitular cuanto acabo de decir dando un ejemplo de pedagogía de la belleza basado en un movimiento fundado en Quebec hace veinte años y que se está extendiendo por una veintena de países: el movimiento de las 'Ovejas de Jesús', fundado por una religiosa de San Francisco, cuyo testimonio reproduzco aquí.

Ven, eres importante para mí, eres preciosa para mí y te quiero.

---

[330] Es destacable que entre los textos ecuménicos más significativos de los últimos años, dos traten sobre la Virgen María, uno elaborado por el Groupe des Dombes en 1997 y otro por el diálogo oficial anglicano-católico en 2005, que concluyen reconociendo que la veneración de la figura de María no puede considerarse un obstáculo para la unidad.

¡Ven! Al principio, hubo una llamada, la llamada del Amor. En cada encuentro, una de las ovejas de Jesús escucha esta llamada de su Pastor. Todo se origina en el corazón de Dios. Él toma la iniciativa. ¡*Ven*! Es una invitación. La respuesta a esta invitación nos permite entrar en *la belleza del amor* que la inspira.

Tú eres importante para mí. Cada niño es llamado personal y tiernamente por su nombre. Dios lo conoce. El cuidador es invitado a pronunciar el nombre del niño en el nombre mismo de Cristo. Cada vez pide a Cristo la siguiente gracia: que, al decir su nombre, pueda dar lo mejor de sí mismo. Que haga nacer lo que hay de único en él, su identidad profunda de criatura y de hijo de Dios. Cada niño es un «original». *La belleza del amor está en su unicidad.*

Eres precioso ante mis ojos, de un precio de grandísimo valor, el precio de la redención que la adorna con un esplendor de gloria, una belleza maravillosa. La Oveja de Jesús es invitada a mirarse a sí misma a través de los ojos del buen Pastor que dio su vida por ella. Es un largo viaje. No es de extrañar que uno de los frutos de estos encuentros sea la conversión de nuestra mirada sobre nosotros mismos. El niño dice: «Me quiero más, tengo más confianza en mí mismo".

Te quiero. Abrirse al amor con el que es amada es el objetivo primordial de la pedagogía de Las Ovejas de Jesús. Esta declaración de amor recorre toda la Biblia y está destinada a recorrer la vida de cada persona".

Quien le mira resplandecerá. Ya no habrá vergüenza en su rostro.

Todos los encuentros con las Ovejas de Jesús se basan en la Palabra de Dios, una Palabra escuchada, acogida, compartida y experimentada. Guiado por el Espíritu Santo, el acompañante se convierte en servidor de la Palabra. Da paso a la Palabra para que pueda ser entregada al niño y produzca los frutos del Reino. Es una escuela de mirar, de descentrarse de sí mismo para dejar que la luz de lo alto ilumine lo más profundo de su ser. La iconografía busca siempre transmitir la luz de la resurrección. Así, el bautizado, Oveja de Jesús, está llamado a convertirse en icono de Cristo. Esta es la grandeza y la belleza de su vocación divina.

¡Qué hermosa es la Oveja de Jesús, toda iluminada por la luz del amor! Hacer brillar esta luz es también su responsabilidad. Hay una etapa en el camino que se llama «ser recibido como Oveja de Luz». Al mismo tiempo, es una lucha muy difícil. Tienes que ser fiel a ti mismo para mantener tu lámpara encendida. Muchos obstáculos se interponen para apagar la luz. *Entrenas mis manos para la lucha. Me entrenas para la ba-*

talla. Hay belleza en esta lucha. Es la belleza de la fidelidad o de la infidelidad perdonada, de la entrega, de entregarse constantemente a Dios con confianza.

También existe el compromiso de hacer brillar la luz, de compartirla, a pesar de las pruebas del camino. El cristiano está en el mundo, pero ya no es de este mundo. Hay ovejas de Jesús que aceptan con serenidad que se rían de ellas por su fidelidad a los encuentros. Dicen: «Si se ríen de mí, es porque no conocen a Jesús. Si conocieran el amor de Jesús, vendrían a las reuniones, y tal vez serían más fervientes que yo». *Hay una belleza en esta mirada a los demás*, hecha de perdón, comprensión y esperanza. Muchas ovejas de Jesús viven ya el misterio de la persecución. Cristo flagelado y coronado de espinas es divinamente bello. Solo el amor puede contemplar esta belleza.

Para las grandes Ovejas de Jesús que perseveran, hay un hilo conductor. Oyen el Corazón palpitante del Cordero que les invita a seguirle. Esta intimidad les lleva a una profunda comunión con la Iglesia, nuestra Madre. Se esconden en su seno para ser alimentados, perdonados y vivificados. No juzgan a la Iglesia; la aman y se entregan a ella. Están entre los pequeños a quienes se revelan los misterios del Reino. No hacen ruido, pero su ofrenda cotidiana, unida a la de Cristo, eleva al mundo y acelera el regreso de Jesús. *Viven la belleza de la vida eucarística* hecha posible por el sacrificio del Cordero.

Este es el testimonio de las *Ovejas de Jesús*, tomado como un ejemplo entre mil, que sin duda se solapa, modestamente, con la experiencia pedagógica de varios movimientos eclesiales y nuevas comunidades. Toda evangelización fecunda implica la apropiación personal y eclesial de la Palabra hecha carne, que transforma la mirada de los creyentes sobre Dios, sobre los demás y sobre sí mismos. Esta transformación real comienza siempre con un verdadero encuentro con Jesús y con la oración, la oración personal, litúrgica, laical y monástica, cuya belleza probada y siempre renovada da tantos frutos de paz, de conversión y de esperanza. Una transformación alimentada sobre todo por la Eucaristía, fuente y culmen de la evangelización y de la vida de la Iglesia.

Y la oración nos abre a los pobres y a los heridos de la vida, que entonces se convierten no solo en beneficiarios de nuestra caridad, sino en nuestros bienhechores e incluso en nuestros maestros. Según san Lorenzo, los pobres han sido siempre la riqueza de la Iglesia. ¿No nos revelan en silencio el rostro del Crucificado, su llamada a la compasión y el camino de la primera bienaventuranza?

Como el Padre me ha amado, así os he amado yo. Permaneced en mi amor (Jn 15,8-9). Ser amados por Dios en Jesús, permanecer en su amor y dar así mucho fruto para alegría de Dios, esa es la belleza de ser cristianos. El amor de Jesús se da abundantemente y de muy diversas maneras a los movimientos eclesiales y a las nuevas comunidades, en la alegría del Espíritu Santo, para testimoniar juntos la belleza de Cristo y de la Iglesia. Queridos amigos, por vuestra respuesta generosa a la llamada universal a la santidad, por vuestra adhesión firme y serena al Magisterio de la Iglesia y por vuestra disponibilidad entusiasta a la evangelización, sois un signo grande y hermoso, llamado a crecer y a difundirse por el mundo. Que vuestros carismas particulares se desarrollen en la unidad y en la paz, con la conciencia viva de que el amor de Dios, que crece sin cesar, nos llama a un testimonio vivo y digno de fe. Espero de vosotros este testimonio en Quebec, con ocasión del Congreso Eucarístico Internacional, del 15 al 22 de junio de 2008, al que estáis todos cordialmente invitados.

Conclusión

La belleza de ser cristianos es una gracia que brota de la belleza de Cristo y de María-Iglesia por el Don del Espíritu Santo. San Francisco resumió la gracia de su vida en dos palabras: ¡Jesús y María! Esta gracia es también una responsabilidad, una misión, la misión de evangelizar, que en el mundo de hoy se está convirtiendo en la máxima prioridad. Evangelizar irradiando la luz del Amor a través de la oración, la acción y la pasión, y también a través de la razón y el arte, como tan bien testimonió don Luigi Giussani, de venerable memoria. Evangelizar con el testimonio de la fe y el ejemplo de una vida plenamente humana. Evangelizar también en tiempos de persecución y de prueba, porque nuestra madurez cristiana y apostólica se mide por nuestra disponibilidad a sufrir por el Nombre de Jesús. El amor no es solo un sentimiento, es una Persona, una visión y un compromiso con el misterio de la Alianza. Por eso, la belleza de ser cristianos culmina siempre y se alimenta constantemente en el misterio eucarístico de la Iglesia.

> «Estamos incesantemente ocupados en transformar y reformar esta Iglesia según las necesidades de los tiempos, según las críticas de nuestros adversarios y nuestros propios modelos», escribe Von Balthasar; «pero ¿no perdemos de vista el único modelo perfecto, el arquetipo? ¿No de-

beríamos, en nuestras reformas, mantener constantemente la mirada fija en María, no para multiplicar en nuestra Iglesia las fiestas, las devociones marianas, *a fortiori* las definiciones, sino simplemente para conocer nosotros mismos lo que son realmente la Iglesia, el espíritu eclesial, el comportamiento eclesial?»[331].

El lugar en el que Dios ha colocado a los cristianos es tan hermoso que no pueden abandonarlo, aunque les cueste compartir la pasión del Señor para entrar en su gloria. Permanezcamos, pues, en nuestro puesto, trabajando juntos en la caridad y en la unidad, y para crecer en el esplendor eucarístico, abrámonos aún más profundamente al Espíritu Santo, para que su gracia, dada en abundancia, sea derramada por la Iglesia, Sacramento de salvación, sobre toda la humanidad. Como dice maravillosamente san Basilio en su tratado sobre el Espíritu Santo, y yo concluyo con él: «Del Espíritu proceden la predicción del futuro, la comprensión de los misterios, el entendimiento de las cosas ocultas, la distribución de los dones espirituales, la ciudadanía celestial, la danza con los ángeles, la alegría sin fin, la morada en Dios, la semejanza con Dios y la plenitud de todo lo que podemos desear: llegar a ser Dios»[332].

---

[331] H. Urs von Balthasar, *María primera Iglesia…*, p. 74.
[332] S. Basilio, *Tratado sobre el Espíritu Santo*, «*Los dones del Espíritu Santo*», Liturgia de las Horas, vol. II, pp. 754-755.

Si nos amamos unos a otros, Dios permanece en nosotros y su amor ha llegado en nosotros a su plenitud (1Jn 4,12)[333].

Queridos amigos, obispos recién nombrados,

La Palabra de Dios proclamada en esta Eucaristía, que precede nuestra audiencia con el papa Francisco, habla del amor, esencia de nuestra vida y de nuestro ministerio episcopal. *Y por encima de todo esto, revestíos del amor, que es el vínculo de la perfección.*, escribe san Pablo a los Colosenses (3,14). Y el Evangelio de Lucas nos pone ante la enseñanza de Jesús a la multitud: *Os digo a vosotros que me escucháis: amad a vuestros enemigos, haced el bien a los que os odian* (Lc 6,27). Acogemos estas palabras solemnes allí donde el apóstol Pedro derramó su sangre por amor al Señor y a su pueblo, y no lejos de donde el apóstol Pablo dio el mismo testimonio de sangre.

Queridos amigos, esta Palabra que acogemos en su forma proclamada y encarnada hasta el martirio, nos habla de nuestra propia identidad de obispos, discípulos de Cristo y sucesores de los Apóstoles. *Puesto que habéis sido elegidos por Dios y sois sus fieles y amados, revestid vuestros corazones de ternura y bondad, de humildad y mansedumbre, de paciencia* (Col 3,12). Estas son las cualidades del amor en los discípulos de Jesús, a las que Pablo añade el perdón, la corrección fraterna, la acción de gracias y la alabanza. Esta exhortación al amor no podría tocarnos más directamente. Porque, ante todo, queridos hermanos obispos, somos discípulos de Cristo y por nuestra llamada al ministerio, debemos serlo cada vez más. De lo contrario, el ministerio episcopal que nos corresponde como una gracia y una responsabilidad corre el riesgo de desviarse de su finalidad y servir a nuestros propios intereses mundanos.

---

[333] Homilía pronunciada durante la misa en la Basílica de San Pedro que clausura la sesión de formación inicial para los nuevos obispos, septiembre de 2019.

El amor humilde, alimentado por la oración de acción de gracias y de alabanza, nos mantiene cerca del Señor que nos ha elegido *para estar con Él*, es decir, para pertenecerle totalmente, habitando con Él en el amor gratuito y no solo en el ejercicio de nuestro ministerio. *Todo lo que digáis o hagáis, sea siempre en nombre del Señor Jesucristo, dando gracias a Dios Padre por medio de Él* (Col 3,17). Esta fórmula de san Pablo se aplica tanto a los discípulos como a los ministros. Unifica en nosotros la plenitud del sacerdocio bautismal, es decir, la totalidad de nuestra vida, que debe irradiar el Espíritu Santo y la plenitud del sacerdocio ministerial, cuyos poderes específicos nos consagran al servicio de la comunión eclesial como representantes de Cristo, Cabeza y Esposo de la Iglesia.

Por tanto, nuestra identidad como obispos se define enteramente por el amor, el amor del Padre que nos ha elegido, el amor de Cristo que nos ha unido a su sacerdocio, y el amor del Espíritu Santo que nos llena de paz y alegría dejándose distribuir por nosotros en todo lo que somos. Esta dimensión trinitaria de nuestra identidad ha sido puesta de relieve por la exhortación apostólica postsinodal *Pastores Gregis*, que el papa Francisco, entonces Cardenal Arzobispo de Buenos Aires, encabezó en el Sínodo romano ordinario de 2001. Os invito a releer el número 7, que habla de la configuración del obispo con el misterio trinitario.

Si nos amamos unos a otros, Dios permanece en nosotros y su amor ha llegado en nosotros a su plenitud. (1Jn 4,12) Esta antífona del Evangelio tiene una resonancia especial hoy en nuestros corazones. Resuena como una gracia y una exigencia, la gracia de ser morada de Dios mediante la comunión episcopal como sucesores de los Apóstoles. Si el signo distintivo de los cristianos es el testimonio del amor recíproco, ¡qué exigencia redoblada nos hace esto a los obispos, del amor recíproco entre los obispos! Esta es la primera exigencia de la colegialidad episcopal: amarse mutuamente con toda verdad, sin cálculos ni condiciones. Vivir una comunión auténtica, humana y divina, afectiva y efectiva, que se expresa en esta precisa circunstancia por nuestra reiterada promesa de fidelidad a nuestra comunión episcopal, *cum et sub Petro*. ¿No es este el ADN de una Iglesia que quiere evangelizar «por atracción»?

El amor de un obispo a Dios y a su pueblo se expresa por su fidelidad al Evangelio, por su adhesión leal y sincera al Sucesor de Pedro, por la solidaridad activa entre obispos al servicio de los pobres y de las iglesias locales, por la vigilancia sobre el rebaño y la lucha pacífica para salvaguardar la unidad de la Iglesia en nuestro tiempo, cuando los sembradores de división disponen de poderosos medios. Guardémonos de ser atrapados por el gran Divisor y Acusador de nuestros hermanos y hermanas.

Sed misericordiosos, como vuestro Padre es misericordioso (Lc 6,36), dice Jesús en este discurso solemne, en el que nada tiene sabor mundano ni populista. *No juzguéis y no seréis juzgados; no condenéis y no seréis condenados. Perdonad y seréis perdonados* (6,37). Estas palabras del Maestro nos interpelan poderosamente en los albores de nuestro ministerio episcopal, puesto que somos de algún modo, en Cristo, iconos del Padre, testigos del Resucitado y apóstoles de la misericordia. Que seamos así artífices eficaces de una Iglesia sinodal que se construye por la confianza en el Espíritu Santo más que por nuestro genio organizativo. El Espíritu Santo derrama sin cesar en el pueblo de Dios sus dones y carismas para la edificación del Cuerpo de Cristo en el amor que supera todo conocimiento y toda actuación humana.

Al ofrecer juntos en esta ocasión gozosa y conmovedora el sacrificio pascual del Cordero inmolado y victorioso, pidamos humildemente la gracia de la fidelidad al Amor que nos llama y nos envía, la fidelidad al amor mutuo, que incluye ante todo la gracia de la fidelidad al Sucesor de Pedro. Amén.

Capítulo 4

Servidores de la comunión eclesial

Introducción

> «Cada Iglesia particular, porción de la Iglesia católica bajo la guía de su obispo, también está llamada a la conversión misionera. Ella es el sujeto primario de la evangelización, ya que es la manifestación concreta de la única Iglesia en un lugar del mundo, y que en ella "verdaderamente está y obra la Iglesia de Cristo, que es Una, Santa, Católica y Apostólica"[334]»[335].

Queridos amigos, el papa Francisco ha retomado esta hermosa formulación eclesiológica del concilio ecuménico Vaticano II en su gran exhortación programática *Evangelii gaudium*, invitando a toda la Iglesia, pero en primer lugar a los obispos, a una conversión misionera. Esta exhortación nos toca directamente y nos invita a buscar cómo responder ahora, dada nuestra nueva misión y las necesidades actuales de la Iglesia y del mundo. El Santo Padre añade: «En orden a que este impulso misionero sea cada vez más intenso, generoso y fecundo, exhorto también a cada Iglesia particular a entrar en un proceso decidido de discernimiento, purificación y reforma»[336].

¿Qué puede significar esta conversión misionera para nosotros y para la Iglesia particular a la que somos enviados? La cita inicial, tomada del decreto *Christus Dominus* sobre el oficio pastoral de los obispos, presenta a la Iglesia de Cristo como un Sujeto universal presente y actuante en sus manifestaciones concretas, las Iglesias particulares. No habla de la Iglesia en términos de colectivo o de federación de comunidades locales, sino como

---

[334] *EG,* n°30, citando el concilio Vaticano II, decreto sobre la pastoral de los obispos *Christus Dominus,* n°11.

[335] Conferencia pronunciada durante la sesión de formación inicial para nuevos obispos, septiembre de 2015.

[336] *EG,* n°30.

Sujeto único y universal, presente y actuante en un lugar concreto. ¿Cuál es nuestro lugar y nuestro papel en esta Iglesia que es inseparablemente universal y particular? «A veces», escribe el papa Francisco, «(el obispo) estará delante para indicar el camino y cuidar la esperanza del pueblo, otras veces estará simplemente en medio de todos con su cercanía sencilla y misericordiosa, y en ocasiones deberá caminar detrás del pueblo para ayudar a los rezagados y, sobre todo, porque el rebaño mismo tiene su olfato para encontrar nuevos caminos»[337].

El Santo Padre nos tiene acostumbrados a sus originales metáforas que acompañan sus gestos y suscitan entusiasmo. Reconozco en su sugerente descripción su propio modo de ejercer el ministerio petrino, que nos interpela: ¿qué tipo de obispo y de pastor queremos ser, y quizá debemos llegar a ser, en este momento de reforma de la Iglesia? Esta es la gran pregunta a la que nos enfrentamos y que queremos debatir en esta sesión de formación inicial junto a las tumbas de los santos Apóstoles Pedro y Pablo. Todos estamos familiarizados con modelos de obispos que conocemos o que nos han inspirado a lo largo de la historia. Por mi parte, conozco a un obispo colombiano que me edificó mucho cuando era rector de su Seminario Mayor en Manizales. Obispo modélico en su sentido de la Iglesia, en su doctrina y en su manera de gobernar, sirvió en tres diócesis y luego siguió ejerciendo como obispo emérito de manera ejemplar. A sus 96 años celebra sesenta años de episcopado, quizá lo habéis reconocido: Su Eminencia José de Jesús Pimiento Rodríguez, arzobispo emérito de Manizales, a quien el papa Francisco acaba de crear cardenal. Un gran hombre de Iglesia cuya sabiduría y prudencia pastoral saludo.

Algunos obispos ven la Iglesia con ojos de gestor, son sensibles a sus estructuras, a su organización y a su rendimiento, creyéndose buenos administradores e incluso moderadores de un buen consenso entre sacerdotes y fieles; otros obispos ven a la Iglesia como un pueblo regido por la regla de oro de la caridad, en particular con respecto a los pobres, los que sufren y los marginados; se preocupan por la vida comunitaria y las cuestiones sociales, al tiempo que procuran ser una presencia significativa en los medios de comunicación; por último, otros obispos promueven sobre todo la santificación de los fieles, la vida sacramental, la piedad popular, las vocaciones sacerdotales y religiosas, y se consideran preferentemente animadores espi-

---

[337] *EG*, n° 31.

rituales. Estos diversos modos de ejercer el ministerio episcopal corresponden a una u otra dimensión de la misión recibida. Ninguna de ellas es ajena a la naturaleza de la Iglesia. Pero un énfasis unilateral en una u otra puede dejar sin cumplir aspectos esenciales de la misión episcopal.

El obispo y la Iglesia

No me extenderé más en esta evocación inicial del ministerio episcopal porque, para dar un marco adecuado a nuestra reflexión, me parece oportuno e incluso necesario introducir nuestros intercambios y nuestro diálogo con una especie de «meditación sobre la Iglesia», según el título de una conocida obra del Padre Henri de Lubac[338]. La reflexión sobre la figura del obispo presupone una visión de la Iglesia, de la que es uno de los pilares esenciales como sucesor de los Apóstoles. El obispo está llamado a pastorear la Iglesia de Dios ejerciendo la triple función de sacerdote, maestro y pastor según la modalidad específica de su ordenación episcopal. Su forma de ejercer este ministerio depende en gran medida de su visión de la Iglesia, visión condicionada por su espiritualidad, su formación particular y sus experiencias ministeriales previas. Debido a la llamada de Dios, confirmada por la Iglesia, esta visión debe ahora ampliarse para incluir las dimensiones de la Iglesia universal. ¡Qué reto supone para un obispo recién ordenado ir más allá de sus propios horizontes geográficos, culturales e incluso espirituales para asumir una responsabilidad universal! ¡Qué salto cualitativo se requiere para pasar del ejercicio de un ministerio particular a una responsabilidad misionera universal! ¿No necesita una gracia poderosa para abrir su corazón y su mente más allá de sus límites y de sus vínculos familiares?

No se me ocurre mejor ejemplo de conversión misionera que el que estáis viviendo desde vuestra ordenación episcopal. En efecto, la plenitud del sacerdocio que habéis recibido con la ordenación os compromete a velar (*episcopè*) por la unidad del pueblo de Dios, de la que sois corresponsables. Esta responsabilidad eclesial consiste sobre todo en velar por la comunión de la Iglesia universal y particular, lo que significa mucho más que vigilar la observancia de la disciplina canónica en vuestra diócesis. A este respecto,

---

[338] H. DE LUBAC, *Méditation sur l'Église*, Paris, Éd. du Cerf, 1956. La Constitución sobre la Iglesia *Lumen gentium* se inspira en gran medida en esta obra magistral y serena, escrita mientras el teólogo atravesaba un período de prueba provocado por las sospechas sobre su ortodoxia.

recomiendo vivamente un excelente artículo del número de junio de *Civiltà Cattolica*, que describe la figura del obispo en la vida del papa Francisco[339].

Para introducir el diálogo sobre esta cuestión capital, propongo pues, una meditación sobre la Iglesia a partir de la eclesiología de comunión surgida del concilio Vaticano II. Esta eclesiología del pueblo de Dios revelará la naturaleza sacramental de la Iglesia y su figura simbólica como Cuerpo y Esposa de Cristo; esta perspectiva eclesiológica nos conducirá finalmente a la figura del obispo como servidor de la comunión eclesial. A lo largo del camino, formularé una serie de preguntas destinadas a favorecer una mayor reflexión personal y la integración de nuestra propia experiencia. Las preguntas de partida podrían ser: «Iglesia de Jesucristo, ¿qué dices de ti misma?» «Y nosotros, sucesores de los Apóstoles, en el tercer milenio, ¿cómo la vemos?»

La Iglesia, pueblo de Dios en marcha

El concilio Vaticano II es ampliamente reconocido como un concilio eclesiológico. La Constitución sobre la Iglesia *Lumen gentium* aclaro la naturaleza sacramental de la Iglesia y su constitución jerárquica, incluida la dimensión históricamente tardía de la colegialidad episcopal; también reconoció y promovió su dimensión carismática al servicio de la comunión y la misión. La Constitución pastoral *Gaudium et Spes* expuso la visión antropológica y social que aclara y articula el papel de la Iglesia en el mundo actual, particularmente en relación con las grandes cuestiones del matrimonio y la familia, la vida económico-social y política, y la salvaguardia de la paz entre las naciones.

Como sabemos, la era inmediatamente posterior al Concilio ha sido testigo de algunas turbulencias y hermenéuticas dudosas en ciertos sectores, particularmente en las esferas litúrgica, eclesial y social, pero esto no eclipsa los importantes avances en el ecumenismo y el diálogo interreligioso, así como en la doctrina social de la Iglesia. 50 años después de la conclusión

---

[339] Véase Diego FARES, *La figura del vescovo in Papa Francesco*, en *La Civiltà Cattolica*, II (13 de junio de 2015), pp. 433-449: «Quel che desidero sottolineare è questa peculiare profondità del *vegliare* rispetto a un *sorvegliare* in modo più generale o rispetto a una vigilanza più puntuale. *Sorvegliare* fa riferimento più alla cura della dottrina e dei costumi, mentre *vegliare* allude piuttosto al curare che vi sia sale e luce nei cuori. *Vigilare* parla dello stare all'erta dinanzi al pericolo imminente, *vegliare* invece parla di sostenere con pazienza i processi attraverso i quali il Signore porta avanti la salvezza del suo popolo» (p. 434).

del Concilio, podemos constatar que sus textos no han envejecido, y que el nuevo espíritu misionero que ha canalizado está más que nunca en el centro de la atención.

Todo el mundo recuerda el primer gesto del papa Francisco en el balcón de San Pedro de Roma la tarde de su elección: su inclinación ante el pueblo de Dios, invocando sus oraciones e invitándolo a caminar juntos hacia el Reino. Con ello, el Papa evocaba simbólicamente su visión de la Iglesia como pueblo de Dios en marcha a través de la historia, guiado por la Palabra de Dios y animado por el Espíritu Santo. A quienes quisieran ver en ello una resurrección del *espíritu del Concilio* promovido al margen de los textos y una reedición de la eclesiología liberacionista, conviene recordar con qué fervor el Santo Padre repite una expresión típicamente ignaciana, «Nuestra santa Madre la Iglesia jerárquica», rechazando así toda reducción sociologizante e integrando su eclesiología del pueblo de Dios en el conjunto de la visión conciliar. Volveremos sobre ello más adelante.

A finales del año 2000, con ocasión del Gran Jubileo, el cardenal Joseph Ratzinger hizo balance de la recepción de la eclesiología conciliar y recordó oportunamente que al principio fue interpretada superficialmente, dando lugar a interminables discusiones sobre las estructuras, en detrimento de su novedad teológica como *pueblo de Dios* enraizado en el misterio de la comunión trinitaria[340]. Lo confirma la hermosa fórmula de la Constitución *Lumen gentium*, que concluye la descripción de la misión del Espíritu Santo en la Iglesia: «así toda la Iglesia aparece como «un pueblo reunido en virtud de la unidad del Padre y del Hijo y del Espíritu Santo»[341]. El futuro Benedicto XVI recordó con fuerza que la eclesiología del Concilio se fundamenta en Dios, y debe ser interpretada teológicamente si queremos evitar las manipulaciones ideológicas que homologan la comunidad eclesial con los modelos culturales dominantes.

Uno de los principales puntos de inflexión de la eclesiología conciliar en el capítulo sobre el pueblo de Dios es que trata en primer lugar del sacerdocio común de los fieles como fundamento de la dignidad del pueblo de Dios: «Cristo Señor, Pontífice tomado de entre los hombres (cf. Hb 5,1-5), de nuevo pueblo «hizo... un reino y sacerdotes para Dios, su Padre» (*Ap* 1,6;

---

[340] J. Ratzinger, *L'ecclesiologia della Costituzione Lumen Gentium*, en Comitato centrale del Grande Giubileo dell'anno 2000, *Il Concilio Vaticano II. Recezione e attualità alla luce del Giubileo*, p. 66-81, aquí pág. 75.
[341] *LG*, n° 4.

cf. 5,9-10). Los bautizados, en efecto, son consagrados por la regeneración y la unción del Espíritu Santo como casa espiritual y sacerdocio santo, para que, por medio de toda obra del hombre cristiano, ofrezcan sacrificios espirituales y anuncien el poder de Aquel que los llamó de las tinieblas a su admirable luz (cf. 1Pe 2,4-10)»[342]. Esta opción de redacción restablece y pone de relieve la dignidad fundamental del *sacerdocio real* en el pueblo de Dios, sin menoscabo de la especificidad del sacerdocio jerárquico o ministerial. El Concilio ha subrayado además claramente que los dos sacerdocios son correlativos y complementarios, ya que ambos «participan a su manera del único sacerdocio de Cristo...»[343].

Es importante que el obispo sepa contemplar la identidad sacerdotal de su pueblo, porque el ministerio del obispo, del presbítero y del diacono existe para el ejercicio consciente y fecundo de este *sacerdocio real*. Una tal visión es esencial para la unidad de la Iglesia particular y para el influjo misionero de las comunidades cristianas. Estas comunidades son tanto más vivas y misioneras cuando la comunión entre pastores y fieles se funda en la misma dignidad sacerdotal y se vive como un intercambio de dones a la vez «jerárquicos y carismáticos»[344] con los que el Espíritu dota a la Iglesia para embellecerla, rejuvenecerla y conducirla «a la unión consumada con su Esposo»[345].

¿Cuáles son los frutos de una relación mutuamente armoniosa entre las dos partes esencialmente diferentes y complementarias del sacerdocio de Cristo? Salvo la interferencia de factores extraños, vemos una abundancia de carismas que el Espíritu Santo difunde en el pueblo de Dios, suscitando vocaciones al sacerdocio y a la vida consagrada, familias unidas y fecundas, testimonios personales y comunitarios de apertura ecuménica y de compromiso por la justicia, la paz social y la salvaguardia de la creación. Si falta esta comunión, el terreno es fértil para el desarrollo del secularismo, el sectarismo y la indiferencia religiosa. En cambio, allí donde las dos formas del único sacerdocio de Cristo se fecundan mutuamente, la Iglesia evangeliza «por atracción» mediante «la recepción de los sacramentos, en la oración y

---

[342] *LG*, n° 10.
[343] *Ibid.*
[344] *LG*, n° 4.
[345] *Ibid.*

acción de gracias, mediante el testimonio de una vida santa, en la abnegación y caridad activa»[346].

En ambientes en los que domina una mentalidad de poder, rivalidad y división ideológica, asistimos a una disminución de la alegría cristiana, a una pastoral anémica o estéril, acompañada a veces de campañas mediáticas destructivas. El papa Francisco no cesa de denunciar la mundanidad espiritual o mundanidad a secas, que mina la credibilidad de la Iglesia y de sus pastores. Es necesaria entonces una auténtica conversión de sus ministros a la humildad y a la compasión misericordiosa del Señor para reavivar la esperanza entre los bautizados y ayudar a las comunidades a avanzar juntas en un Espíritu de conversión y reconciliación. La eclesiología del pueblo de Dios que Francisco vive y enseña es esencialmente misionera y profundamente teológica; «hunde sus raíces en la Trinidad»[347] y está construida sobre «la primacía de la gracia»[348]: «Ser Iglesia —escribe— es ser pueblo de Dios, de acuerdo con el gran proyecto de amor del Padre. Esto implica ser el fermento de Dios en medio de la humanidad»[349]. ¿Qué exigencias espirituales y pastorales nos plantea esto a los obispos, que caminamos con el pueblo de Dios «entre las persecuciones del mundo y los consuelos de Dios»[350]?

Sacramento de la comunión trinitaria

Hemos mencionado al principio el reto de pasar de una misión sacerdotal al servicio de una diócesis a una misión episcopal al servicio de la Iglesia universal. La ampliación de miras que esto supone comporta una dimensión geográfica por la condición de miembro del colegio episcopal corresponsable de la Iglesia universal; pero esto comporta también una dimensión sacramental enraizada en el misterio de la comunión eclesial, de la que el obispo es una articulación principal. La Constitución dogmática *Lumen gentium* pone en juego desde el principio la noción de sacramento, que aclara la naturaleza profunda de la Iglesia y renueva su relación con el mundo: «El santo Concilio, reunido en el Espíritu Santo, desea ardientemente iluminar a todos los hombres con la luz de Cristo que resplandece en el rostro de la Iglesia». «La Iglesia es en Cristo como un sacramento, o sea

---

[346] *LG*, n° 10.
[347] *EG*, n° 111.
[348] *Ibid.*, n° 112
[349] *Ibid.*, n° 114.
[350] *LG*, n° 8.

signo e instrumento de la unión íntima con Dios y de la unidad de todo el género humano»[351]. Aquí convergen la noción de sacramento como «signo eficaz de la gracia» y la noción de «comunión» (*koinonía*)[352], que se combinan para formar «una realidad compleja que está integrada de un elemento humano y otro divino»[353].

La noción de sacramento se aplica a la Iglesia, Cuerpo de Cristo, utilizando la analogía del Verbo encarnado: «Pues así como la naturaleza asumida sirve al Verbo divino como de instrumento vivo de salvación unido indisolublemente a Él, de modo semejante la articulación social de la Iglesia sirve al Espíritu Santo, que la vivifica, para el acrecentamiento de su cuerpo (cf. *Ef* 4,16)»[354].

La noción de comunión se aplica de forma muy matizada y circunspecta para allanar el camino al ecumenismo sin sacrificar la visión propia de la verdad católica: «Esta Iglesia, establecida y organizada en este mundo como sociedad, *subsiste* en la Iglesia católica, gobernada por el sucesor de Pedro y los Obispos en comunión con él»[355]. Se trata esencialmente de la afirmación de la identidad de la Iglesia católica, expresada de manera que no excluya otras realidades eclesiales. El Concilio añade: «si bien fuera de su estructura se encuentren muchos elementos de santidad y verdad que, como bienes propios de la Iglesia de Cristo, impelen hacia la unidad católica»[356].

La Iglesia ofrece al mundo la luz de Cristo mediante el anuncio de la Palabra de Dios y los sacramentos que estructuran su participación en la comunión trinitaria. Esta comunión sacramental se alimenta sobre todo del sacrificio pascual de Cristo, que trasciende y atraviesa los siglos, diacrónica y sincrónicamente, transmitido por comunidades guiadas por la comunión de los sucesores de los Apóstoles *cum et sub Petro*. Esta participación en la comunión trinitaria brota, ante todo, de los sacramentos de la iniciación cristiana, y se prolonga y consolida por los demás sacramentos, así como por la variedad de carismas que contribuyen a la unidad de la Iglesia y a su dinamismo misionero.

---

[351] *LG*, n° 1.
[352] Véase Jean-Marie Tillard, artículo «comunión», en Jean-Yves Lacoste (dir.), *Diccionario crítico de teología*, París, PUF, 2007³, p. 285-293.
[353] *LG*, n°8.
[354] *Ibid.*
[355] *Ibid.*
[356] *Ibid.*

Concretamente, la gracia del bautismo confiere al hijo de Dios su identidad filial; la gracia de la confirmación refuerza esta identidad filial con vistas a dar testimonio mediante el sello del Espíritu Santo; la gracia de la Eucaristía reúne a los hijos de Dios en torno a la ofrenda sacrificial de Cristo a su Padre, obteniendo para ellos la efusión del Espíritu Santo sobre la asamblea y sobre toda la creación.

Esta estructura trinitaria de la iniciación cristiana se amplía y perfecciona con los demás sacramentos, cada uno de los cuales contribuye a su manera a la edificación de la Iglesia, Cuerpo de Cristo. El sacramento del matrimonio confiere a la pareja humana creada a imagen de Dios una semejanza con el amor trinitario que transforma la familia en una realidad eclesial, como un icono de la Santísima Trinidad. Cristo Señor «sale al encuentro de los esposos cristianos por medio del sacramento del matrimonio» y «permanece con ellos»[357]. Él hace suya la relación de amor y la comunidad de vida entre el hombre y la mujer, expresando en ella verdadera y no solo simbólicamente su propio amor a la Iglesia, su Esposa, dando así a la institución familiar una auténtica identidad y misión eclesial.

Por otra parte, las dos participaciones diferentes y complementarias en el único sacerdocio de Cristo han sido objeto de muchas tintas a lo largo de las décadas, ya sea para justificar o para criticar esta firme doctrina de la Iglesia católica. Aquí, como en otros ámbitos, una comprensión trinitaria más profunda permite resolver tensiones malsanas y superar envidias y rivalidades entre clérigos y laicos. El Concilio afirma claramente la diferencia esencial y no solamente de grado entre los dos sacerdocios, pero deja a los teólogos la tarea de explicar esta diferencia.

Por mi parte, creo que el sacerdocio común o real de los bautizados reside en la participación en el sacerdocio del Hijo en cuanto que él se ofrece en sacrificio al Padre por nosotros, en el Amor, y nos obtiene a cambio el don del Espíritu Santo. En cuanto al sacerdocio ministerial o apostólico, lo veo esencialmente diferente y fundado en el hecho que Cristo es el Enviado del Padre, representa al Padre, hablando con su autoridad y obedeciéndole en todo. Él es en cierto modo «el Apóstol del Padre», dimensión apostólica que añade y completa su sacerdocio filial. Esta dimensión «apostólica» de su único sacerdocio se hace más visible en la economía de la salvación en la tarde de Pascua, cuando el Señor resucitado se aparece a los Apóstoles,

---

[357] *GS*, n° 48, § 2.

sopla sobre ellos el Espíritu Santo y les confiere así la potestad de perdonar los pecados en nombre de las Tres Divinas Personas.

De ello se deduce que los Apóstoles y sus sucesores son así dotados y enviados por Él para prolongar su sacerdocio *apostólico o ministerial*. De ahí su referencia a la figura del Padre y su experiencia de paternidad espiritual propia de los obispos y, en menor medida, de los sacerdotes. De esta perspectiva trinitaria, de la que también habla explícitamente la exhortación apostólica postsinodal *Pastores Gregis*[358], se desprende una articulación más evidente de la ordenación de los ministros jerárquicos a la promoción del sacerdocio real (filial) de los bautizados. Desde este punto de vista, cualquier conflicto o rivalidad entre los miembros de los dos sacerdocios parece contraria al Espíritu de Cristo; ya que Este confirma su unidad y su mutua fecundación en la vida de la Iglesia, como confirma la unidad del Padre y del Hijo en la Trinidad. Así como el Padre y el Hijo coexisten en el Espíritu de su Amor eterno, así los pastores y los fieles se edifican mutuamente mediante su amor recíproco enriquecido por su beata diferencia y su complementariedad sacerdotal.

La Iglesia, pueblo de Dios, participa, por tanto, en la comunión de las Personas divinas por la gracia del bautismo y por todas las articulaciones sacramentales que la hacen «signo e instrumento de la unión íntima con Dios y la unidad de todo el género humano»[359]. Realiza así su misión mediante el ejercicio del sacerdocio de Jesucristo, que difunde el Amor trinitario en el mundo. Por el anuncio del Evangelio y la celebración de los sacramentos de la iniciación cristiana y por su extensión en su estructura jerárquica y carismática, la Iglesia de Cristo, fundada y habitada por el Amor trinitario, se vuelve cada vez más misionera, «signo e instrumento» de comunión, puro servicio del Amor de Cristo, en definitiva, *Sacramentum Trinitatis*.

¿Cómo se integra la sacramentalidad de la Iglesia en nuestras visiones eclesiológicas? ¿Qué impacto tiene o debería tener en el ejercicio del ministerio episcopal? ¿Nuestra eclesiología de comunión es fundamentalmente eucarística? ¿Cuál es su relación con la colegialidad episcopal y el ecumenismo?

---

[358] *PG*, n° 7: «Cristo es el icono original del Padre y la manifestación de su presencia misericordiosa entre los hombres. El Obispo, actuando en la persona y en el nombre de Cristo mismo, se convierte, para la Iglesia a él confiada, en signo vivo del Señor Jesús, Pastor y Esposo, Maestro y Pontífice de la Iglesia».

[359] *LG*, n° 1.

«Nuestra santa Madre la Iglesia Jerárquica»

Nuestra visión de la Iglesia ha abrazado hasta ahora su visibilidad sociológica como pueblo de Dios en movimiento y su dimensión trinitaria y eucarística, oculta bajo la noción de comunión, de alcance sacramental. Proseguimos ahora nuestra contemplación de la luz de Cristo que brilla sobre el rostro de la Iglesia, con el fin de reverberarla lo más posible para nuestros contemporáneos. Los acontecimientos precedentes lo revelan en parte, pero no agotan su riqueza. El Concilio se preocupó de enumerar varias imágenes bíblicas que nos advierten que evitemos cualquier reducción mundana del misterio de la Iglesia. Recuerdo una que merece nuestra atención por su carácter tan sugestivo como insólito. Pienso en la expresión ignaciana que aparece a menudo en boca del papa Francisco: «Nuestra santa Madre, la Iglesia jerárquica».

La expresión es bastante paradójica y parece a primera vista pasada de moda o superada como perteneciente a otra época. Porque esta expresión sintética une dos dimensiones que a primera vista parecen excluirse. Por un lado, la maternidad de la Iglesia y por otro, su estructura jerárquica, la primera nos recuerda a la Virgen María y la segunda, a los obispos. ¿Cómo integrarlos en una visión eclesiológica equilibrada?

Francisco responde con la ayuda de Hans Urs von Balthasar jerarquizando como él lo que él llama el principio mariano y el principio petrino de la Iglesia[360]. «En la Iglesia, María es más fundamental que Pedro», afirman ambos, porque María encarna la fe inmaculada con la que la Iglesia acoge y da al mundo el Verbo encarnado. En la jerarquía más importante, la de la fe y el amor, reina primero María, cuya fecundidad le confiere una maternidad universal que envuelve en su gran manto a todos los miembros del Cuerpo de Cristo. Pedro representa el ministerio en la Iglesia, es el principio de su unidad visible como pastor universal, como obispo de Roma y cabeza del Colegio episcopal. Puede ejercer su ministerio de representación de Cristo, Cabeza y Esposo de la Iglesia, porque la Iglesia, Cuerpo y Esposa de Cristo, está ya constituida por la fe inmaculada de María. A este respecto, escuchemos un eco del Concilio:

---

[360] Véase H. Urs von Balthasar, *Le Complexe antiromain. Essai sur les structures ecclésiales.* Paris, Apostolat des éditions, 1976, cap. 5: «L'amour maternel enveloppant de l'Église», p. 191-235.

La Iglesia, llamada «Jerusalén de arriba» y «madre nuestra» (*Ga* 4,26; cf. *Ap* 12,17), es también descrita como esposa inmaculada del Cordero inmaculado (cf. *Ap* 19,7; 21,2 y 9; 22,17), a la que *Cristo «amó y se entregó por ella para santificarla»* (*Ef* 5,25-26), la unió consigo en pacto indisoluble e incesantemente la *«alimenta y cuida»* (*Ef* 5,29); a ella, libre de toda mancha, la quiso unida a sí y sumisa por el amor y la fidelidad (cf. *Ef* 5,24)[361].

Para profundizar en nuestra meditación sobre la Iglesia, llamo la atención sobre este simbolismo nupcial que recorre toda la Biblia, desde el Génesis hasta el Apocalipsis, teniendo en el centro el Cantar de los Cantares como clave hermenéutica de la relación entre Dios y su pueblo, entre Cristo y la Iglesia. La eclesiología aún no ha integrado plenamente este simbolismo que permite poner en valor desde otro punto de vista la unidad y la personalidad de la Iglesia. Una mirada profunda a la Iglesia, esposa y madre, a la luz de la neumatología y la mariología, puede afinar e incluso transformar las relaciones entre sus miembros, particularmente entre el obispo y sus fieles.

Recordemos de paso que el mayor debate conciliar se refería al modo de considerar a la Virgen María en relación con la Iglesia. ¿Deberíamos preferir un documento aparte para exaltar su figura preeminente o deberíamos preferir un capítulo dentro de la Constitución sobre la Iglesia? El debate fue dramático y el resultado muy ajustado porque la asamblea conciliar estaba realmente dividida entre dos tendencias ampliamente representadas. La segunda opinión ha prevalecido, gracias a Dios, poniendo así freno a la exaltación de los privilegios de María por encima de la Iglesia, y reintegrándola como miembro —«la más excelente»— pero miembro, al fin y al cabo, como modelo y realización típica de la Iglesia. De este modo, la eclesiología conciliar se enriqueció con un capítulo mariano muy denso, sin ser exhaustivo, coronando una visión de conjunto armoniosa, aunque permaneciera demasiado discreta en el perfil de la nupcialidad y la maternidad. El pontificado de san Juan Pablo II, vivido bajo el signo de María al pie de la cruz, confirmó la hermenéutica del Concilio que Pablo VI quiso equilibrar el último día declarando a la Virgen María, Madre de la Iglesia. De ahí la relevancia de la fórmula eclesiológica de Francisco: «Nuestra santa Madre la Iglesia jerárquica», que nos anima a mirar a la Iglesia como persona, como Sujeto, y no solo como una organización, pueblo, comunión, sino sobre

---

[361] *LG*, n° 6.

todo como Esposa y Madre, «una Persona mística», según la fórmula de Santo Tomás de Aquino.

¿Qué importancia puede tener esta mirada nupcial para un pastor que quiere estar al frente, en medio e incluso a veces al final de su rebaño? ¿No le basta tener una buena devoción a la Virgen María e invocarla con frecuencia ante los desafíos que presenta la tarea pastoral? Si el pastor ve a María exclusivamente como modelo o mediadora en el cielo y si no ve su presencia discreta y activa en medio del pueblo de Dios, ¿cómo integrará la piedad popular que revela la opción preferencial de María por los pobres? Además, si el principio de unidad de la Iglesia que representa Pedro como cabeza del Colegio Episcopal no se entiende dentro del principio de unidad que representa María como forma íntima de la comunión eclesial, ¿qué tipo de comunión eclesial se promoverá y con qué medios? ¿No corren los aspectos jurídicos y disciplinarios el riesgo de suplantar la actitud pastoral y la dimensión mistagógica? ¿Y qué pasa con el ecumenismo con los ortodoxos?

La visión que el obispo tiene de la Iglesia se trasluce en todas sus relaciones personales y comunitarias, a nivel local y universal. Según la profundidad de su visión, tendrá una manera diferente de establecer sus prioridades pastorales y de vivir la comunión vertical y horizontal de la Iglesia universal en su Iglesia particular. Si tiene en cuenta las palabras de Jesús a su discípulo amado al pie de la Cruz, acogerá a la Madre del Salvador como su madre, la nueva Eva, la Esposa del Cordero inmolado y victorioso. ¿No se multiplica su fecundidad apostólica en la medida misma de su unión con esta Virgen inmaculada, Madre de la Iglesia? En resumen, así como la Iglesia no es madre sin ser esposa ¿pueden los pastores ser verdaderamente paternales sin una visión de esposo sobre la Iglesia?

El obispo, servidor de la comunión eclesial

Nuestra meditación sobre la Iglesia ha empezado con una evocación de la Iglesia particular, primer sujeto de la evangelización, en la que está presente y activa la Iglesia de Jesucristo, una, santa, católica y apostólica. Habiendo contemplado su misterio en la realidad del pueblo de Dios y explicado su carácter sacramental como comunión de personas participando en la comunión de las Personas divinas, volvemos ahora a la figura del obispo que hace la unión entre la Iglesia universal y la Iglesia particular.

Ya sea que esté radicada en Roma, Jerusalén, Montevideo, Sídney o Kampala, la Iglesia es siempre al mismo tiempo universal y particular, y esta doble dimensión la caracteriza como misterio de comunión en tensión misionera hacia la unión con Dios y la unidad de toda la humanidad.

El obispo a quien se le confía una Iglesia particular debe cuidar de salvaguardar la universalidad de la Iglesia en su Iglesia particular y la particularidad de su Iglesia en la Iglesia universal. Ambas dimensiones son esenciales y el obispo, en virtud de su pertenencia al colegio episcopal, es el vínculo concreto que une una a la otra sacramentalmente. En consecuencia, el obispo no puede limitarse a cuidar del rebaño concreto del cual es pastor. Debe sentirse corresponsable de la Iglesia universal y, por tanto, de todas las demás Iglesias particulares confiadas a sus hermanos del Colegio episcopal. El ejercicio de esta responsabilidad comporta evidentemente pautas precisas y condiciones que están determinadas por el Derecho Canónico. Pero lo esencial sigue siendo su visión eclesiológica, su adhcsión al Magisterio pontificio, su participación en las expresiones efectivas o afectivas de la colegialidad episcopal, su interés por la conversión misionera requerida de cada Iglesia particular.

Servidor de la comunión eclesial significa, por tanto, para el obispo, ser consciente del carácter universal de la Iglesia, en cuyo servicio anima a su comunidad particular para que viva en esta apertura y no se cierre en su propio horizonte geográfico, étnico o cultural. La salud de una Iglesia particular brilla por su contribución a la comunión universal de la Iglesia; esta contribución incluye evidentemente su participación en las obras de caridad papales, pero es sobre todo de orden cualitativo, a través de la santidad de sus miembros, su dinamismo misionero y su testimonio de unidad.

El obispo es el principio de unidad que garantiza la comunión y la misión de una Iglesia particular, pero es también el vínculo esencial en la comunión entre esta Iglesia y todas las demás Iglesias particulares del pasado o del presente, ya que la comunión de la Iglesia abarca tanto la continuidad de las generaciones en la Tradición como solidaridad actual de todas las Iglesias particulares *cum et sub Petro*.

Es notable observar que el decreto conciliar *Christus Dominus* sobre el oficio pastoral de los obispos trata primero de la responsabilidad del obispo con respecto a la Iglesia universal en tanto que miembro del Colegio Episcopal, antes de abordar su responsabilidad pastoral hacia una Iglesia particular. Ser *servidores de la comunión eclesial* presupone, por tanto, entre los obispos una conciencia profunda de su propio misterio sacramental que los une como miembros del Colegio de los sucesores de los Apóstoles, convirtiéndose así en corresponsables colegialmente de la Iglesia universal, incluso si su actividad pastoral les sujeta sobre todo al servicio de la Iglesia particular que se les ha confiado.

Respecto a su propia porción de la Iglesia universal, el obispo es su pastor «con la ayuda de su presbiterio». Por tanto, tendrá como prioridad absoluta la unidad de este presbiterio, porque el servicio fecundo del real sacerdocio de los bautizados requiere un testimonio de unidad que haga más creíble la presencia del Señor resucitado en la comunidad eclesial y entre sus pastores.

Este testimonio depende ciertamente de la buena voluntad de todos y de su búsqueda sincera de la santidad. Se apoyará cada vez más en la regla de oro del amor mutuo en el Espíritu de Jesús, pero será abundantemente favorecido por una teología de la vocación y de los estados de vida que muestra sus relaciones complementarias y armoniosas en el marco de una eclesiología trinitaria[362].

En este sentido, la llamada universal a la santidad se realiza como perfección de la caridad en todos los estados de la vida. Contemplada como participación en el amor trinitario, esta perfección de la caridad favorece la fecundación mutua de las vocaciones al sacerdocio y a la vida consagrada, al servicio de la primera y más frágil célula de la Iglesia, la familia[363]. El obispo, servidor de la comunión eclesial, fijando su mirada en Cristo y en la Iglesia su Esposa, no dejará de promover la comunión de todos los estados de vida al servicio de la familia, Iglesia doméstica, que está llamada a irradiar más que nunca la luz de Cristo en un mundo desorientado.

Conclusión

Queridos amigos, por invitación del Santo Padre, tenemos la gracia de comenzar nuestro ministerio episcopal con una experiencia de fraternidad

---

[362] Sobre este punto recomiendo encarecidamente la obra de H. Urs von Balthasar: *Christlicher Stand*, Fribourg, Johannes Verlag, 1977. En italiano, *Gli stati di vita del cristiano*, Jaca Book, 1996²; en francés, *L'état de vie chrétien*, Friburgo, Johannes Verlag, 2015. Es una teología completa y sistemática de las diferentes formas de vocación que responde a las necesidades actuales de una visión evangélica atractiva y exigente.

[363] H. Urs von Balthasar, *Gli stati di vita del cristiano…*, pp. 330-335.

sacramental en Roma, cerca de las tumbas de los santos Pedro y Pablo, en los albores del Gran Jubileo de la Misericordia. La ordenación episcopal y la misión pastoral que habéis recibido despiertan ciertamente en vosotros sentimientos de gratitud, pero también un temor saludable ante la responsabilidad y la conversión misionera que implican. De ahí la creciente demanda de oración que sentimos, acompañada de una súplica imperiosa y diaria al Espíritu Santo para que obre en nosotros la apertura del corazón y de la mente a las dimensiones universales y particulares de nuestra misión episcopal.

Cualesquiera que sean nuestros talentos y experiencias previas, el servicio de la comunión eclesial que se nos exige supera nuestras capacidades y exige una vigilancia diaria por nuestra parte para que seamos pastores atentos a las necesidades del pueblo de Dios, contemplativos del misterio trinitario que resplandece en comunión eclesial, y amigos del Esposo habitados por la visión de Jesús sobre la Iglesia, su Esposa. La ordenación episcopal nos ha expropiado de nosotros mismos para pertenecerle totalmente, pero esta gracia debe adquirirse también a través de la conversión espiritual y misionera. Porque para caminar delante, entre y detrás del pueblo que se nos ha confiado, debemos seguir de cerca al único Pastor y velar fielmente con él por la unidad de la Iglesia universal y particular, de la que somos corresponsables.

El papa Francisco nos muestra el camino de una conversión misionera que relanza la evangelización «por atracción»[364]. Dejémonos tocar por su testimonio y busquemos, como él, servir a la comunión trinitaria que brilla en el rostro de la Iglesia. Como obispos de la Iglesia una, santa, católica y apostólica, en la porción particular que se nos ha confiado, pidamos la gracia de seguir dignamente a Cristo Señor, en profunda comunión con el Sucesor de Pedro y con todos nuestros hermanos, para que el mundo crea que Dios le ha dado su único Hijo y la Vida Eterna.

---

[364] *EG*, n° 14.

Capítulo 5

Comunión y Sinodalidad.
En el espíritu de la nueva Constitución Apostólica
Praedicate Evangelium

«Para la Reforma de la Curia Romana es importante tener en cuenta y valorar también otro aspecto del misterio de la Iglesia: en ella, la misión está íntimamente ligada a la comunión que se puede afirmar que la finalidad de la misión es precisamente *"dar a conocer a todos y vivir la 'nueva' comunión que, mediante el Hijo de Dios hecho hombre, ha entrado en la historia del mundo"*[365]».

Los discursos que abordan el tema de la sinodalidad son abundantes, hecho que confirma que nos hallamos en un punto de inflexión en la historia de la Iglesia, de principios del siglo XXI. El papa Francisco dio impulso a este entusiasmo sinodal con el célebre discurso pronunciado con ocasión del quincuagésimo aniversario del Sínodo de los Obispos, el 15 de octubre de 2015, en pleno Sínodo sobre la familia[366]. Desde entonces, se han celebrado numerosos sínodos diocesanos o nacionales, así como los Sínodos romanos sobre la Amazonía y los jóvenes, que siguieron a aquellos sobre la familia. El más original es el sínodo, que se encuentra en la actualidad en fase preparatoria, que trata precisamente de la sinodalidad. Aunque esto podría dar la impresión de que estamos girando en torno a un concepto poco definido y que se emplea «a diestro y siniestro», el Espíritu Santo que actúa en este estudio sinodal, nos deparará nuevas sorpresas.

¿Qué podemos decir entonces para superar los lugares comunes que impiden avanzar tanto a la teología como a la misión de la Iglesia? Disponemos ya de estudios serios, en particular aquellos llevados a cabo

---

[365] Francisco, Constitución Apostólica sobre la Curia romana y su servicio a la Iglesia en el mundo *Praedicate Evangelium*, n°4.

[366] Francisco, *Conmemoración del 50 aniversario de la institución del Sínodo de los Obispos*, 17 de octubre de 2015.

por la Comisión Teológica Internacional[367]. En América Latina este dinamismo sinodal debería permitir valorizar la originalidad del continente y la aportación de las Iglesias locales, afectadas por la pandemia y las consecuencias de la guerra en Ucrania. La Pontificia Comisión para América Latina desea participar en esta labor apremiante, desde su lugar privilegiado de observación e intervención, bajo la mirada benévola del primer Papa latinoamericano. En sintonía con nuestro amado papa Francisco, me he inspirado en la Nueva Constitución Apostólica de la Curia Romana, que entrará en vigor en Pentecostés, el próximo 5 de junio. Aunque se trata de un texto jurídico, esta Constitución se presenta bajo el signo de la sinodalidad y quisiera llamar la atención sobre algunos principios que sirven de inspiración y de marco a esta Constitución. Mis consideraciones no serán de carácter práctico a primera vista, sin embargo, podrían tener consecuencias importantes para la práctica sinodal de la Iglesia y, sobre todo, para su imagen sinodal en los albores del tercer milenio.

Así pues, intentaré analizar en profundidad el ámbito de la reforma misionera de la Iglesia, que la nueva Constitución Apostólica sobre la Curia Romana desea servir, dilucidando el significado de la afirmación según la cual la «misión» y la «comunión» están íntimamente ligadas al misterio de la Iglesia, por lo que la primera tiene sentido únicamente en función de la segunda, es decir, que la finalidad de la misión es precisamente la de dar a conocer a todos y hacer vivir «*la 'nueva' comunión que, mediante el Hijo de Dios hecho hombre, ha entrado en la historia del mundo*».

Según esta línea de pensamiento, podríamos afirmar ya de entrada que la práctica sinodal del pueblo de Dios es la dimensión dinámica de la comunión, pero con una condición: que se aclare cuál es la naturaleza de esta comunión y la articulación de esta dinámica. Dado que fácilmente podríamos limitarnos al aspecto organizativo de las comunidades eclesiales, que sin lugar a dudas es importante, pero no recoge lo esencial, ¿cómo definir entonces la dimensión esencial de la sinodalidad?

Retomemos el texto de la nueva Constitución:

> «Esta vida de comunión da a la Iglesia el rostro de la *sinodalidad* ; es decir, una Iglesia de la escucha recíproca *"en la cual cada uno tiene algo que aprender"*. *Pueblo fiel, Colegio Episcopal, Obispo de Roma: uno en escucha*

---

[367] Comisión teológica internacional, *La sinodalidad en la vida y en la misión de la Iglesia*, 2 de marzo de 2018.

de los otros; y todos en escucha del Espíritu Santo, el "Espíritu de verdad" (*cf. Jn* 14,17), *para conocer lo que él "dice a las Iglesias"* (*cf. Ap* 2,7)»[368].

«Esta vida de comunión da a la Iglesia el rostro de la sinodalidad», qué hermosa expresión que privilegia el vocabulario personalista por encima del lenguaje funcional. Puesto que la comunión concierne a la vida de las personas y no solo a su trabajo, proyectos y aspiraciones. El texto añade, acto seguido, la idea de aprender, los unos de los otros, gracias a la escucha. Una escucha recíproca y a todos los niveles: de persona a persona, entre el Papa y los obispos, todos escuchándose los unos a los otros y todos escuchando al Espíritu Santo, el Espíritu de la Verdad.

Nos hallamos, a estas alturas, en el umbral de una profundización teológica y existencial. Debemos atrevernos a plantearnos las siguientes grandes preguntas: ¿Quién es este Espíritu de la Verdad? ¿Qué significa esta escucha para conocer lo que Él dice a las Iglesias? ¿Qué quiere decirnos el Espíritu cuando nos invita a caminar juntos en un espíritu de sinodalidad? ¿Cómo y bajo qué condiciones podríamos alcanzar una mentalidad eclesial renovada, sinodal y alegre, acompañada de una imprescindible conciencia misionera? ¿Por qué la alegría del Evangelio, que reside en nuestro primer pastor, tarda en extenderse por todo el cuerpo eclesial? ¿Cómo podemos contribuir ulteriormente a este espíritu sinodal y misionero en América Latina? De momento, hemos renovado las estructuras: reforma del CELAM, creación de la CEAMA, convocatoria de una Asamblea eclesial continental, hermosas iniciativas que privilegian el aspecto organizativo. ¿No deberíamos acceder a un nivel más profundo de sinodalidad, quizás un nivel menos espectacular, pero más cercano a las condiciones concretas de las familias, de la mujer y de la creciente pobreza que aflige a una inmensa mayoría de nuestros fieles?

Nada más lejos de mi intención que restarle valor a la investigación que se está llevando a cabo en la actualidad y a las buenas iniciativas que esta suscita; conviene indudablemente fomentar una participación orgánica en las estructuras existentes, pero con la esperanza de hacer emerger la interioridad espiritual que nace de la Palabra de Dios y responde a las necesidades vitales y vocacionales de nuestras comunidades. Porque esta necesaria interioridad personal abre a la comunión y genera una sensibilización entre los creyentes sobre la justicia y la solidaridad social. A veces, se tiende en

---

[368] Francisco, *Praedicate Evangelium*, n°4.

nuestros ambientes a contraponer lo religioso y lo social, como si la fe fuera algo ajeno al mundo, como si la fe nos apartara de la realidad social, mientras que, por el contrario, el don de la fe en Cristo resucitado nos sumerge en la historia real a su nivel más profundo de realidad. La razón es que el cristiano auténtico vive en la frontera cambiante de la historia y del Reino, su fe le hace volcarse en la vida eterna, desde esta vida presente. La fe que profesa no le lleva a decir adiós a esta historia, como si fuera una existencia pasajera que debe superar para centrarse exclusivamente en el más allá. Porque el cristiano, al igual que su Maestro, que lleva la vida y la muerte en su triunfo, lleva consigo en el Reino todo el entramado de relaciones que ha construido durante su vida terrena, una historia santa, digna de haber sido vivida porque está impregnada de la belleza de la gracia. En definitiva, nuestra pascua de resurrección, como la pascua de Cristo, no es una evasión ni un salto hacia el más allá inaccesible, es más bien asumir nuestra realidad terrena en el Reino del Amor, el Reino del Espíritu de la Verdad.

¿Nos estamos alejando de nuestro tema de reflexión, la sinodalidad ? Probablemente, si razonamos solo según categorías sociológicamente operativas desde una perspectiva sociológica; no, si queremos alcanzar el nivel de interioridad antes mencionado. *Praedicate Evangelium*, al referirse a la «nueva comunión» que ha entrado en la historia del mundo mediante el Hijo de Dios, cita la Exhortación Apostólica postsinodal *Christi Fideles laici*, que se refiere precisamente a la comunión trinitaria: «Lo que hemos visto y oído, os lo anunciamos, para que también vosotros estéis en comunión con nosotros. Y nosotros estamos en comunión con el Padre y con su Hijo, Jesucristo» (1Jn 1,3)»[369].

Aquí surge la verdadera pregunta: ¿Cómo enraizar la sinodalidad en el misterio de la comunión trinitaria? ¿Es realista plantear dicha pregunta? ¿No estaríamos soñando o perdiéndonos en el mito? La Santísima Trinidad trasciende la historia del mundo y, a primera vista, no parece ser muy funcional, salvo como modelo genérico de comunión, del que se pueden hacer diversas representaciones estéticas. Sin embargo, ¿es posible pensar la relación de la Trinidad con el mundo como un juego dramático de libertades que se enfrentan, un *teo-drama* en cierto modo, es decir, un encuentro e incluso un enfrentamiento entre la libertad divina y las libertades humanas, en el escenario de la historia? Hans Urs von Balthasar se atrevió a desarrollar

---

[369] San Juan Pablo II, Exhortación Apostólica post-synodal sobre vocación y misión de los laicos en la Iglesia en el mundo *Christi fideles laici*, 30 de diciembre de 1988, n°32.

este *teo-drama* en cinco grandes volúmenes de su inmensa Trilogía sobre el tema. El drama de Dios con su mundo consiste en lograr que la humanidad concreta, hecha de hombres pecadores, entre, libremente, en su espacio interior e infinito de comunión. Para ello, Dios Padre envía a su Hijo como Mediador, que se encarna y recorre los caminos de la historia, haciendo el bien y atrayendo todas las cosas hacia el centro de gravedad escatológico de su Cruz-Resurrección. El fruto de su misterio pascual, es decir, de su mediación (su sacerdocio), es la efusión del Espíritu Santo sobre toda carne, comunicando la vida eterna del Padre y del Hijo a cada criatura que accede a creer y a recibir de Cristo su salvación. Ahora bien, esta salvación no es más que la participación de la humanidad en la comunión trinitaria a partir de esta vida y para toda la eternidad.

Así pues, dado que la comunión de las Personas divinas se ofrece realmente a la comunión de las personas humanas mediante la fe en Cristo, trataremos ahora de delinear, a grandes rasgos, los ejes principales de este encuentro de la comunión trinitaria con la humanidad en Cristo, con la consiguiente dinámica para las relaciones humanas. La Constitución conciliar *Lumen gentium* se refiere al misterio de la Iglesia como a una comunidad de relaciones «teándricas», es decir, de relaciones divino-humanas, una interpenetración de relaciones recíprocas entre la Trinidad y la humanidad, en la que el Espíritu Santo desempeña un papel fundamental que ahora debemos explicitar para captar su importancia, naturaleza y ramificaciones.

El punto de partida de esta explicitación es la realidad sacramental de la Iglesia que el concilio Vaticano II ha desarrollado más allá de cualquier expectativa, más allá de los siete sacramentos, pero integrando a la vez los siete sacramentos como articulaciones fundamentales de la sacramentalidad de la Iglesia. «La Iglesia es comunión». Una comunión que es el signo sacramental del misterio de comunión que es la Santísima Trinidad[370]. Esto significa que dicha comunión contiene realmente en su seno, de forma invisible, la Comunión de las Personas divinas, de las que es Sacramento. *Lumen gentium* 4 afirma enérgicamente que la unidad del pueblo de Dios participa de la unidad del Padre, del Hijo y del Espíritu Santo. Así pues,

---

[370] Concilio ecuménico Vaticano II, Constitución dogmatica sobre la Iglesia *Lumen gentium*, 21 de noviembre de 1964, n° 1: «La Iglesia es en Cristo como un sacramento, o sea signo e instrumento de la unión íntima con Dios y de la unidad de todo el género humano...».

veamos a continuación cómo se articula concretamente en la Iglesia la Gracia de la comunión trinitaria, que es la base de la dinámica sinodal.

El punto de partida es el bautismo: «Yo te bautizo en el nombre del Padre, del Hijo y del Espíritu Santo». Ser bautizado significa sumergirse en el Amor infinito de las Tres Personas divinas. Mediante esta inmersión, el Espíritu Santo confiere a cada bautizado la gracia de la filiación divina, una configuración del sujeto humano a la Persona del Verbo encarnado que realiza una identificación inquebrantable, incluso cuando el hijo de Dios, habiendo experimentado el perdón y estando así configurado, reniega conscientemente de su pertenencia a Cristo. Los dones de Dios son irrefutables, no están condicionados por el grado de consentimiento de la persona santificada por el bautismo. Incluso en una situación de rechazo apóstata, el sujeto bautizado sigue estando habitado por una cierta Presencia del Hijo de Dios que le llama y le mueve a la conversión. Esto es lo que expresa el concepto teológico clásico de carácter. En consecuencia, el bautizado nunca actúa solo en el mundo, sino que está habitado y poseído, en cierto modo por el Hijo de Dios que derramó su sangre por él y que le estimula mediante los vínculos de Amor siempre nuevos y activos. De este modo, en la acción del creyente que vive su pertenencia a la comunidad de los bautizados, se refleja el obrar del Hijo de Dios. De ahí su caridad, que es la virtud por excelencia, y el testimonio insuperable de la comunión con el Padre en el Espíritu. Por eso, el mandamiento nuevo del amor, que el Señor Jesús dejó como testamento, es la piedra angular de la fidelidad a la sinergia, que la Santísima Trinidad sueña con compartir con toda la humanidad para transformarla en una gran familia de hijos de Dios: *Fratelli Tutti*.

El bautismo otorga así la gracia filial fundadora de la Nueva Alianza entre la Trinidad y la humanidad. Este es el primer fruto de la encarnación del Verbo y del Don del Espíritu del Hijo: una auténtica participación en la filiación divina del Verbo encarnado. Este don de la filiación atrae a su vez otro don, pues es inseparable de la cercanía a la paternidad divina en Jesús: *El que me ha visto, ha visto al Padre, el que me escucha, escucha al Padre que me ha enviado; el que cree en las obras que hago, cree en el Padre que las cumple en mí.* Dicha presencia personal del Padre en el Hijo sigue siendo visible, por institución divina, en la sacramentalidad de la Iglesia. Es el don del Sacramento del Orden que identifica a algunos sujetos elegidos y llamados con Cristo, ya que lleva en sí mismo el testimonio del Padre. Cristo es el Hijo del Padre y es también su enviado, su mensajero, su apóstol, su ministro, cuyo Espíritu Santo, el Espíritu del Padre esta vez, puede comunicar una participación sacramental a esta identidad «ministerial» de Cristo Señor, el Sumo Sacerdote de la Nueva Alianza. Esta es la vocación de los ministros ordenados en los diferentes grados del sacerdocio ministerial. De ahí, los rasgos paternos de la identidad sacerdotal y la espiritualidad correspondiente del buen Pastor, que da su vida para que las ovejas tengan vida y vida en abundancia. Mediante esta identificación de los ministros ordenados con Cristo Sacerdote, Pastor y Esposo, por el Espíritu del Padre, la Iglesia está constituida en su estructura jerárquica. Esta estructura encarna la comunión trinitaria, en cuanto dona una participación sacramental en la relación entre el Padre y el Hijo, participación que se convierte entonces en partícipe de la dinámica de las relaciones eclesiales entre la comunidad de bautizados y la *diakonia* de los ministros del Señor. Un mismo Espíritu garantiza la unidad de estas relaciones, en cuanto se comunica como Espíritu del Padre y Espíritu del Hijo. Ya se presiente que para la naturaleza y el ejercicio de la comunión sinodal, la conciencia de tal gracia configuradora y de tal participación en las relaciones trinitarias puede despertar energías y sinergias mucho más significativas y eficaces que los dinamismos identificables por las ciencias humanas. Sin embargo, no opongamos lo que no lo debe ser, arraiguemos solamente lo sociológico en lo teológico.

Vayamos aún más lejos, mucho más lejos en las sorpresas de la gracia de Dios. Hemos identificado las gracias que proceden de la participación en la filiación divina y, en cierta medida, la participación de ministros ordenados en la paternidad divina por el efecto de la efusión del Espíritu del Padre y del Hijo en los sacramentos del Bautismo y del Orden. Cabe añadir que estos dos sacramentos se conjugan de maravilla en la celebración eucarística del misterio pascual. El sacramento de la Eucaristía es, en efecto, el lugar por excelencia de la Nueva Alianza entre la Trinidad y la humanidad, el lugar del admirable intercambio entre la ofrenda del Hijo de Dios *pro nobis*, mediante la cual lleva consigo a toda la humanidad al Padre; ofrenda que el Padre acepta y a la que responde derramando en abundancia el Espíritu de Amor en la comunión eucarística. Esta, edifica entonces la *communio sanctorum* en la comunidad eclesial reunida. En síntesis, a través de la mediación de los ministros que realizan el sacramento y a través de la ofrenda de los bautizados que se unen y participan en la Ofrenda de Cristo, la Iglesia está constituida en su realidad sacramental de Cuerpo de Cristo que procede del Cuerpo eucarístico, así como en su identidad de Esposa del

Señor que vive de la acogida permanente en su seno de la fecundidad del Esposo divino-humano.

Ahora bien, la fecundidad del Esposo divino-humano, que vive e intercede por nosotros a la diestra del Padre, es el Espíritu Santo de Dios, fruto del intercambio de Amor entre el Padre y el Hijo, *beso* consustancial e infinito que se convierte, en la economía, en *beso* de resurrección ciñendo a toda la humanidad en su abrazo misericordioso. El Espíritu Santo es la quintaesencia de la fecundidad divina difundida, la aurora de la nueva creación, el Espíritu de la Verdad que inaugura y lleva a su fin glorioso la venida del Reino, Reino de justicia y de misericordia, de amor y de paz. En el corazón de la Iglesia que peregrina por los caminos de la historia, este Espíritu de gratuidad, de unidad y de libertad se manifiesta también de un modo que le es propio, completando las manifestaciones personales del Padre y del Hijo, de las que hemos hablado anteriormente. Este es un punto fundamental sobre el que quisiera hacer hincapié dado que encierra una de las claves, por no decir la llave maestra de la naturaleza sinodal de la Iglesia. La manifestación personal del Espíritu Santo se realiza especialmente en la dimensión carismática de la Iglesia, esa dimensión descuidada durante siglos que el concilio Vaticano II revalorizó y que concierne de manera muy especial al sacramento del matrimonio, la vida consagrada, contemplativa y activa, los movimientos apostólicos y misioneros, los dones proféticos y místicos, las realidades asociativas, en síntesis, todo lo que contribuye a estimular la santidad y la unidad de la Iglesia, la belleza de su comunión y la difusión de su misión[371]. San Pablo enumera algunos de los carismas que experimentó y que valorizó y disciplinó en el origen de la Iglesia. Estas listas distan mucho de ser exhaustivas y debemos evitar pensar en los carismas como fenómenos extraordinarios destinados a una élite. El Espíritu Santo derrama sus dones con abundancia entre todos los bautizados para el servicio del bien común y la edificación del Cuerpo de Cristo. Algunos son más espectaculares, otros son apenas visibles, pero todos se dan para edificar la comunión y servir a la misión.

Hagamos un balance de nuestro camino, que busca arraigar la práctica sinodal de la Iglesia en el Espíritu de la comunión trinitaria. Hemos descrito la implicación de la comunión trinitaria en las articulaciones de la comunión eclesial para superar el modelo «estético» generalmente utiliza-

---

[371] Cf. Concilio ecumenico Vaticano II, *Lumen gentium*, n° 12.

do. Porque en lo que hemos dicho, no se trata de un modelo de referencia para una construcción mental sino de una entrada en escena dramática de las Personas divinas en las relaciones eclesiales fundadas en la estructura sacramental de la Iglesia. Paternidad, filiación y libertad fecunda son propiedades de las Personas divinas que se manifiestan en los sacramentos del bautismo, del Orden y de la Eucaristía, así como en la multitud de carismas que embellecen a la comunidad creyente, mediante la libertad del Espíritu del Padre y del Hijo derramado en la historia. Según esta visión *teo-dramática*, Dios camina con nosotros en la historia, camina, por así decirlo, a la misma altura del hombre, ocultando su Majestad pues se rebaja por Amor, trabajando en la unidad y por la unidad, a fin de restaurar la relación de la Alianza que reflejaba la familiaridad de Dios con el hombre y la mujer en el Jardín del Edén.

La sinodalidad es la realización, a gran escala, de esta relación de Alianza, siempre que nuestras relaciones humanas y eclesiales cumplan algo más que una representación estética de la cercanía de Dios. Porque «*Dios que camina con su pueblo*» no es una fórmula retórica, una imagen bella e inspiradora, una representación popular capaz de galvanizar a las multitudes; es la presencia real de una gracia inmensa y muy concreta, una verdad histórica tan significativa como la encarnación del Verbo y la efusión del Espíritu Santo en Pentecostés. De hecho, la práctica sinodal del pueblo de Dios, como estilo de participación en la comunión trinitaria-eclesial, no puede reducirse a acciones humanas, sino que tiene que dejar prevalecer a los actores divinos comprometidos en la historia y dejarse plasmar por la marca personal del Espíritu del Padre y del Hijo, en los rasgos eclesiales de los bautizados, de los consagrados y de los enviados del Padre, para que el mundo tenga vida y la tenga en abundancia. Dicha transición, de una perspectiva estética a una perspectiva dramática, representa un momento crucial en el modo de abordar la sinodalidad, por el hecho de que partimos de Dios y de su manifestación en la historia, en vez de partir de nuestras aspiraciones y representaciones humanas, aunque estas estén orientadas hacia el Reino.

Cabe dudar de que mi cambio de perspectiva consiga fundamentar mejor la práctica sinodal, porque estamos tan inmersos en una cultura antropocéntrica que cualquier discurso trinitario corre el riesgo de resultar abstracto, desconectado, irrelevante para hacer avanzar la comunión eclesial por senderos prometedores. Hablo de un cambio de perspectiva, porque el modo de pensar la sinodalidad, a partir de la Trinidad comprometida con la sacramentalidad de la Iglesia, difiere notablemente de un enfoque socio-antropológico, en el que se construye un modelo heurístico funcional, del que se afirma luego que ha sido sugerido por el Espíritu. En la práctica, según la perspectiva adoptada, se explicitará el proceso sinodal en términos de ideas que se deben difundir y de proyectos que se deben poner en práctica; o bien, en términos de personas a las que hay que amar y de pobres, que pertenecen a un pueblo real, a los que hay que consolar y levantar gracias a la caridad misericordiosa de una inmensa Ternura que nos precede y nos envuelve. Una perspectiva que se enraíza en la Comunión Tri-personal nunca se aleja de la vida de las personas amadas en cuanto personas; por el contrario, una perspectiva antropocéntrica que parte de ideas generosas pero humanas, corre el riesgo de reducirse únicamente a soluciones parciales que no dan la Vida verdadera.

Permítanme aquí retomar la Constitución *Praedicate Evangelium* para reflexionar juntos sobre la revolución sinodal que esta introduce, en el ámbito de gobierno, en la Curia Romana. Desde ahora en adelante, los dicasterios no solo están autorizados a integrar a laicos, hombres y mujeres, entre sus miembros y su personal, sino que también a estos se les puede confiar la dirección misma de ciertos dicasterios. Algunos han calificado esta apertura de revolución copernicana, por lo que respecta al gobierno de la Iglesia, porque hasta ahora se creía que los puestos de dirección debían reservarse a obispos o ministros ordenados, a causa del vinculo estrecho entre el poder de jurisdicción y el sacramento del Orden. La nueva Constitución se funda en el principio sinodal para justificar esta apertura, en virtud de la potestad de jurisdicción que otorga la misión canónica dada por el Papa. La explicación canónica señala entonces que todo ejercicio de la autoridad en la Curia romana se basa en la delegación de potestad que otorga el Santo Padre y no en el hecho de ser obispo, sacerdote, religioso o laico. Esta explicación es canónicamente comprensible, pero me parece teológicamente pobre, e incluso contraria a la sinodalidad en la medida en que esta presupone un bautizado dotado de carisma y no solo una delegación de poder que «cae de lo alto». El nombramiento de hombres o mujeres laicos a ocupar puestos de autoridad en la Curia Romana implica un discernimiento del Papa, de un carisma o de una competencia particular que justifique su decisión de integrar a tal personalidad religiosa o laica en un puesto de gran responsabilidad en la Curia. La autoridad que él delega es la suya y marca la diferencia, pero se apoya en algo en el sujeto designado, se confiere a una personalidad carismática capaz de ejercer bien la misión canónica que le ha encomendado el Sumo Pontífice.

El reto que plantea esta cuestión, encomendar el gobierno eclesial a personalidades que no poseen la potestad del Orden, es reconocer los carismas en la Iglesia. Aún falta mucho para lograr un cambio de nuestra mentalidad clerical, que permita reconocer que un carisma concedido por el Espíritu Santo, debidamente reconocido por la autoridad eclesial, pueda ser fuente de autoridad y de auténtico gobierno. A este respecto, nuestra cultura católica concede a los obispos y a los sacerdotes una autoridad exclusiva, que difícilmente acepta discernir e integrar contrapesos a su poder; sin embargo, estos son cada vez más necesarios para el crecimiento y el equilibrio de la comunidad eclesial. Esta carencia ha generado los abusos que conocemos, y ha llegado el momento de hacer algo drástico al respecto, poner fin a esta pretensión de exclusividad en la que se basa el clericalismo. La Constitución Apostólica *Praedicate Evangelium* abre, a nivel jurídico, esta puerta que hasta ahora había permanecido cerrada, permitiéndole así cambiar el rostro exclusivamente clerical de la Curia Romana. El debate teológico para justificar esta apertura se encuentra en una fase embrionaria y debe tener en cuenta una cuestión controvertida desde hace siglos: la relación entre la potestad de orden y la potestad de jurisdicción. Por el momento, no profundizaré en este tema, pero quisiera al menos hacer referencia a una perspectiva teológica que el mismo Santo Padre mencionó durante la discusión generada alrededor de *Praedicate Evangelium*.

Se trata del principio mariano al que se ha referido con frecuencia, ya desde el comienzo de su pontificado. Lo cita para situar el lugar importante que ocupan las mujeres en los puestos de responsabilidad en la Iglesia, aunque no les confiera la Ordenación sacerdotal. La mujer está del lado de María, dice Francisco, que es más fundamental que Pedro. De hecho, dos principios visibles estructuran la comunidad eclesial: el principio petrino y el principio mariano. Cabría preguntarse si en la actual investigación sinodal se ha tenido realmente en cuenta el principio mariano. En Alemania, por ejemplo, se habla de la división de poderes en la Iglesia según una lógica puramente petrina. Por eso, algunos piden que se revise el hecho de que el ministerio ordenado esté reservado a los hombres. ¿Cómo mostrar que la auténtica sinodalidad supone la integración de la lógica mariana? Este es el reto al que se enfrenta esta plenaria de la Comisión Pontificia para América Latina.

No pretendo responder desde el principio, pero quisiera señalar a modo de conclusión algunas cuestiones que podrían evocar la lógica mariana de nuestro enfoque trinitario de la comunión eclesial. La figura de la Virgen María representa a la criatura que más íntimamente está asociada a la comunicación de la comunión trinitaria a la humanidad. Nadie como ella ha desarrollado relaciones tan claras con cada Persona divina. El Espíritu Santo la cubrió con su sombra y el Verbo del Padre se encarnó en ella, para iniciar con ella una Alianza que definiría el destino salvífico de toda la humanidad. ¿Cómo podríamos obtener, de su experiencia trinitaria, algunas orientaciones prácticas para nuestro camino sinodal en comunión eclesial? Sus actitudes pueden iluminarnos sobre la manera de caminar con Dios en el corazón de su pueblo. ¿Qué relación al Espíritu Santo emana de su testimonio? ¿Qué fruto de su disponibilidad se reconoce en el Evangelio, con respecto al crecimiento de la comunidad primitiva y de la Iglesia universal? ¿Cómo participó María en los debates de los apóstoles? Bajo el impulso del Espíritu Santo la Virgen María fue constituida Hija inmaculada del Padre eterno, Madre fecunda del Hijo de Dios encarnado, Esposa del Cordero inmolado; su maternidad divina abarca todos los instantes de su intimidad con Jesús, desde su concepción, nacimiento, vida oculta y pública, pasión, muerte y resurrección, culminando todo con la efusión pascual del Espíritu Santo, que le da una fecundidad universal como Madre de la Iglesia y de la humanidad.

Esta Mujer sin igual, esta Nueva Eva camina con nosotros, y el pueblo santo de Dios lo sabe a menudo mejor que sus guías y ministros. Su ternura maternal se refleja en el rostro de sus hijos como una fuente luminosa sobre un caleidoscopio. Porque la oración humilde del pueblo de Dios, su invocación sincera a la Madre de misericordia, obtiene ayuda en las pruebas y perseverancia en el camino de la salvación. Además, la meditación de los misterios del Rosario infunde en las almas sus virtudes y su plenitud de gracia, de modo que el pueblo mariano de las Américas, de norte a sur y de este a oeste, camine unido bajo su estrella con la esperanza del Reino. Es un pueblo de pobres que aspira a la gloria del cielo más que a la gloria terrena, un pueblo que sufre con dignidad y que da de su pobreza, compartiendo sobre todo una alegría que viene de otra parte. Es un pueblo que evangeliza a través de su espíritu de solidaridad y comparte, mediante su fidelidad a la Palabra de Dios y a la fracción del pan, un pueblo que se deja guiar por el Espíritu Santo y la jerarquía de la Iglesia, a pesar de todo, porque sabe que la Madre de misericordia cubre todas las debilidades de sus hijos con su gran manto estrellado, donándoles el coraje de levantarse y la audacia de seguir adelante, con el Sucesor de Pedro, por los senderos de la fraternidad universal.

Queridos amigos, somos testigos de esta herencia, todos estamos llamados a asumir el reto de una Iglesia sinodal en América, para que el testimonio de la Santísima Trinidad brille en la comunión misionera de nuestras comunidades. Imploremos humildemente al Espíritu Santo para que esta Iglesia sinodal que soñamos con Francisco sea mariana, de lo contrario no lo será.

Capítulo 6
Vosotros sois la luz del mundo

Queridos hermanos obispos recientemente nombrados, queridos amigos[372]:

Coronamos nuestro encuentro fraternal en Roma con la santa eucaristía en la Basílica de San Pedro, seguida de un diálogo con el papa Francisco. Dos momentos fuertes que simbolizan la gracia de nuestra llamada y de nuestra misión. El Señor nos ha elegido y nos ha capacitado para llevar al mundo la luz de su Evangelio. La Eucaristía que celebramos ahora y cada día es la fuente permanente de esta luz; el encuentro con el Sucesor de Pedro es también un recordatorio de que es junto a él, en comunión fraterna y sacramental *cum et sub Petro*, que la luz del Amor de Cristo aumenta en nosotros y brilla a los ojos del mundo entero. ¡Demos gracias a Dios por nuestra elección libre y por la belleza de nuestra misión!

Vos estis lux mundi – Vosotros sois la luz del mundo. Es el título del *Motu Proprio* del papa Francisco, que garantiza el buen gobierno de los obispos en materia de abusos sexuales desde 2019. Esta palabra evangélica fuerte preside de alguna manera la vigilancia de la Iglesia sobre la integridad moral y la prudencia pastoral de sus pastores. Al respecto, el papa Francisco lleva una lucha decisiva, siguiendo a su predecesor Benedicto XVI, para erradicar de la vida del clero los abusos escandalosos que han destruido vidas y han dado un duro golpe a la credibilidad de la Iglesia. Al ser obispos, que significa vigilante o supervisor, asumimos nuestra parte en esta lucha para garantizar a nuestras comunidades entornos sanos y protegidos donde la luz de Cristo pueda brillar libremente. Esta vigilancia no es la parte esencial de nuestro trabajo, pero sin ella la parte esencial de nuestro anuncio y de nuestro testimonio estaría comprometida. Que nos sea dada una gracia de fortaleza y coraje para cumplir esta parte difícil y dolorosa de nuestra misión.

---

[372] Homilía pronunciada durante la misa en la Basílica de San Pedro, al final de la sesión de formación inicial para los nuevos obispos, el 19 de septiembre de 2022.

Tomemos la gracia y las energías que necesitamos del don del Espíritu que hemos recibido mediante la imposición de manos en la ordenación. De hecho, el Espíritu Santo nos une, ontológicamente, a la Persona de Jesús, para que seamos sus instrumentos vivos; de ello se sigue que, por la gracia del sacramento, es Él quien ejerce Su pastoreo a través de nosotros. No olvidemos nunca que es la presencia objetiva de Jesús en nosotros y no nuestros propios talentos lo que marca la diferencia y que hace posible nuestro servicio pastoral al pueblo de Dios.

Las condiciones contemporáneas del compromiso de los clérigos al celibato provocan hoy en día más críticas y vemos multiplicarse las sugerencias de reforma o incluso de su abolición. La razón humana, segura de sus conquistas científicas, pretende llegar a este diagnóstico, pero, sin embargo, parece incapaz de reconocer la gracia que nos habita. Hoy en día, la campaña contra el celibato sacerdotal es más fuerte que nunca, pero el papa Francisco ha decidido no modificar la disciplina de la Iglesia latina. Debemos agradecerle que no haya cedido ante las presiones culturales, ya que este testimonio de una vida entregada al ejemplo de Jesús es un medio insustituible para la evangelización.

Cuando Jesús llama a sus Apóstoles a dejarlo todo para seguirle, su exigencia parece excesiva y exorbitante para muchos que rechazan la invitación; quienes la aceptan quedan tocados por una gracia permanente de fe en el misterio de Jesús, en su identidad divina que solo ella justifica una tal exigencia. De hecho, el *sí* a la llamada del Maestro a seguirle en esta forma de vida se convierte en una confesión de fe en su Persona divina. Es por eso que aquellos o aquellas que siguen a Jesús por amor a su Nombre evangelizan mediante la elección de su estado de vida. Antes que todo apostolado explícito por su parte, su estado de vida virginal es una confesión de fe que evangeliza. Hay que decir esto hoy pacíficamente y sin complejos, a pesar de los fracasos y las mediocridades del clero o de la vida religiosa. La Iglesia latina respeta otras tradiciones eclesiales, pero tiene buenas razones para mantener esta disciplina que proviene de la tradición apostólica y que garantiza la fecundidad de su actividad misionera. ¿La luz del Verbo encarnado no brilla en los ministros sagrados que aceptan con alegría ser signos vivos del Esposo de la Iglesia?

El lugar por excelencia del desposorio de Cristo y la Iglesia es el misterio eucarístico. Desde la última Cena del Señor y su Pascua, el Espíritu del Resucitado ha puesto en manos de los Apóstoles y de sus sucesores la custodia de este misterio. Cuando pronunciamos las palabras de Jesús: *Esto es mi cuerpo, esta es mi sangre*, estas palabras son y permanecen siendo siempre las Palabras de Cristo pronunciadas *una vez por todas*; estas palabras sacramentales permanecen siempre las mismas en cada Eucaristía celebrada desde el origen. Solo el Espíritu Santo puede así unir una Palabra que es un acto de Amor escatológico realizado *una vez por todas* con cada celebración particular de la Iglesia en todos los tiempos y todos los lugares. Esta maravilla es un misterio insondable de fe que se esconde bajo ritos humildes. No somos propietarios de este Acto de Amor trascendente que nos abraza en el sacramento de una manera puntual y concreta; es el Espíritu Santo quien nos posee y quien se sirve de nosotros para alcanzar sus fines salvíficos universales. ¡Cuánto estupor y acción de gracias deberían acompañar nuestra contemplación de este misterio de comunión donde Cristo Esposo se entrega a la Iglesia, su esposa!

Queridos amigos, el concilio Vaticano II afirma que «en la Sagrada Eucaristía se contiene todo el bien espiritual de la Iglesia, es decir, Cristo en persona, nuestra Pascua y pan vivo que, con su Carne, por el Espíritu Santo vivificada y vivificante, da vida a los hombres»[373]. Como obispos, tenemos el cuidado de este tesoro espiritual de la Iglesia con miras a distribuirlo ampliamente al pueblo de Dios en marcha que tiene gran necesidad de este viático para el camino. El obispo es asistido por su *presbiterio* en esta obra de salvación, consciente de que la comunión eucarística es la fuente y cumbre de la comunión eclesial, así como el alimento cotidiano de la fraternidad sacramental de los ministros ordenados.

Llevemos en nuestra ofrenda de hoy a todos aquellos y aquellas que están confiados a nuestro ministerio pastoral, prometamos una vez más ser para todos y todas pastores, según el corazón de Dios, ministros conscientes de sus límites y de sus faltas, pero confiados en que la misericordia divina toca en primer lugar nuestra propia miseria para hacernos capaces de vivir para los demás y para Dios.

Añadamos, sin embargo, otra intención que permanece prioritaria en relación con la porción del pueblo de Dios que os ha sido confiado; pienso en vuestra pertenencia al Colegio episcopal, que os asocia a la responsabilidad de la Iglesia universal, *cum et sub Petro*; esta pertenencia os compromete

---

[373] Concilio Vaticano II, Decreto sobre el ministerio y la vida de los presbíteros *Presbyterorum ordinis*, 7 de diciembre de 1965, n. 6.

a una colegialidad episcopal afectiva y eficaz; frente a las diversas corrientes de pensamiento, os compromete a la prudencia y a la fidelidad en vuestra enseñanza en nombre de la Iglesia. Oremos, pues, por el Santo Padre y por todo el Colegio episcopal para que nuestro testimonio personal y comunitario de caridad y unidad, sea una luz digna de Aquel que dijo: *Yo soy la luz del mundo*. ¡Amén!

Capítulo 7

Por un gobierno eclesial más abierto al Espíritu Santo

«Toda la economía sacramental de la Iglesia es la realización neumatológica de la Encarnación: por eso el Espíritu Santo es considerado por la Tradición como el alma de la Iglesia, el Cuerpo de Cristo. La acción de Dios en la historia implica siempre la relación entre el Hijo y el Espíritu Santo, que Ireneo de Lyon llama sugerentemente "las dos manos del Padre"[374]»[375].

El legado permanente de movimientos y nuevas comunidades

Esta hermosa declaración de la Carta *Iuvenescit Ecclesia* me sirve como marco para reflexionar con vosotros sobre la identidad y la misión de movimientos y nuevas comunidades que se han desarrollado en la Iglesia después del concilio Vaticano II. El entusiasmo posconciliar en torno a estas realidades carismáticas se ha ido transformando progresivamente en una actitud más serena y diferenciada, que tiene en cuenta también la posibilidad de fenómenos ambiguos y desviaciones que, en ciertos casos, han ensombrecido a las personas y a las comunidades. Por otra parte, estas realidades carismáticas han madurado, han atravesado crisis que son a menudo necesarias para llegar a un servicio eclesial más discreto y fructífero, aprovechando la prueba del tiempo y del discernimiento de los pastores que acompañan el crecimiento del reino de Dios en el mundo.

«La Iglesia va peregrinando entre las persecuciones del mundo y los consuelos de Dios», dice el Concilio con san Agustín, «anunciando la cruz del Señor hasta que venga (cf. 1Co 11,26)»[376]. Por lo tanto, quisiera proponer algunas consideraciones teológicas y pastorales que contribuyen a discernir la presencia del Espíritu Santo y sus carismas utilizando algunos criterios

---

[374] S. Ireneo de Lyon, *Adversus haereses*, IV, 7, 4 (PG 7, 992-993). Citado en IE.
[375] Conferencia pronunciada en un encuentro de movimientos eclesiales y nuevas comunidades, 20 de junio de 2022.
[376] *LG*, n° 8

inspirados por la reforma en curso bajo el liderazgo del papa Francisco. Es cierto que el Padre celestial promueve la realización de su Reino con las misiones del Verbo encarnado y del Espíritu, sus *dos manos*, pero la segunda mano ha quedado demasiado en la sombra en nuestra tradición latina; si fuéramos más conscientes de la presencia y de los recursos del Espíritu Santo para el gobierno de la Iglesia, esto nos permitiría superar el clericalismo y otras desviaciones. Intentemos, pues, identificar los signos del Espíritu que están actuando en las realidades presentes de la Iglesia, así como en el diálogo con las instancias de discernimiento y reconocimiento eclesiales. Procederemos de manera sintética, partiendo de los frutos del Espíritu Santo, para llegar a algunos criterios que puedan guiar a los pastores en el apoyo a personas y comunidades portadoras de carismas para el bien común.

«La economía sacramental de la Iglesia es la realización neumatológica de la Encarnación», dice el texto citado al principio. Esto significa que no solo los siete sacramentos son signos concretos del Verbo encarnado, sino que la Iglesia como tal, es decir como Cuerpo de Cristo, misterio de comunión, es la «realización neumatológica de la Encarnación». Desarrollando este concepto, podemos decir que el misterio de la Encarnación implica dos realizaciones fundamentales: la primera, cristológica, que nos da en Jesús la proximidad inefable del Verbo de Dios hecho carne; la segunda, neumatológica, nos da en la Iglesia, Cuerpo de Cristo, la proximidad invisible pero concreta del Espíritu Santo. Esta segunda realización neumatológica de la Encarnación constituye a la Iglesia como sacramento, es decir, al pueblo de Dios como «signo e instrumento de la unión íntima con Dios y de la unidad de todo el género humano»[377]. El Concilio afirma que el Espíritu santificador rejuvenece y renueva continuamente a la Iglesia, impulsándola a realizar su identidad de Esposa con miras a la realización del reino de Dios en la unidad del Padre, del Hijo y del Espíritu Santo (*LG* 4). Tengamos presente este horizonte neumatológico que ilumina el misterio de la fe y la esperanza del pueblo de Dios.

Una de las tareas providenciales de los movimientos y de las nuevas comunidades durante la crisis posconciliar ha sido hacer palpable el soplo del Espíritu Santo que anima a la Iglesia, llevándola a avanzar en una dirección misionera y a manifestar, sobre todo, una identidad visible y atractiva de cuerpo y comunión. El Concilio había abierto el camino a la renovación

---

[377] *LG*, n° 1.

en el Espíritu con sus grandes Constituciones, cuyos pilares son la Palabra de Dios, la reforma litúrgica y la nueva visión sacramental de la Iglesia. Sin embargo, en la confusión posconciliar son estos movimientos, asociaciones y comunidades carismáticas, por iniciativa de laicos especialmente, los que han tomado más en serio el testimonio de fe y el diálogo creativo con el mundo contemporáneo, aportando así una contribución evangelizadora en ambientes unas veces indiferentes y otras veces perjudiciales y hostiles al anuncio del Evangelio.

Los carismas se han multiplicado y diversificado, resultando en algunos casos realidades comunitarias estables, institucionalizándose y creando las condiciones para transmitir a las generaciones futuras los dones del Espíritu a través de personas involucradas en las diferentes comunidades y obras de apostolado. El desarrollo orgánico de estas realidades eclesiales ha estado acompañado estrechamente por la autoridad jerárquica, la cual ha abierto diálogos institucionales y animado a la redacción de estatutos adecuados para estas nuevas realidades, cuya identidad y misión no han encontrado a menudo su propia configuración jurídica en el Código Pie-Benedictino, y a veces ni siquiera en el nuevo Código de 1983.

Pero antes de abordar las cuestiones jurídicas quisiera señalar, sin embargo, un fruto muy importante de la ola carismática posconciliar, una fase de «movimientos carismáticos» autoproclamados, pero también una fase de toma de conciencia creciente en el pueblo de Dios de que ciertas realidades fundamentales como el matrimonio, la familia, la vida consagrada, las asociaciones de fieles, los movimientos apostólicos, etc., pertenecen al ámbito carismático de la Iglesia. Esta toma de conciencia ha sido transmitida por el Magisterio eclesial y ha provocado una reflexión fundamental sobre la *co-esencialidad* entre «dones jerárquicos» y «dones carismáticos» en la Iglesia, a raíz del texto conciliar de *Lumen gentium* 4.

Un fruto doctrinal: *Iuvenescit Ecclesiae*

La Carta *Iuvenescit Ecclesia*, publicada por la Congregación para la Doctrina de la Fe en 2016[378], es un documento posconciliar que considero muy importante para profundizar en la identidad neumatológica de la Iglesia,

---

[378] Congregación para la Doctrina de la Fe, *Carta a los Obispos de la Iglesia Católica sobre la relación entre los dones jerárquicos y los dones carismáticos para la vida y misión de la Iglesia «Iuvenescit Ecclesia»*, 15 de mayo de 2016.

Cuerpo de Cristo, y para encontrar un nuevo equilibrio entre las diferentes realidades de gracia que la componen. Es bien sabido que la dimensión carismática de la Iglesia fue redesplegada por el concilio Vaticano II después de siglos de olvido, debido a la falta de desarrollo de la neumatología[379]. La eclesiología del Concilio representa un desarrollo neumatológico decisivo, cuya recepción aún está en curso. Promete nuevas aperturas con las investigaciones sinodales actuales, que se refieren explícitamente a la presencia vital y activa del Espíritu Santo en todos los bautizados. *Iuvenescit Ecclesia* es un paso doctrinal importante en este proceso porque tras una larga y laboriosa gestación, proporciona un marco teológico y pastoral que abre nuevos horizontes al derecho de la Iglesia y más allá, facilitando el discernimiento y el acompañamiento de las realidades carismáticas de hoy.

El principal mérito de este documento es la afirmación fundamental de la *co-esencialidad* entre los dones jerárquicos y los dones carismáticos en la Iglesia, una *co-esencialidad* experimentada desde hace siglos, pero explícitamente reconocida en este texto, que recoge las enseñanzas de san Juan Pablo II y Benedicto XVI. Los dones jerárquicos son más fácilmente identificables en el orden eclesial, porque corresponden a los grados del sacramento del orden. Los dones carismáticos están más difundidos y diversificados entre el pueblo de Dios *según la distribución de los dones del Espíritu* (1Cor 12,28). Pueden ser individuales, pero también colectivos ya que «los dones carismáticos, en su práctica, pueden generar afinidades, proximidades y parentescos espirituales a través de los cuales la herencia carismática, a partir de la persona del fundador, se comparte y se profundiza, dando origen a verdaderas familias espirituales»[380]. Es precisamente este aspecto personal y comunitario que se ha desarrollado de forma exponencial desde el Concilio, suscitando un gran interés, pero también inquietudes e interrogantes sobre un discernimiento adecuado, por ejemplo, respecto de las nuevas formas de vida consagrada. Por eso la *Iuvenescit Ecclesia* formula criterios para el discernimiento de los dones carismáticos e insiste en la referencia mutua entre las agregaciones carismáticas y la autoridad de los pastores en la organización de la comunión eclesial.

Para nuestro tema, recuerdo la conclusión de *Iuvenescit Ecclesia* que afirma la necesidad de respetar dos criterios fundamentales en la relación entre los dones jerárquicos y carismáticos:

---

[379] Véase A. M. María Putti, *Il difficile recupero dello Spirito…*
[380] *IE*, n° 16.

1° Respeto de la especificidad carismática de cada agregación eclesial, evitando limitaciones legales que mortifiquen la novedad que conlleva la experiencia específica; 2° Respeto del régimen eclesial fundamental, favoreciendo la efectiva inserción de los dones carismáticos en la vida de la Iglesia universal y particular, evitando que la realidad carismática sea concebida en paralelo a la vida eclesial y no en ordenada referencia a los dones jerárquicos[381].

Estos criterios son fácilmente admisibles en su generalidad y proporcionan una guía para el reconocimiento y apoyo de los carismas en la Iglesia. Podemos consultar este documento para encontrar los fundamentos teológicos y pastorales autorizados para gestionar adecuadamente los asuntos personales y las relaciones institucionales en torno a las realidades carismáticas en la Iglesia. El ámbito carismático es valorado del mismo modo que el ámbito jerárquico, estando sujeto a su discernimiento y apoyo. No solo está bien integrada la neumatología, sino que el fundamento trinitario de la comunión eclesial se explica y articula de manera específica en relación con los diferentes dones del Espíritu.

Tentaciones que obstaculizan el discernimiento eclesial

Sin embargo, en el ejercicio concreto del discernimiento y del reconocimiento eclesial es necesario tener en cuenta otros factores que pueden condicionar o interferir en las relaciones entre las autoridades eclesiásticas y las diversas realidades carismáticas. En este sentido, el papa Francisco ha proporcionado criterios adicionales que se relacionan con el discernimiento espiritual y que son el resultado de un «diagnóstico» histórico-teológico elaborado en su programa de reforma pontificia. Me refiero a un tema recurrente en el magisterio del Papa: la mundanidad espiritual, inspirada en los escritos de Henri de Lubac, pero personalmente refinada en el análisis pontificio de las tentaciones que afectan de manera particularmente sutil a los círculos clericales y eclesiásticos: «Una es la fascinación del gnosticismo, una fe encerrada en el subjetivismo, donde solo interesa una determinada experiencia o una serie de razonamientos y conocimientos que supuestamente reconfortan e iluminan, pero en definitiva el sujeto queda clausurado en la inmanencia de su propia razón o de sus sentimientos»[382]. Este gnosticismo no es exactamente idéntico a las formas antiguas del fenómeno, pero cierta-

---

[381] *Ibid.*, n° 23.
[382] *EG*, n° 94.

mente tiene puntos en común con el antropocentrismo, el individualismo y el inmanentismo de la cultura contemporánea, que afectan las corrientes espirituales, así como el desarrollo de los individuos y las comunidades. «La otra es el neopelagianismo autorreferencial y prometeico de quienes en el fondo solo confían en sus propias fuerzas y se sienten superiores a otros por cumplir determinadas normas o por ser inquebrantablemente fieles a cierto estilo católico propio del pasado»[383]. Este neopelagianismo parece identificarse aquí con un cierto conservatismo autoritario que juzga y controla en lugar de evangelizar; de hecho, la tentación es precisamente transversal y afecta tanto a los conservadores como a los llamados «liberales» o «progresistas». El Papa añade: «La misma mundanidad espiritual se esconde detrás de una fascinación por mostrar conquistas sociales y políticas, (...) O bien se despliega en un funcionalismo empresarial, cargado de estadísticas, planificaciones y evaluaciones, donde el principal beneficiario no es el pueblo de Dios sino la Iglesia como organización»[384].

Estas dos tentaciones son estructurales y atmosféricas, contaminan la ecología espiritual del cristianismo y se encuentran en todos los ambientes: laicos, vida consagrada, clero, sin olvidar la curia romana y las curias diocesanas. Así, cualquier discernimiento que involucre a personas «con autoridad» y a personas que buscan ayuda está condicionado por estas tentaciones transversales, cuyas manifestaciones a veces obstaculizan seriamente los análisis y las decisiones personales o institucionales. «Esta mundanidad asfixiante», concluye el Santo Padre, «se sana tomándole el gusto al aire puro del Espíritu Santo, que nos libera de estar centrados en nosotros mismos, escondidos en una apariencia religiosa vacía de Dios»[385].

Por un gobierno eclesial más abierto al Espíritu Santo

Consciente de las tentaciones de mundanidad que amenazan la comunión eclesial en general y el discernimiento de los carismas en particular, quisiera abordar el aspecto jurídico, empezando por la nueva Constitución Apostólica *Praedicate Evangelium*, que modifica significativamente el enfoque del gobierno de la Curia Romana. El artículo 5 de la Constitución abre la posibilidad de participación de los bautizados en funciones de respon-

---

[383] *Ibid.*
[384] *Ibid.*, n° 95.
[385] *Ibid.*, n° 97.

sabilidad institucional en los diferentes dicasterios, respetando las competencias que exige el sacramento del orden. La justificación canónica oficial expresada es que toda responsabilidad de gobierno en la Curia Romana se basa en la delegación del Pontífice. Esta explicación canónica no me parece suficiente para explicar la reforma del Papa Francisco, porque se basa no solo en la opinión de ciertos canonistas, sino más profundamente en el papel del Espíritu Santo en el gobierno de la Iglesia. En efecto, la apertura ya iniciada con la instalación de laicos en puestos de gobierno de la Curia supone que la delegación de poderes ha sido preparada con el discernimiento de los carismas del Espíritu Santo que la autoridad eclesial verifica antes de conferir una delegación.

Señalo esta «debilidad teológica» en la explicación de la Constitución, para enfatizar que la neumatología aún está ausente en muchos procesos de discernimiento eclesial. Los criterios de que disponemos son a menudo negativos, en el sentido de que pretenden detectar los peligros y las desviaciones, pero les falta a menudo la mirada para ver la presencia del Espíritu Santo, el carácter concreto de sus dones, el fervor y la libertad que da a algunos fieles, mientras que algunos jerarcas tienden a interpretar estos dones de forma ideológica, perjudicial o a través de un prisma neopelagiano o gnóstico distorsionador, del que hemos hablado. Por lo tanto, los errores de juicio y los abusos de poder no son ajenos a los oficios de las curias de este mundo, incluida la curia romana. A veces, ciertas limitaciones legales impiden que el espíritu de los consejos evangélicos florezca e irradie el aire puro del Espíritu Santo en las familias y comunidades. El Espíritu Santo no reina en lo abstracto de una espiritualidad incorpórea, sino que busca el barro de nuestros pecados para absolvernos, y su *kénosis* más conmovedora consiste en sumergirse en nuestros límites y pecados para liberarnos desde el interior de toda esclavitud.

Si, por un lado, determinadas experiencias carismáticas necesitan ser puestas a prueba y corregidas, por otro, una rigidez excesiva en la aplicación de las normas puede impedir el desarrollo equilibrado y el reconocimiento adecuado de un carisma o comprometer sus logros. Pensemos, por ejemplo, en la aprobación de los estatutos, en los métodos de gobierno, en el respeto a los fundadores y fundadoras, en la concesión de las dispensas necesarias, en el análisis de casos problemáticos que no dejan de implicar a los superiores de realidades carismáticas. Estos están llamados a dar cuentas de sus miembros y a buscar el apoyo de la autoridad jerárquica en un diálogo auténtico y confiado para resolver situaciones anormales. En el contexto actual de crecimiento sinodal, el diálogo entre «dones jerárquicos» y «dones carismáticos» aún no ha alcanzado un punto de madurez eclesial, es decir, de reconocimiento de la *co-esencialidad* de unos y otros, porque debido al clericalismo y a la deficiencia neumatológica aún observable, la balanza se inclina demasiado a favor de quienes deciden en última instancia el valor y las modalidades de un carisma. Hoy se necesita mucho coraje, humildad y paciencia para defender un carisma auténtico que el Espíritu Santo inspira para el bien común. Es como si un viento glacial de sospecha hubiera puesto en duda realidades preciosas de las que la Iglesia no puede prescindir para su identidad y su misión. Esperemos nuevas primaveras de sinodalidad, que permitirán no solamente preservar la herencia de los movimientos y de las nuevas comunidades, sino también engrandecer la conciencia de los carismas en todas las comunidades eclesiales.

En la escuela ignaciana del papa Francisco vamos siendo formando progresivamente en la importancia del discernimiento, un ejercicio vital y complejo en el que no basta conocer bien la doctrina o la ley. También hay que aprender a discernir la presencia del Espíritu Santo actuando en cada situación, ya que ilumina a la persona orante y atenta para que sepa instintivamente cómo aplicar las normas de manera adecuada y flexible, en función de las posibilidades morales o espirituales concretas de personas y comunidades. La tentación del *orden a toda costa* y del control no debe prevalecer sobre los caminos imprevistos por los que el Espíritu quiere conducir determinadas vocaciones y determinados carismas. En los últimos tiempos nos han inundado denuncias de eclesiásticos y religiosos que se han extraviado, está surgiendo un cierto pesimismo y una desconfianza se ha instalado hacia fundadores y fundadoras a causa de la mala publicidad transmitida a veces de manera poco discreta por la propia autoridad. Hay que recordar que la caída de un árbol no elimina el bosque que queda en pie y no hace ruido.

Concluyo. El gran movimiento sinodal que atraviesa la Iglesia universal no habría sido posible sin el despertar impreso por el Espíritu Santo en los movimientos y comunidades posconciliares, que contribuyeron laboriosamente al surgimiento de una sensibilidad sinodal en todo el pueblo de Dios. En *Evangelii gaudium*, el papa Francisco ya había indicado a estos movimientos y comunidades un camino de integración y de servicio hacia los carismas ordinarios o extraordinarios presentes en el territorio de cada

Iglesia local. Esta orientación oportuna ha sido aceptada y estamos viendo sus frutos en muchas sinergias y colaboraciones. Gracias a Dios y a su gracia multiforme, estamos todos en camino, pastores y fieles, en el Espíritu del Señor resucitado, para llegar juntos a la meta del reino de Dios, sembrando el Evangelio del amor en el camino en todas nuestras relaciones de comunión eclesial y misionera. El amor nos hace pródigos en nuestra misión hacia todos aquellos que esperan la luz de Cristo a través de nuestro testimonio de fe y esperanza. El don particular del Espíritu Santo que cada uno ha recibido para la misión, se inserta en la comunión evangelizadora del pueblo de Dios para beneficio de todos, a veces a costa de duros sacrificios, pero siempre con la alegría de servir al Amor más grande que nos envuelve a todos.

CONCLUSIÓN

Epílogo

El lector que haya recorrido estos capítulos puede haberse quedado con algunas preguntas, incluso algunas perplejidades, siguiendo mi enfoque trinitario, neumatológico y nupcial: el misterio pascual como intercambio trinitario; el misterio de la Encarnación prologado en la Iglesia en modalidad sacramental neumatológica; la controversia multisecular entre poder de orden y de jurisdicción en vía de solución; los carismas elevados al rango de principio coesencial de la estructura de la Iglesia; he aquí, entre otras, algunas intuiciones y varios materiales ofrecidos para la discusión con vistas a una Iglesia más sinodal.

Se podría objetar que estas consideraciones tienen poco impacto en la descentralización, en la distribución de poderes en la Iglesia, en la promoción de la mujer, en el control de los abusos de todo tipo y en la adaptación a la cultura democrática de nuestra época. En consecuencia, surge la pregunta de si esta eclesiología sinodal en camino podría tener un impacto evangelizador real frente a los desafíos de nuestras sociedades secularizadas, pluralistas, hiper-erotizadas y técnico-científicas. El futuro lo dirá, que está en manos de Dios y en el corazón de quienes creen en la potestad del Espíritu Santo.

Es cierto que los capítulos anteriores dan prioridad a las cuestiones dogmáticas en relación a las cuestiones morales y canónicas; los problemas de gestión de autoridad, de organización y de participación en las decisiones relativas a las comunidades no han sido abordadas verdaderamente por ellas mismas. Se ha tomado la opción de arraigar estas cuestiones sociológicas importantes, pero secundarias, en una teología de la comunión. De lo contrario el proyecto de una Iglesia sinodal corre el riesgo de quedarse a nivel de las ONG de este mundo.

Las Iglesias orientales saben que el arquetipo de la sinodalidad es la Santísima Trinidad, Misterio de Amor, Misterio de Comunión donde cada

Persona constituye la TriUnidad. Al venir a caminar con nosotros en la historia, Dios manifiesta su Ser-Amor como Misericordia infinita. Este es el testimonio de la Sagrada Escritura. Una Iglesia sinodal se convierte a su vez en testimonio de ello y principalmente por sus virtudes teologales de fe, esperanza y caridad, antes que de cualquier otra consideración moral, funcional u organizativa.

Estos prolegómenos para una eclesiología sinodal no pretenden más que llevar agua al molino de la reflexión teológica esencial. Es importante en el estado actual de la investigación ser «creativos» pero no sin brújula, procurando que nuestras propuestas provengan del Espíritu Santo y sean coherentes con la Palabra de Dios, ya que el Espíritu actúa siempre en concierto y en perfecta armonía con Cristo.

Las provocaciones del papa Francisco, nacidas de la oración, deben entenderse en esta vena profética y misionera que caracteriza su pontificado; a veces sorprende a los practicantes y al clero, pero llega a un público más amplio que nos es menos familiar. Sus propuestas misericordiosas hacia los pecadores deben entenderse no como dudosas liberalizaciones de la moral, sino como lo que quieren expresar: la cercanía de Dios a cada persona y a cada situación, independientemente de la conformidad o no de las situaciones vividas en relación con la regla moral. Quien lo interprete de otra manera está invitado a examinar sus prejuicios, su fariseísmo inconsciente o incluso su mala voluntad, si lo juzgamos a la luz del evangelio en el que Jesús fue a menudo criticado y perseguido por sus propuestas misericordiosas hacia los pecadores.

Recordando a María Magdalena, Apóstol de los Apóstoles, dejemos la última palabra a la misericordia infinita del Padre que irrumpe en la Resurrección de Cristo y de la que el Espíritu Santo nos hace testigos maravillados porque estamos habitados por Aquel que nos da una Alegría indescriptible y una Esperanza que no decepciona.

Índice

Tercera parte
CARISMA